榆林市文化和旅游局资助项目

陕西省艺术科学规划项目：乡村振兴战略下陕西省沿黄村落文化和旅游发展研究（2022HZ1680）

陕西省哲社重点研究基地项目：无定河流域民族文化遗产结构类型及价值应用研究（22JZ066）

榆林市科技局产学研项目：基于大数据的陕北非物质文化遗产知识图谱构建研究（CXY-2022-92）

榆林学院博士科研启动基金项目：陕北方言语汇与民俗文化研究（22GK32）

榆林市社科专项资金规划项目：无定河流域文化遗产结构类型及价值研究（YLSKGH2022-60）

陕西省哲社重点研究基地项目：陕北传统村落口述史研究（21JZ059）

榆林市科技局产学研项目：新媒体语境下的陕北民间文学的协同创新传承研究（CXY-2021-93-02）

榆林市科技局产学研项目：陕北审美文化研究（CXY-2022107）

榆林学院陕北文化旅游研究成果

陕北方言语汇与民俗文化研究

张静 著

九州出版社
JIUZHOUPRESS

图书在版编目（CIP）数据

陕北方言语汇与民俗文化研究 / 张静著. -- 北京：九州出版社，2022.11

ISBN 978-7-5225-1376-8

Ⅰ. ①陕… Ⅱ. ①张… Ⅲ. ①西北方言—方言研究—陕北地区 ②风俗习惯—研究—陕北地区 Ⅳ. ①H172.2 ②K892.441

中国版本图书馆 CIP 数据核字（2022）第 213996 号

陕北方言语汇与民俗文化研究

作　　者 张　静　著
责任编辑 黄明佳　沧　桑
出版发行 九州出版社
地　　址 北京市西城区阜外大街甲 35 号（100037）
发行电话 （010）68992190/3/5/6
网　　址 www.jiuzhoupress.com
印　　刷 唐山才智印刷有限公司
开　　本 710 毫米×1000 毫米　16 开
印　　张 16.5
字　　数 296 千字
版　　次 2023 年 3 月第 1 版
印　　次 2023 年 3 月第 1 次印刷
书　　号 ISBN 978-7-5225-1376-8
定　　价 95.00 元

前　言

方言具有显著的地域特性与文化特性，是地方经济、地理、历史、文化等多个因素的综合载体与文化符号。本研究以文化语言学、民俗语言学理论为指导，以田野调查法和民族志深描法为方法论指导，选取陕北方言中地域色彩比较鲜明的民俗语汇和民俗事象中的特色方言使用现象为研究对象，在实地调查的基础上，对这些方言语汇进行梳理分析，挖掘其蕴含的民俗文化意义。即通过民俗事象分析语言，透过语言研究民俗文化。

全书着重分析了陕北方言中几类重要的民俗语汇，包括衣食住行、岁时节令、人生礼仪、精神文化生活等方面中使用的民俗词语，并对称谓语、特色地名和熟语进行整理归纳，通过分析这些语汇体现的民俗文化和反映的社会变迁，揭示陕北方言这一语言现象中蕴含的民俗文化、地域文化和传统文化内涵。

全书共分为九个部分。

绪论部分首先对"陕北"这一地域概念做了阐释和界定，交代了本书所用"文化陕北"这一概念的定义和范围。其次是对民俗语言学及民俗语汇的概念进行描述，然后对陕北方言与文化、陕北方言民俗语汇方面的研究成果做了综述。笔者还在绪论中交代了本研究的研究缘起、研究意义和语料来源等问题。第一章首先介绍了历史上少数民族融合对陕北方言和文化造成的影响，对陕北方言概况和陕北方言的特点做出总结，通过把陕北方言词汇和普通话相应词汇做对比分析，总结出陕北方言词汇的特点。第二至四章诠释人们衣食住行、岁时节令及人生礼仪等生活中使用的方言语汇，这些民俗语汇贯穿人们日常生活的始终，蕴含着丰富的民俗文化和地域文化。第五章主要描写陕北民众精神文化生活中的语言现象，包括宗教信仰和口传文化两部分，对陕北比较典型的民间信仰现象做了分析，从中可以侧面看到陕北人崇尚自然、敬拜鬼神的心理需求和趋吉避祸、渴望安稳的朴素愿望。口传文化以陕北民歌和陕北说书为代表，分析其中体现的陕北民俗事象，以及民歌和说书这两项民俗事象中的语言特色。第六章写称谓语体现的民俗文化及陕北地名的命名特点，这两种语言现象反映了汉族和少数民族共处、融合的历史痕迹。第七章对陕北地区曾经使用的、至今流传的、人们耳熟能详的熟语进行了记录、分类、归纳和分析，这些熟语包括三字格惯用语、四字格惯用语、歇后语、谚语、俗语共五大类，这些闪烁在人们口中的经常不被人刻意记录的熟语，丰富着人们的语言文化和精神生活。

最后一部分为论文结语，从理论上探讨了文化与民俗之间的关系，并对全文的基本观点进行总结和概括。总体而言，本研究是对陕北方言语汇与民俗文化的系统研究，通过一定的语言事实和地域文化现象，研究陕北方言语汇和民俗文化之间千丝万缕的联系，方言与民俗的关系是互动的，是水乳交融不可分割的。一方面，丰富多彩、独具特色的民俗文化催生了陕北丰富多彩的方言语汇，另一方面，陕北方言语汇又依赖于陕北社会历史悠久、种类繁多的民俗文化而存在，是陕北人民客观世界的映像，像一面镜子，记录出陕北地区的社会生活、民俗文化、历史变迁和民族融合的图景。

本研究通过语言现实以及大量特色方言语汇在陕北民俗事项中的使用现象，结合陕北的自然环境、社会生活、风俗习惯、人们的思维观念、宗教信仰、社交理念等，来窥探陕北方言语汇对民俗文化的固化及记录保存作用，以及民俗文化因素对陕北方言语汇的影响，在研究中注意把方言和民俗文化结合起来，用民族学的研究方法梳理陕北方言语汇，以期在陕北方言和文化关系的研究方面形成一些有价值的认识。

目 录
CONTENTS

绪 论

一、“陕北”地域概念

陕西省地处黄河中游、汉江中上游，是我国地理的中心区域，文化深厚，历史悠久。境内地形多样，有高原、山地、平原、盆地等。全省版图被北山和秦岭划分为三个自然区域：北部为黄土高原，海拔较高，最高海拔达 1900 米，最低处 800 多米，平均海拔高达 1400 米，山区与风沙草滩区海拔高度相差较大，总面积 8.3 万平方千米，约占全省土地总面积的 40%，地域辽阔、地广人稀。中部是关中平原区，平均海拔 650 米，全境海拔落差不大，总面积约 5 万平方千米，约占全省土地面积的四分之一。南部是秦巴山区，平均海拔 2000 米，多是山区，比关中地区最高的地方还要高出许多，总面积 7.5 万平方千米，约占全省土地面积的 35%。陕西省南北狭长，地势南北高、中间低，从纬度上划分为陕北、关中、陕南三大部分。

对于“陕北”的概念，现在学界有两种理解。一是行政区划上的陕北概念，即陕西省北部，包含榆林市和延安市两个市区在内的 25 个县区的广大地区。

另外一个理解是“文化陕北”，即指“陕北”是一个文化区域的划分。20 世纪 80 年代，龙云等学者第一次提出“文化陕北”这一概念，时至今日，已成为学界和民众熟知的概念。从自然地理的角度看，陕北地区是一块相对独立的地理单元，区位优势明显，是北方草原与中原农耕区的连接地带，又是西北地区和华北平原的连接地带，具有“南北交汇、贯通东西”的特点。从经济形态看，陕北地处中原农耕区与北方游牧区的农牧交错地带，半农半牧的经济模式是“陕北”地域概念形成的经济基础。这是一种独立形态的经济方式，具有农耕经济向牧业经济过度的特点，经济形态的固化使陕北成为一个相对独立的地域概念。从历史文化上看，这片土地历史悠久，民俗风情多姿多彩，古文化遗存丰富，构成了陕北文化的独特表征。作为一个独立的地域概念，陕北承载着多元而深厚的民俗文化、地域文化和历史文化。

本书所用的“陕北”正是采取的第二种含义，即文化意义上的陕北，这也是现在学界谈论最多的、“最陕北”的区域，即以陕北方言为标志、以信天游为名片、以无定河文明为主要特征、以绥（德）米（脂）文化为典型代表的区域，这个区域负载着厚重的历史文化和丰富多彩的民俗遗存，越是靠近绥德、米脂，“陕北味”也就越浓。越往南的黄陵、宜川、富县等地则“关中味”越强。

二、民俗语言学概念及方言、民俗语汇概念

（一）民俗语言学概念

本书主要是在“民俗语言学”理论的指导下展开研究的，所以特把这一概念加以说明解释。

“民俗语言学是综合运用语言学、民俗学及其他相关科学方法、材料，对语言、言语与社会习俗惯制等民间文化现象相互密切联系的形态（即民俗语言文化形态）、性质、规律、机制、源流等，进行双向、多位考察研究，从而给予科学解释并指导应用的人文科学。简言之，所谓民俗语言学，就是研究语言中的民俗现象和民俗中的语言现象，以及语言与民俗相互关系与运动规律的一门实证性人文科学。”① 民俗语言学作为一门民俗学与语言学交叉的学科，与民俗学有着密切的联系。

1989 年，曲彦斌先生的专著《民俗语言学》出版，标志着民俗语言学作为一门独立学科的正式确立。“民俗语言学，综合运用民俗学、语言学的有关资料、观点和方法，结合两门学科的多种分支学科的基本理论及成果，对一些社会民俗事象与语言现象之间相互密切关联的本质、规律等，进行综合性的研究和科学的解释；既是语言学的一个分支学科，也是民俗学的一个分支学科；是人类文化科学的一种综合性较强、交叉度较高的双边科学。”②

民俗贯穿于一个人生命的始终，不管是劳动生产、日常生活还是节日庆典或社会组织，任何一个成长阶段的活动都需要民俗来规范，民俗是最贴近老百姓生活和身心的一种文化。这些种类繁多、内容丰富的民俗文化最直接的载体就是他们所使用的语言——方言。方言既是文化载体，其本身也是文化的一部分。民俗语汇又是方言的一部分，是地方民俗文化最直接、最生动的载体。

（二）方言、民俗语汇概念

汉语方言俗称地方话，指通行于一定的地域，只在局部地区使用的语言。

---

① 曲彦斌. 民俗语言学［M］. 沈阳：辽宁教育出版社，1989：3.

② 李阳，董丽娟. 民俗语言学研究史纲［M］. 北京：社会科学文献出版社，2011：8.

大多数方言是经过漫长的演化过程逐渐形成的，反映了该地区语言发展的不平衡。

“方言内涵的民俗内容主要反映在词汇中，方言中含有民俗内容的词就是民俗方言词。‘民俗词’是方言民俗事象在方言词汇中的积淀，含有丰富的民俗活动内容。民俗词凝集着形态民情、社会心理，可以说是方言中的‘民俗化石’，它是民俗在方言中的反映，是方言词汇的有机组成部分，是一种方言区别于其他方言的重要因素之一。”① 赵日新先生曾对民俗与民俗词的关系做过以上表述。张崇指出：“民俗是第一性的，方言是第二性的。即先产生某种民俗，然后出现表现这种民俗的方言词语。”② 这一论断是对民俗与方言的出现顺序做的理论性分析。

民俗语汇最早出现在民俗学领域，后来随着民俗语言学的出现而进入语言学领域成为一个新名词。在20世纪80年代中期，“民俗语汇”这一概念首次出现在曲彦斌先生在的《民俗语言学》一书。“民俗语汇，是各种反映民俗事象或涵化了民俗要素的语汇。从功能上讲，俗语亦堪称民俗语言中的一种典型民俗语汇。就形态构造特点而言，俗语以定型化或趋于定型化的简练用语和短语形式为主体，即以‘语’为基本特征，比如，谚语、歇后语、惯用语、俚语；而民俗语汇则以词的形式为主体，即以‘词’为基本特征，比如，方言土语词、俗语词，詈语、秽语等粗俗语词，禁忌，口彩语以及语词形态的民间秘密语、民间流行习俗、口头禅、非隐语性行业习惯语等。具体言之，民俗语汇是指那些以某种民俗形态或具体民俗事象的概念、性质、源流、特征及至名称等为语义内容，和民俗有着某种特定联系的语词。”③

总之，民俗语汇是最具鲜明区域特征的词汇，地域性强，扎根于民众生活，且多是俚语俗语，大多无法从字面上理解。通行的范围也有大有小，大部分具有自己的说法来源，即语源；具有避凶趋吉性，反映了当地人的社会心理和思想诉求。此外，民俗词具有滞后性，一些民俗不再流行，但口语中还经常使用相应的民俗词并增加了新的外延含义。

本书所用“陕北方言语汇”是指通行于文化陕北这一地域内的陕北方言中的有关民俗文化或者反映民俗事象的一类词汇和惯用语，即包含两部分内容，一部分是传统意义上的词汇，另一部分是广义的熟语，包括三字格、四字格惯用语，歇后语，谚语，俗语等。这些语汇大部分选取当地通行的、具有典型地

---

① 贺雪梅. 陕北晋语词汇研究［D］. 西安：陕西师范大学，2017.

② 张崇. 陕西方言与民俗［J］. 唐都学刊，1992（4）.

③ 曲彦斌. 论“民俗语汇”［J］. 中国社会语言学，2004（1）.

方特色的语词作为研究对象，但难免出现少部分语汇和周边地区共用或者相似的现象，这种情况下以陕北地区通行使用的为准。

三、方言与地域文化研究综述

语言作为一种符号系统，不仅表达思想，而且传达一定的社会文化信息，是文化的载体。罗常培先生在《中国人与中国文》一书中说“语言文字是一个民族的文化结晶。这个民族的过去的文化靠它来流传，未来的文化也仗着它来推进”①。美国语言学家萨丕尔指出“语言不脱离文化而存在，就是说不脱离社会流传下来的、决定我们生活面貌的风俗和信仰的总体”②。

从国外来看，对语言与文化关系的探索可以追溯到19世纪，当时人们将语言学视为人类学的一个分支，通过种族、语言和文化三个项目来研究人。20世纪以来，西方学术界拓展了语言学的研究领域，将语言学和人类学、民族学结合起来进行研究，对于其他研究领域，语言学发挥了很大的作用。

在中国，类似的语言学研究方法起步较晚。对语言与文化关系的研究，中国最早可以追溯到1950年，中国语言学家罗常培先生独著的《语言与文化》一书于1950年由北京大学出版社出版。本书是中国文化语言学的开创性著作，其研究范围几乎囊括了古今中外的语言和文化。

近几十年来，方言与地域文化关系的研究逐渐成为学术界的热点，且成果颇丰，主要有以下两个方面的体现：一是汉语方言与地域文化宏观层面的研究。二是单点研究某一方言与地域文化的关系。下面分别进行简要介绍。

（一）汉语方言与地域文化关系的宏观研究

20世纪80年代，周振鹤、游汝杰合著出版了《方言与中国文化》③。李如龙《方言与文化的宏观研究》列举了大量的语言事实，指出方言文化的研究需要从微观研究向宏观研究推进。通过归纳和比较，以了解方言文化的本质特征④。

陈建民在其论文《从方言词看地域文化》中，通过比较物质生活条件、地理环境、民风民俗和文化特征对方言词形成和发展产生的影响，最后总结出：了解地域文化有助于在研究中理解当地人所使用的方言⑤。郝红艳的《汉语方

---

① 罗常培. 中国人与中国文·语言与文化［M］. 北京：新星出版社，2015：3.

② ［美］爱德华·萨丕尔. 语言论：言语研究导论［M］. 陆卓元，译. 北京：商务印书馆，1985：110.

③ 周振鹤，游汝杰. 方言与中国文化［M］. 上海：上海人民出版社，1986.

④ 李如龙. 方言与文化的宏观研究［J］. 暨南学报（哲学社会科学版），1994（4）.

⑤ 陈建民. 从方言词看地域文化［J］. 语言教学与研究，1997（12）.

言与地域文化考察》一文论述了方言与地域文化的作用与反作用①。詹伯慧的《略论汉语方言与地域文化》一文，总结了方言形成的历史原因、社会因素和文化背景，讨论了方言与地域文化的互动关系②。

（二）地方方言与地域文化关系的微观研究

20 世纪 80 年代以后，多部关于单点方言与文化研究的专著相继出版，这些著作为方言学的研究开辟了新路径。李如龙的《福建方言》（1997）理论结合事实，深入分析了福建方言与地域文化的关系，此方法对今后在方言和地域文化方面开展研究具有指导意义③。其余诸如杨奔《玉林方言与玉林的地域文化》(1999)、盛春丽，韩梅《东北方言与地域文化的关系》(2006)、李建兵《榆林方言与地域文化研究》(2008)、郑平，彭婷的《湖南汨罗方言与地域文化》(2009)④、赵志国《从淄川方言词汇看地域文化特色》（2013)、汪国胜，赵爱武《从地域文化看武汉方言》(2016)⑤ 等都是具体以某个方言点为对象，单点研究此地方言和地域文化之间的联系。在这些成果当中，罗昕如的专著《湖南方言与地域文化研究》，基于大量湖南方言的语言事实，描述了反映湖南省历史、地理、文化等的方言词及其构词动机和文化内涵，书中还就方言对湖南地方文学的影响做了描述，综合分析了湖南方言与地域文化的关系⑥。

四、陕北方言民俗语汇研究综述

（一）陕北方言本体研究综述

1950 年，国家开展汉语方言普查工作，陕北方言由此开始进入学者的视野。1958 年，薛生民出版了《陕北人怎样学习普通话》⑦，这是第一本研究陕北方言的著作，首次从独特的视角指出了陕北方言与普通话的对应关系。随后，陕西省方言调查指导组经过调查、采风，编写了《陕西方音概况》（1960），书中对陕北方言中有关语音的部分有所描述⑧。刘育林、刘勋宁、邢向东、黑维强、张崇等学者都是陕西省内专门从事方言研究的专家，成果著述颇丰，对陕北方

---

① 郝红艳. 汉语方言与地域文化考察［J］. 南阳师范学院学报，2009（10）.
② 詹伯慧. 略论汉语方言与地域文化［J］. 学术研究，2015（1）.
③ 李如龙. 福建方言［M］. 福州：福建人民出版社，1997.
④ 郑平，彭婷. 湖南汨罗方言与地域文化［J］. 文史博览（理论），2009（3）.
⑤ 汪国胜，赵爱武. 从地域文化看武汉方言［J］. 汉语学报，2016（10）.
⑥ 罗昕如. 湖南方言与地域文化研究［M］. 长沙：湖南师范大学出版社，2001.
⑦ 薛生民. 陕北人怎样学习普通话［M］. 西安：陕西人民出版社，1958.
⑧ 陕西省方言调查指导组. 陕西方音概况［M］. 西安：陕西省教育厅内部铅印，1960.

言的研究具有巨大的指导作用。

刘育林先生是近代陕北方言本体研究的开拓者，曾有大量科研成果，如，《陕北民歌方言字词考释》①《陕北方言本字考》《陕北方言略说》《陕北地名札记》等。

邢向东先生著有《神木方言研究》《陕北晋语语法比较研究》《秦晋两省沿河方言比较研究》《陕北甘泉、延长方言入声字读音研究》《陕北晋语沿河方言的指示代词及其来源》等，黑维强先生著有《陕北绥德话“的”的用法》《陕北方言助词“也 ia 是的”》《绥德方言语音的内部差异》等，张崇著有《陕西方言古今谈》《延川方言保留的表示“看”的一组古语词》《也谈吴堡话“来”的特殊用法》等，刘勋宁先生著有《陕北清涧方言的文白异读》《陕北清涧话的归属》《陕北清涧方言的逆序词》等，这些著作分别从语音、语法、词汇等不同的角度对陕北方言进行了系统研究，并取得了很高成就，是后来学者研究陕北方言的典范和参考资料。

贺雪梅博士论文《陕北晋语词汇研究》(2014)，曹洪羽《陕北方言词汇结构和来源特点浅述》(2020)，吴婷婷的硕士论文《定边方言词汇对比研究》(2019)，黄沙《陕西省方志中的方言词汇研究》，白永《语言接触视域下陕北清涧话词汇变异》(2013)。这些成果大部分是从语音、语素、语义、构词语素、构词词缀等语法、词汇方面对陕北方言中词汇的问题进行纯语言学的考察和分析，属于纯语言学研究范畴。

孟万春《陕北方言的形成与特点》、李延梅与汪东峰《陕北方言词头探微》、王鹏翔《陕北方言的动态类型》、白振有《陕北晋语形容词的三级变化》等，这些学者对陕北方言的语法特点做了不同角度的分析和研究。对陕北语音进行比较系统分析的是李建校博士，他的博士论文《陕北晋语语音研究》就陕北语音现象中的声母、韵母及声调的历史演变问题做了详细研究和分析②。吴振华的硕士论文《横山方言语音研究》③ 就榆林市横山县方言的语音特点进行了全面系统地研究。此外，还有一些非专业人士参与研究陕北方言，如，杨明芳、王克明、王六等。杨明芳和其子杨进合著了一本《陕北语大词典》，收集了大量的方言词语、词组和部分熟语④。王克明是曾经在陕北农村插队的北京知青，由于对陕北话感兴趣一下子扎进陕北农村，采集了大量陕北方言，著有

① 刘育林. 陕北民歌方言字词考释［J］. 延安大学学报，社会科学版，1987（3）.

② 李建校. 陕北晋语语音研究［D］. 北京：北京语言大学，2006.

③ 吴振华. 横山方言语音研究［D］. 西安：西安外国语大学，2012.

④ 杨明芳，杨进. 陕北语大词典［M］. 西安：陕西师范大学出版社，2011.

《听见古代：陕北话里的文化遗产》① 一书，2007 年由商务印书馆出版。王六（王兆仪）是一名政府官员，由于业余爱好，长期从事陕北文化的田野调查研究，著有《陕北回眸：陕北话中话》② 一书，近期又出版了《留住祖先的声音：陕北成语 3000 条》③。杨明芳和王六的研究都是记录表象，就是把陕北人口中的话变成书面上的字，不加分析，只做简单意义注释。王克明关注的重点是陕北方言与古语之间的联系。这些非专业人士的成果对陕北方言语料的搜集和保存不无裨益。

（二）陕北方言与民俗文化研究综述

在中国文化语言学浪潮的影响下，有关陕北方言和民俗文化的研究成果也陆续问世。

吕静所著《陕北文化研究》一书，对陕北文化的定义做了概括和描述，介绍了陕北文化的研究意义、陕北人的生活习俗、陕北的风土人情等内容，为后人研究陕北方言文化提供了参考④。袁占钊、姚正宽合著的论文《古朴的陕北民俗文化》，论述了陕北人日常生活中半农半牧的生产生活方式，婚丧习俗中的古老遗风和伴随婚礼、葬礼的民间艺术形式，体现了陕北方言与民俗文化的密切联系。白振有的论文《陕北方言与生活习俗》（2011）介绍了方言词所反映的独特风俗，如，礼仪、饮食、服饰等⑤。白振有，石婷婷的《论陕北方言蕴含的婚姻文化》（2013）⑥ 一文探讨了陕北方言中有关婚姻文化的习俗。孟万春的《陕北方言与民俗文化研究》（2014）一文，对陕北的历史进行追根溯源，展示丰富的陕北民俗文化，诠释陕北劳动人民的性格，指出陕北方言是陕北人民的智慧结晶，也造就了独具特色的陕北文化⑦。康志攀的硕士论文《陕北方言与社会民俗文化研究》（2015），从婚丧嫁娶、岁时节令及称谓语几个不同角度，分析陕北方言与民俗文化之间的关系。还有一些学者是把陕北方言词汇与日常生活、民俗文化稍做联系。如，徐佩、杨东霞《陕北方言中的民歌文化探析》（2016），唐忠江、刘巧荣《佳县佳芦镇日常生活方言词汇略说》（2018），这类

---

① 王克明. 听见古代：陕北话里的文化遗产［M］. 北京：中华书局，2007.

② 王六. 陕北回眸：陕北话中话［M］. 北京：商务印书馆，2019.

③ 王六. 留住祖先的声音：陕北方言成语 3000 条（上、下）［M］.北京：故宫出版社，2013.

④ 吕静. 陕北文化研究［M］. 上海：学林出版社，2005.

⑤ 白振有. 陕北方言与生活习俗［J］. 咸阳师范学院学报，2011（5）.

⑥ 白振有，石婷婷. 论陕北方言蕴含的婚姻文化［J］. 咸阳师范学院学报，2013（9）.

⑦ 孟万春. 陕北方言与民俗文化研究［J］. 延安大学学报（社会科学版），2013（6）.

成果是方言与民俗文化研究的有益尝试，只是都只提到了陕北方言中的民俗词汇，对口语中经常说到的谚语、俗语等熟语未曾提及。

在梳理文献的过程中，笔者发现关于“陕北方言语汇”的论文鲜有所见，主题词为“陕北民俗词汇”的文章也为数不多，仅有的几篇相关文章，皆为硕士论文，分别是海娟的硕士论文《〈平凡的世界〉中民俗词汇的文化解读》(2010)，武杰的硕士论文《〈平凡的世界〉文学语言研究》(2013)，都属于文学语言研究范围。在知网输入主题词和关键词“陕北方言民俗语汇”检索结果为0篇。输入“陕北民俗词语”检索出1篇论文，是汪东峰，李延梅于2005年9月合作发表于《广西社会科学》的《陕北民歌与陕北民俗》。在中国知网输入主题词“陕北方言”共显示205条信息，输入主题词“陕北民俗”共显示139条。这个检索结果说明了一个问题：单独研究陕北方言的成果较多，达200多篇，单独研究民俗的成果也不在少数，达100多篇，而把陕北方言和民俗结合起来的文章就寥寥无几。

从以上综述得知关于陕北方言的研究成果集中在三个方面：语音研究、词汇研究、语法研究。从相关研究的整理对比可知，方言、民俗文化与地域文化的关系研究是近年来的热点，而陕北方言词汇与民俗文化的系列研究，成果较少。对此，学者们已经发现了这个研究短板，陕西师范大学邢向东教授主编了《西北方言与民俗研究丛书》，2004年出版了第一集，2006年出版了第二集，直到2017年才出版了第三集，可以看出，邢向东教授从2004年已经开始关注方言与民俗不可分割紧密相连的问题，遗憾的是三本《西北方言与民俗研究丛书》中收录的均是大量传统语言学的方言研究问题，即语音、语法和词汇的构词等，忽略了“民俗”一义。陕西师范大学于2018年成立了“语言资源开发研究中心”，发行了辑刊《语言与文化论丛》，并开发了“西部语言文化”公众号作为语言资源开发研究中心的学术交流平台，公众号从2020年6月开通后，笔者一直持续关注上传文章，十分遗憾的是，绝大多数的文章依然是纯语言学的。

语言与文化关系之密切，可以用“水乳交融”来形容。不同民族的语言反映和记录了不同民族特定的文化风貌；不同民族的特定文化，对不同民族的语言发展，在某种程度、某个侧面、某一层次上起着制约的作用。语言又是文化中特殊的部分，方言是地域文化中的特殊语言文化，民俗文化是泱泱文化大国中的一个分支。所以，方言与民俗文化的关系，说到底就是语言与文化的关系。民俗语言学作为一门多元综合的新兴人文学科，博采众长，形成切实可行的方法论，即实证与思辨有机结合，在实证的基础上进行思辨性的抽象概括，对丰富多彩、独具特色的民俗事象做出实事求是的科学阐释。本书正是在文化语言学和民俗语言学这两大理论的指导下开展研究的，着重分析陕北地区人们民俗活动中存在的语言现象，语言现象中蕴含的民俗文化意义，即通过民俗事象研究语言文化，透过语言现象研究民俗文化。

随着城市化进程的加快，陕北一些特色的方言文化正在无声消逝，迫切需要我们深入调查这一具有浓厚地方特色的语言资源，并对区域文化进行保护。基于此，笔者尝试研究陕北方言语汇呈现的民俗文化、历史文化、地域文化以及黄土高原整体文化。目前学界对于陕北语言与民俗的研究，绝大部分都是单独从语言学的角度或者单独从民俗学的角度去研究，极少有把二者结合起来，把其作为一个“民俗语言文化”整体进行研究的。但实际上，语言现象与民俗总是水乳交融的，方言既是语言材料，同时也是民俗事象或民俗形态，所以，作者将尝试在民俗语言学理论及方法论的指导下，综合运用语言学、民俗学及其他相关科学方法、材料对陕北地区民俗语汇进行语言与民俗的双向视点综合性协同研究，以期能够拓宽研究领域，为地方文化提供实践成果。

五、其他相关问题说明

（一）选题缘由

决定在民俗语言学理论的指导下进行博士论文的研究与撰写，有四个方面的原因。

一是跨学科研究是目前进行科学探索的新范式。随着社会科学与人文科学研究范式的不断更新，传统学科边界不断被打破，这不仅带来学科间的互动，更重要的是学科界限的模糊化，形成一系列以社会现实问题为导向的跨学科研究领域。语言学这门科学中的当代语言学正朝着跨学科研究的方向快速发展。在某种程度上，语言作为信号系统，既有自然属性，也有社会属性。语言学与多学科的融合是科学发展的趋势。跨学科研究是科学创新的需要，各个学科很容易从宏观上和整体上统一起来。跨学科研究是现代语言学的发展方向和目标。二是由于学科要求，西北民族地区语言文学与文献专业学位点是民族学一级学科下的一个分支，选择以民俗语言学作为切入点去研究西北地区区域性语言词汇的内容，是在学科范围内开展相关研究。三则是个人兴趣使然，近几年来笔者在学习语言学的同时，大量阅读民族学、民俗学、社会学、文化人类学等方面的经典书目，对语言与民族间千丝万缕的关系，语言与文化不可分割的联系有着极大的兴趣。四是陕北地区独特的语言文化。古时候陕北地处边荒，文化传播和变迁的速度较之中原发达地区慢了很多。在漫长的岁月中，晋西北、内蒙古河套、陕北这片晋北方言区的广大区域内，一直是周边少数民族内迁安置的聚居中心，五方杂处，各种外来文化与各民族风俗习惯和语言交流十分频繁，互相影响，陕北方言中的外来文化和异族语言残余，至今仍随处可见。近现代的陕北地区山大沟深，交通不便，沟壑梁峁的阻隔，使得这个地区在很长一段历史时期处于封闭状态，生产方式稳定保守，几乎很少受外界影响，为方言的保留提供了天然的文化生态环境，在生活中形成并保留着独特的民俗语汇，这些语汇既是陕北民俗的重要载体，又是陕北人民思维的直接体现，是语言艺术多元化的体现。

（二）研究意义

1. 呈现陕北地区独特的民俗语言文化

陕北生活中的方言用语与当地居民民俗生活息息相关。在现代文明社会发展的冲击下，许多民族语言和民俗文化都面临着生存环境改变，陕北地区的民俗语言使用范围也存在变小甚至消亡等现象。对陕北民俗语言文化进行研究对于保护民族文化、发扬民族精神、增加民族凝聚力都有着重要的意义，有利于使语言民俗文化的光芒能够一直闪耀在人类的历史长河中。

2. 为“语保”工程贡献力量

随着信息化进程的加快，文化资源的作用日益凸显，乃至上升到国家战略层面，2018 年我国开展第一期“语保工程”项目。民俗文化是一种重要的文化资源，随着方言弱化甚至消亡，民俗文化也将受到巨大影响。研究方言文化和民俗文化，有利于保护文化资源，增强民族文化实力，促进文化强国建设和文化自信。

3. 促进地方文化建设

比起经济的快速发展，陕北文化建设明显滞后。因此，将方言研究与民俗文化相结合，通过方言研究地域，有利于保存和保护陕北文化资料和文化遗产，推进地方文化建设。

4. 有助于方言语汇的系统研究

民俗语汇是陕北方言研究的薄弱环节，较少学者对陕北方言中的民俗语汇进行比较全面系统的研究。本书从民俗文化视角对方言语汇进行阐释和理解，有助于陕北方言语汇的系统整理和研究。

（三）研究方法

本书的研究方法有以下三种：

1. 田野调查法。运用民族学研究的基本方法——田野调查法开展研究，以

《汉语方言词语调查条目表》为依托，制作方言调查表，到陕北各区县等不同的方言调查点，寻找合适的方言合作人，收集、记录、分析、整理第一手语言资料。

2. 民族志深描法。采用格尔茨文化学研究的方法，即深描法，对已经掌握的大量语言事实、语言现象进行深描，分析其背后蕴含的民俗文化和地域文化，对陕北地区人们日常生活使用的民俗语汇及文化内涵分类分条进行归纳，对陕北民歌、陕北说书、陕北熟语等语言现象中的民俗文化成分进行记录、整理、描写和分析。

3. 文献资料法。翻阅陕北各县区地方志等书籍，搜集了资料记载的方言词语和民俗事象。通过走访陕北若干土生土长的中老年人，对搜集的陕北方言词进行验证和补充，重点研究其背后的民俗文化内涵。

（四）语料来源及方言合作人

1. 语料来源：①田野调查。主要包括：叙述类语料；对话类语料；民俗语汇及民歌、说书等形式，力求多渠道、多层面地了解陕北方言民俗语汇的特征。②史料典籍。如，地方志、各类辞书字典等相关资料，查证和充实本书的研究。

2. 方言合作人情况如下（14 人）：

李永堂，男，67 岁，榆林横山人，石码坬农场退休干部，经常到各乡镇考察，熟悉当地农村的情况。

卢响铃，男，57 岁，榆林靖边人，陕北说书市级传承人。经常深入各地庙会演出，熟悉当地情况，熟知农村民谚。

牧彩云，女，60 岁，榆林定边人，说书艺人、小吃店老板。

高和和，男，63 岁，榆林神木人，农民。

张海喜，男，70 岁，榆林绥德人，农民。

王山虎，男，55 岁，榆林榆阳区人，小学教师。

李建光，男，72 岁，榆林佳县人，农民，善唱陕北民歌。

刘兆波，男，55 岁，榆林米脂人，县政府机关工作人员。

陈秀贵，男，66 岁，榆林府谷人，二人台表演演员。

张启发，男，68 岁，延安志丹人，说书艺人。

谢明生，男，72 岁，延安安塞人，国家级陕北说书传承人。

高夕阳，男，55 岁，延安延川人，政府机关工作人员。

谢世祥，男，70 岁，榆林横山人，原横山党校校长。

贺　四，男，65 岁，延安子长人，陕北道情演员。

第一章　陕北方言概况及词汇特点

第一节　少数民族融合与陕北方言的形成

陕北地处陕西北部的黄土高原，历史上是汉族与北方各少数民族长期征战的要地，这一特别的“边境”地带成就了这块土地，使其成为民族大融合的重要区域。人口来源之复杂、融汇民族之多在其他地区也是不多见的。

长期以来，陕北是中原农耕文明与草原游牧文明的接触融合区，是中国北方汉族和少数民族的聚集地，从商周到宋元，在漫长的混杂融合过程中，鬼方、猃狁、匈奴、犬戎、稽胡、鲜卑、吐谷浑、白狄、义渠、龟兹、回纥、党项等少数民族和陕北汉族取长补短、互相影响，共同创造了丰富多彩的陕北文化。

一、历史上的陕北少数民族

（一）先秦时期的陕北原住民

商周到春秋约两千年时期内，鬼方、土方、猃狁、戎狄等氏族部落都曾居住陕北，成为陕北民族的主体。对于中原王朝来说，这一时期的陕北几乎是化外之地，“方外”“鬼方”都是一些遥远陌生的地方，不为人们所知。近年来，考古人员在清涧县李家崖发现了鬼字陶文，被认为是鬼方文化的遗迹①。鬼方后来被商王武丁多年征伐，而后消失。

在春秋时期，戎狄的活动大都在晋国境内。根据服饰、旗帜、帐篷、马饰等颜色的不同，戎狄的不同部落可分为白狄和赤狄。其中，白狄的势力强大，主要分布在今天的晋西和陕北。《史记·匈奴列传》记载：“当是之时，秦晋为强国。晋文公攘戎翟，居于河西圁、洛之间，号曰赤翟、白翟。”按照上古音

① 段双印. 陕北古事钩沉［M］. 西安：三秦出版社，2008.

"古无舌上，舌上念舌头"的观点，"翟"与"狄"发音完全同音，故"白翟"即"白狄"。白狄生活在秦晋之间的陕北地区。西周时，猃狁活动频繁，《诗经·小雅·采薇》有诗句"靡室靡家，猃狁之故"。《诗经·小雅·出车》记载了当时战争准备及抵御猃狁的事件："天子命我，城彼朔方，赫赫南仲，猃狁于襄。"王国维认为："见于商周间者曰鬼方，曰混夷，曰荤粥。在宗周之季则曰猃狁。入春秋后则始谓之戎，继号曰狄。战国以降又称之曰胡，曰匈奴。"（《鬼方昆夷猃狁考》）

自张骞凿开西域之门后，西域人开始内附中原，大部分被安置在陕北。自西汉元康元年（公元前 65 年）起，西域古国之一的龟兹国国王来中原朝贺，其随身带来的成百上千侍从、将士，很多龟兹人因各种原因滞留陕北。由于人数众多，在今陕北的米脂县境内设置龟兹县。

（二）魏晋南北朝时期的陕北游牧民族

魏晋南北朝时期是中国历史上众多民族进行大融合的时期。三四百年间，鲜卑族、羌族、氐族等北方游牧民族先后登上陕北历史舞台，并先后在此建立政权。陕北地区的民族融合在这一时期达到了高潮。这一时期，北方游牧民族和汉族以及其他各族一起，共同创造了历史。

汉朝灭亡后，赫连勃勃在陕北建立夏。大夏国幅员辽阔，以河套南北为中心，设十州两卫。其中十州中有三州在陕北：幽州（治大城）在今河套以南，朔州（治三城）在今延安市东南，秦州（治杏城）在今黄陵县以南。公元 431 年，南匈奴建立的政权逐渐被北魏拓跋焘所灭，并入汉族。

（三）隋唐时期的陕北少数民族

公元 663 年，鲜卑慕容氏建立的吐谷浑被南方新兴强国吐蕃灭掉。亡国后的吐谷浑族分两部，一部分留守青海，后与蒙古族、藏族等民族融合，另一支向北归附了唐朝，被封为"青海国王"，安置在灵州（今宁夏灵武境内），后逐渐汉化。公元 715 年，吐谷浑酋长慕容道奴率部众千帐降唐，被封为"云中郡公"，安置于"宁朔州"，即今天的陕北靖边县以东。

现在的陕北吴堡县还有三大塬，慕家塬是其中之一，慕姓人占百分之八九十。据考，慕姓为慕容氏的简称，或说此地慕姓人是慕容道奴的后代。另外，据学者考究，今佳县秃尾河畔、吴堡一带或仍遗留有吐谷浑人的后裔。

（四）宋元明清时期的陕北少数民族

北方地区的民族融合在宋元时期进一步加快步伐。宋时的陕北是北宋王朝的西北屏障，地理位置的重要性远远超过汉唐时期，这一时期，范仲淹、沈括等历史名人在陕北均留下过足迹。契丹、党项、女真、蒙古等族和汉族建立起密切联系。自隋初，党项族长期羁留陕北，到唐时其首领拓跋思恭因镇压黄巢起义有功，被唐赐国姓李，党项族长期居横山、米脂、靖边、绥德等陕北一带。

1125 年，金灭辽后，女真族大批内迁，占据陕北。后来元朝建立后，又有大批蒙古族人入驻陕北。

1271 年，忽必烈建立元帝国，迁都大都，南宁灭亡，统一了中国。蒙古族为了更好地维护自己的统治，不得不采用汉民族的先进文化。

明代推行的“徙民实边”政策，曾多次大规模迁徙移民到长城和塞北一线，每次都达数十万人之多。清代的走西口制度也对陕北民族融合产生了一定的影响。

（五）陕北近代出现的少数民族

曾有耄耋之年的老者，目睹过非汉族的“蛮婆蛮汉”。笔者在田野调查过程中，据已经 90 多岁的李玉成老人回忆，他幼时曾见许多的“蛮婆蛮汉”，会说汉语，但生活习俗、行为起居却与汉民族大不相同。首先是服饰奇异。据说此类人头上的黑布绾成黑角角，耳坠大耳环，穿短至膝盖的宽大白裤。其次是居无定所，没有房子，亦不带帐篷，经常安歇在破庙、窝棚、废弃土窑。据当时居住于横山黑木头川的老人讲，当地人叫“蛮婆蛮汉”的，他们不事劳动到处流浪，妇女专为人相面，说吉利话，还会一点“海上法”，很可能是吉卜赛人，还有人认为是党项、羌、拓跋部族的后代，但都缺乏有力的佐证。

对于陕北历史上出现的少数民族，我们可以大致梳理如下：奴隶制的夏商时代，有鬼方古氏族。西周时代，陕北以狄戎族为主。秦统一六国后，各族士兵与陕北土著居民进行了第一次大融合。西汉初年，陕北北部边境住有匈奴人，武帝时西域龟兹降人入驻陕北，西晋时期从今山西省迁入部分鲜卑人，东晋时匈奴人赫连氏建立大夏政权又将关中的一部分吴人强迁定居。南北朝时，陕北主要是匈奴和鲜卑所居，隋朝时从北方迁入部分突厥人。唐朝时原居住在甘肃、山西等地的羌族、拓跋部和党项族迁居此地，部分地方还居住着吐谷浑人。到了宋朝，党项、羌、拓跋部族得到较大发展。明初，在榆林长城以北的大片地区，大批蒙古人与当地汉族共同生活。

二、多民族融合对陕北语言、文化产生的影响

自古以来，陕北地处边疆战略要地，衔接中国东西部，又是草原、沙漠、黄土高原的过渡带，同时也是传统农耕区与半农半牧区的分界区。它一直是少

数民族与汉族共同生活的地方，客观上为少数民族与汉族交流融合提供了平台。历史上每一次社会动荡和战争，都为民族之间交流交融提供了条件，也使不同文化重新组合。

（一）稽胡汉化与学习汉语

史书多有稽胡这一古代少数民族在陕北植根过程以及汉化过程的记载。

公元 394 年，稽胡还是个地地道道的主体民族，有自己的语言和服装，“语类夷狄，有译乃通”（《周书·稽胡传》）。后来，上层贵族开始汉化，“其渠帅颇识文字”。到了隋朝，“其状似胡，而语类中夏”“丹州白窒，胡头汉舌”。丹州是现在的宜川县，宜川处在中原关中官话与陕北话的过渡带，语言、风俗、性格都半关中、半陕北。“白窒”就是白狄，也就是稽胡。“胡头汉舌”，说的是胡人打扮、汉人语言。

到了唐，稽胡已经开始都说汉语了。大部分汉化，小部分融入突厥、吐谷浑、党项族中。唐朝时稽胡爆发了几次规模较大的起义，史书专门指出是“稽胡起事”，说明稽胡还是保留了一些民族特性，中原王朝依然认为稽胡是个异族。到了晚唐，稽胡仍没有完成全部汉化。“白翟故俗，与羌浑杂居。抚之则怀安，扰之则易动，自古然也。”（《太平寰宇记》卷三十五）

北宋末年，稽胡大体完成汉化，稽胡后裔当中出了不少能臣武将，比如呼家将。

（二）文人眼中的陕北民族

唐·李益的《登夏州城观送行人赋得六州胡儿歌》描述了当时陕北的少数民族面貌：

六州胡儿六蕃语，十岁骑羊逐沙鼠。
沙头牧马孤雁飞，汉军游骑貂锦衣。
云中征戎汗里，今日征行何岁归。
无定河边数株柳，共送行人一杯酒。
胡儿起作和蕃歌，齐唱呜呜尽垂手。
心知旧国西州远，西向胡天望乡久。
回身忽作异方声，一声回尽征人首。
蕃音虏曲一难分，似说边情向塞云。
故国关山无限路，风沙满眼堪断魂。
不见天边青作冢，古来愁杀汉昭君。

夏州城是今靖边县的“统万城”。诗中描写的边塞风景，完全是一幅异域风情，诗中甚至有“信天游”的影子，对研究唐时的陕北很有价值。从诗中我们可以看出，唐时的夏州城生活的是“胡儿”，他们说的是“六蕃语”，唱的是“异方声”。这里的胡儿不是一个民族，除了龟兹、粟特、吐谷浑，还有其他西域民族。唐时，生活在西北青海湖附近的吐谷浑受党项挤压、内附，被安置在陕北清涧河流域。今天，清涧河流域的3个县，说话z、c、s较多，可能与吐谷浑有关。吐谷浑还有一支安置在“秃尾河”流域，府州威震一方的折氏就是吐谷浑，“秃尾（yǐ）”其实是“吐谷浑”的谐音。

陕北人的特性从清代王沛棻的《七笔勾》中可看出一些端倪。我们单看其中的“第七勾”：

塞外沙丘，
鞑靼回番族类稠，
形容如猪狗，
性心似马牛，
语出不离毬。

王沛棻是清朝光绪年的进士，浙江杭州人。他来到陕北，看到的是与江南反差极大的景象。这一勾中有“鞑靼回番族类稠”，可见在这位南方人眼中，陕北人与异族无异。

三、陕北姓氏中的少数民族姓氏孑遗

陕北地区曾出现过许多少数民族政权，这些少数民族建立政权后，实行本土化政策，推行改革的一项重要内容便是使用汉姓。姓氏汉化是少数民族走向本土化的重要途径。历史上曾经生活在陕北的少数民族顺应了向先进文化靠拢的历史规律，要么自然改姓，要么被统治者强行改姓，极大地促进了北方民族的融合，有利于中国民族关系史的发展。

依据文献，折氏家族属党项羌族，他们统治府州300多年。从碑石墓志中得知，折氏累世和汉族通婚，除个别出自鲜卑、藏族外，其余姓氏多为汉族的名门闺秀或望族子弟。从墓志可知，折氏先祖为党项人，后随着历史发展逐渐完全汉化了，今日的折姓大都在府谷一带。羌族在中国历史上曾经是一个相当强悍的少数民族，它有许多分支，各有不同的部族称呼，其中拓跋部族首领拓跋思恭在唐王朝平定黄巢起义中战死，唐廷赐拓跋思恭李姓，并正式册封他为

夏州节度使（后又称“定难军节度使”），统领夏、银、绥、宥、盐诸州。现在陕北李氏有很多是拓跋氏的后裔。民间有俗语称“天下匈奴遍地刘”，陕北刘姓的重要来源就是匈奴。匈奴在迁入内地后，贺赖改姓贺，独孤改姓刘，须卜改姓卜，丘林改姓丘或林。另外，呼延（有时简称呼或延）、赫连、乔、白、郝也是匈奴姓。郝姓在陕北较多，从延安的黄陵、子长、延川到榆林的清涧、府谷，有大量郝姓分布。陕北的拓跋（现简称拓）、宇文、慕容、尉迟是鲜卑姓。鲜卑贵族改姓元，叱干改姓薛，费连改姓费，若干改姓苟，口引改姓侯，去斤改姓艾，贺拔改姓何。

在中国，很少有地方历史上像陕北这样民族繁杂，更替频繁。在陕北，刘、白、卜、乔、郝、呼延等稽胡姓、匈奴姓，在人口构成中占相当比例，约占10%，明显多于外地。

综合各种资料，从商周起，先后有鬼方、獫狁、荤粥、白狄、匈奴、林胡、稽胡、卢水胡、鲜卑、氐、吐谷浑、突厥、党项羌、女真、蒙古等30多个民族，他们以胜利者的姿态，登上陕北历史舞台，演绎了一系列历史壮举。历史上，多民族共同生活，共同开发建设这片土地。这一时期，由于阶级矛盾和民族矛盾，该地区战乱频繁，有的民族迁入，有的民族迁出，有的民族被完全汉化。陕北曾是多民族长期融合杂居的地方，各种语言、文化在这里相互碰撞、互相影响，陕北方言文化可以看作是研究汉族与古代西北少数民族文化接触的活化石。在语言接触过程中，这些曾经活跃在北方历史舞台上的游牧民族的语言文化必然会多角度、全方位地影响陕北方言与文化。深入挖掘这些残留在陕北方言文化中的少数民族特质，可以为研究历史上原本存在过而现在业已消失的少数民族提供语言学佐证，对语言地理类型学和多元民俗文化研究亦有重要价值。

第二节 陕北方言概况

一、陕北方言的归属

陕北方言丰富而复杂，地方色彩十分鲜明。若从语言学的角度划分，延安南部地区属渭北关中方言区，延安以北的陕北地区属晋北方言区。“根据《中国语言地图集》（1987）的划分，陕北区域内有两大方言，一为中原官话，二为晋语。二者划分的主要标准是入声的有无：晋语保留入声，而中原官话无入声。

其中甘泉县、延安宝塔区、延长县是晋语和中原官话的过渡区。”①

根据《中国语言地图集》(1987)，陕北方言主要分布在陕北的中北部，包括府谷、神木、靖边、横山、榆阳、佳县、米脂、绥德、吴堡、清涧、子洲、子长、延川、吴起、志丹、安塞16个区县。“中原官话主要分布在陕北的南部和西南部，包括榆林市的定边县和延安市的富县、黄龙、黄陵、洛川、宜川、甘泉、延安和延长。”②

陕北方言内部也有区域划分，绥德、米脂、神木、府谷、子洲、子长、靖边六个县市与晋语五台片方言为近亲。佳县、吴堡、清涧、延川四县与晋语吕梁片的汾州小片方言相近。榆阳、横山两区与晋语大包片方言相近。宝塔(区)、志丹、吴旗、安塞、延长、甘泉属晋语系的志延片。但是，音不同义却相似，陕北地区内各县区使用的词汇和语法都差不多，只是发音略有不同。本书的写作尽量选择覆盖面大的通行语进行分析，差异部分尽量也随同指出。

本课题研究的是“文化陕北”这一地域的方言词汇与熟语，着重点在这些方言、词汇、熟语等本身负载的民俗学含义以及背后蕴含的历史文化、地域文化、民族文化内涵。所以，陕北方言中的语音和语法问题在本书不做讨论。

本书收集语料时以陕北榆林地区的12个县区和延安地区的北部5个县为主，但是，在做具体民俗文化分析的时候，也会有部分语汇或者民俗是在非此限定范围内共存的，或者是在非调查点出现的民俗语汇，虽然所用语汇不同，但是表达的是同一类民俗事象，笔者也会略去方言片区的局限，就事论事，只谈民俗文化。

二、陕北方言的特点

陕北方言是北方方言的重要组成部分，几千年来，生活在陕北地区的人民群众，在生产生活中说的方言俗语，是大家交流思想的主要工具，而且传承了数千年。陕北方言是以山西太原为中心的“晋语”系列，陕北方言又称“陕北话”，作为晋语的一部分，具有晋语词汇上的一般特点。

(一) 语音上保留入声、鼻音重、阴平阳平不分。有无入声是陕北话区别于中原官话的主要标志

(二) 词汇特点比较多

1. 有特殊词缀，如，“圪”头词、“日”头词、“卜”头词和“忽”头词

① 邢向东. 神木方言研究(增订版)[M]. 北京：中华书局，2020：8.

② 贺雪梅. 陕北晋语词汇研究[D]. 西安：陕西师范大学，2017.

等。如圪崂、圪蹴、日鬼、日能、卜浪、卜趔、忽洒洒、忽缭缭。

2. 叠音词较多，且名词重叠后有“小”义。如盘盘、碗碗、桌桌、凳凳、钵钵。

3. “猴”和名词结合表“小”义。如，猴手手、猴个个、猴娃娃、猴小子。

4. 有大量古语词。如，冻（冰）、蹋（跌）、尿（屁股）、号（哭）、幸（溺爱）、彀（范围）、解数（计划、标准）。

5. 有大量四字格词。如，圪褚麻也、醉达麻糊、圪侵海裁、风溜跑杠、灰眉怵眼。

（三）语法特点

1. 存在逆序词。如，康健——健康、理论——论理。

2. “圪”头词等特殊构词法。如，圪搅、圪弯弯、圪腾腾、圪里圪崂。

3. 附加成分构成新词。儿气、洋气、婆姨家、老汉家。

第三节　陕北方言词汇与普通话对比

与普通话相比，陕北方言的词汇有以下明显差异。本书以其在语法和语义上的差异为例，举例说明。

一、语法上的差异

陕北方言词汇与普通话在语法上有以下三方面不同。

（1）意义相同，语素多少不同。

（2）字面相同，但义值不同。

（3）词面相同，义域不同。

（一）语素多少不同

1. 普通话中的双音节词，在陕北方言中多用其中的一个语素，即单音节的形式表现。例如以表 1-1 中所列词目为例。

表 1-1　陕北方言与普通话同义词语素比较 1

普通话	陕北方言
本钱	本（儿）
蜜蜂	蜂（儿）

续表

普通话	陕北方言
闪电	闪
麻雀	雀（儿）
天气	天
窑洞	窑
嫌弃	嫌
抱怨	怨
蒸笼	笼
狡猾	猾
着急	急
照看	照
狡猾	鬼
邋遢	赖
奇怪	怪
奶水	奶
什么	甚
高兴	喜

注：表中词目参见附录《陕北方言分类词表》

2. 普通话用一个或两个语素表达的词，在榆林方言中由两个或者两个以上语素组成，即多音词的形式表现。如表 1-2 所示。

表 1-2　陕北方言与普通话同义词语素比较 2

普通话	陕北方言
冰	冻凌
脚	脚片子
腿	腿把子
山羊	山羊羯羯

续表

普通话	陕北方言
精	机溜
牛犊	牛不老儿
衣架	衣撑子
讨厌	遮不得
洗脸	洗眉眼
闭眼	圪挤眼
聊天	谝闲传
鼻孔	鼻窟窿儿
拨	拨拉
虹	水贯

注：表中词目参见附录《陕北方言分类词表》

（二）字面相同，义值不同

“灰”普通话中有5个意思。①物体燃烧后的剩余物，炉~，烟~。②尘土：~尘。③特指石灰：抹~。④像木柴灰那样的颜色。⑤消沉失望：~心。

在陕北方言中除了以上5个基本义外，还有另外4个意思：

（1）作动词，用石灰涂抹。这是由“石灰”这一名词词义引申来的。

例：农闲了得把窑顶灰一灰了。

（2）傻、粗野或鲁莽，有时带有亲切感。

例：你咋一次背了这么多洋芋？灰后生哟。

那人灰着了，你不要和他理论。

灰汉：行为鲁莽者

（3）坏、糟。新编《神木县志·方言志》：“灰：坏，灰天（坏天气）。”

例：我宁愿打光棍也不愿意在这灰地方活人了。

（4）超常的。

例：这怂娃娃真是灰胆大，一个人半夜穿沙梁跑回来了，万一遇见山水可咋办。

另外一个例子“甜”，普通话中，甜有两个意思：①指糖和蜜的味道（跟“苦”相对），②形容舒适、愉快：他睡得真~。

在陕北方言中，甜有 4 个意思：

(1) 同普通话“甜”①的意思，但又不完全相同，如，称葡萄酒为“甜酒”，就是指味道，但是这又是一种固定组合。甜酒不指其他有甜味的果酒，专指葡萄酒。

(2) 淡、不咸。新编《神木县志·方言志》：“甜，味淡。”

例：炒菜盐放少了，甜得吃不成。

(3) 没有添加物。

甜面：不加臊子的面食。

甜米汤：不加豆类仅用小米或大米煮成的粥。

(4) 耕种时（不施加肥料）。贾平凹《小月前本》三：“没有肥，种甜地不成?”

例：没羊粪了，那两垧地只能甜耕了。

“甜”在陕北方言表示“味觉”的语义场中，占据了普通话“甜”和“淡”两个义位的位置，义值大于普通话。

“端”在陕北方言中的义值比普通话要丰富。

(1)“端”，在普通话里作形容词，意思是“端正”，但在陕北方言里还可做补语。例：你站远看看，画儿我挂端了没有？你坐端，要照相了。用作形容词是“端端儿价”，例：那电线杆子立得端端儿价。

(2) 端直，不斜不弯的意思。

例：那树长得可端了。

(3) 正巧、正好，也说“端端”。

例：刚一下火车，就端端遇见了他。

(4) 方向正、路线直。

例：朝这儿端下去就是他家了。

(5) 正确、正当。

例：话不好听，理端哩。

（三）词面相同，义域不同

“小”在普通话里可以修饰人，如，“小朋友”“小老太太”；也可以修饰动物，如，“小猫”“小狗”“小羊”；还可以修饰物，如，“小事”“小雨”；还可表时间短，如，“小憩片刻”“小住几天”。但在陕北方言里，“小”一般不用于修饰人或动物。“小孩儿”陕北方言说“猴娃娃”“碎娃娃”；“小老头儿”一般说“猴老汉儿”；“小羊”说“羊羔儿”；“小狗”说“狗娃儿”或“狗娃子”；

"小鸡"说"鸡娃儿"。这里的"小"比普通话"小"的义域狭窄。相反，还有一些词，在陕北方言中的义域要宽于普通话。如"个"在普通话里一般不用来修饰动物或物体，但在陕北方言里几乎是"万能"量词，如，可以说"一个牛""一个鸡""一个猪""一个手""一个车""一个事情"等。可以看出，陕北方言中的"个"语用域较普通话中宽，组合能力强。

二、语义上的差异

陕北方言与普通话对比，有很多明显的特点，大致归纳为①字面不同，意义相同。②字面相同，意义不同。③词面相同，在一定义类内的基义也相同，但义域不同。

（一）字面不同，意义相同

1. 字面不同，意义相同的名词类词语，如表 1-3 所示。

表 1-3　陕北方言与普通话名词类同义词字面比较

普通话	陕北方言
云	云彩
晚霞	晚烧
银河	天河
乌云	黑云
磁铁	吸铁
洪水	山水
煤	炭
石油	煤油
屎壳郎	粪扒牛
蜘蛛	蛛蛛
母鸡	草鸡
抹布	搌布
门槛	门限
勺子	调羹儿
肥皂	洋碱

续表

普通话	陕北方言
瓢	马勺
继父	后老子
继母	后娘
女儿	女子
连襟	挑担
右手	正手
头疼	脑疼
短裤	半裤
白酒	烧酒
自杀	寻无常
风水先生	阴阳
小风	猴风
雷击	雷劈
水缸	水瓮
熨斗	烙铁
纽扣	纽子
月末	月尽

注：表中词目参见附录《陕北方言分类词表》

2. 字面不同，意义相同的动词类词语，如表 1-4 所示。

表 1-4　陕北方言与普通话动词类同义词字面比较

普通话	陕北方言
择菜	拣菜
答应	应承
打呵欠	打红牙
帮忙	相互
可怜	恓惶

续表

普通话	陕北方言
生气	害气
反悔	翻罢
抽烟	吃烟
强迫	强罢
炫耀	能
打呼噜	打鼾水
说话	言诠
聊天	拉话

注：表中词目参见附录《陕北方言分类词表》

（二）字面相同，意义不同

表 1-5 陕北方言与普通话中同字面词语义比较

词目	普通话	陕北方言
天	天空	天气、天空
小子	（詈语）	儿子、男孩儿
女子	女性	女儿、女孩儿
老汉	老年男性	老年男性、丈夫
男人	男性	男性、丈夫
不乖	不听话	小儿生病
恼	怨恨	生气
腾	空开	挪动、离开
敢	有勇气、有胆量	可能、也许
掬	用手捧液体	捧（非液体）
张	张开	理睬
照	摄影、照看	远看
幸	运气好	溺爱、宠爱
操心	操劳、费心	小心
款款儿	（从容貌）	快点

续表

词目	普通话	陕北方言
养娃娃	抚养小孩	生孩子
起火	着火	发怒
难活	难以活命	不舒服、生病
糊涂	不清楚	不讲理
胡说	乱说、不讲理	说梦话
眼黑	（无此词）	讨厌
眼窝	眼球所在的凹陷的地方	眼睛
木头	木头	棺材
小	（与“大”相对）	（与“老”相对）
院儿	院子	［量词：处、所（一院儿地方）］

注：表中词目参见附录《陕北方言分类词表》

（三）词面相同，在一定义类内的基义也相同，但义域不同

表 1-6　陕北方言与普通话中同字面词义域比较

词　目	普通话	陕北方言
真	与“假”对应，真实	与“假”对应，真实； 清楚，与“模糊”对应
沉	往下沉	往下沉、重
折	折断	折断、返回
端	正、不歪	不歪、不弯曲
挂	悬挂	悬挂、量词“一挂车”
熬	长时间煮	长时间煮、忍受、形容累
爱	喜爱（程度深）	喜爱、喜欢（程度浅）
踏	用脚踩（程度深）	踩（程度浅），组词能力强： 踏草、踏死、踏给一脚
抬	合力共举	合力共举、藏
筛	筛子	筛子、动词发抖
呲	张嘴露出牙齿	笑（贬义）、嘲笑
戳	用物轻点	用物或者用手轻点

续表

词　目	普通话	陕北方言
抿	用嘴唇少量蘸取	闭嘴、把嘴抿住
奓	打开、头发奓开	举起：手奓起；打开
展	张开	张开、伸展“展腰”
仰	（与“俯”相对，书面语）	躺
草鸡	母鸡	母鸡、（形容词）怕
日子	日期	吉日
奶	乳房	乳房、乳汁
老汉	老年男子	老年男子、丈夫
嚎	放声大哭（程度重）	（同“哭”，程度轻）
短	（指长度）	（指长度、欠钱、少东西）
冻	（形容词）	（形容词）、天冷
甜	（指味道，有糖分）	（有糖分、盐少、不添加其他成分）
熬	（动词）	（动词、形容词）同“累”
立	（动词）站立	站立、（形容词）同“陡”
冰	（名词）	（名词、形容词），表示触觉凉
鼻子	鼻子	鼻子、鼻涕
能行	可行	可行、厉害
水	（名词、形容词）	（名词、形容词： 水水介、量词：洗一水）
鬼	（名词）	（形容词）狡猾
儿	（亲属称谓）	儿、坏
瞎	目盲	目盲、无根据地乱说
撂	丢	扔、丢、松开“手撂开”

注：表中词目参见附录《陕北方言分类词表目录》

三、较强的构词能力和使用频率

陕北方言有较强的构词能力，个别词的使用频率要远高于在普通话中的频率。以“天”和“猴”为例，“猴”在陕北方言中表“小”义，有超强的构词能力，几乎可以和任何有大小之分的名词构成新的词，如表 1-7 所示：

表 1-7 陕北方言构词能力示例

天	好天	晴天、让人满意的天气
	儿天	令人不满意的天气
	天冻	天气寒冷
	天硬	天气寒冷
	天开	天气由雨转晴或由阴转晴
	天好	天气好
	天顺	风调雨顺
	天红	太阳毒辣
	天焐	天气闷热
猴	猴娃娃	小孩子
	猴小小	排行最后的男孩儿
	猴女女	排行最后的女孩儿，小女孩
	猴大	排行最小的叔父
	猴老婆儿	小老太太
	猴儿	小儿子
	猴儿子	动物的幼崽
	猴脑	小脑袋
	猴脑脑	小孩儿
	猴蛋蛋	小的人或者东西
	猴个个	小个子
	猴胳膊	小胳膊
	猴腿把儿	小腿
	猴口口	小嘴
	猴绳儿	小绳子
	猴眉碎眼	形容脸盘小
	猴脑小蒜	形容年幼、个子小、脑袋小
	猴心鬼气	形容吝啬
	猴板凳	小板凳

注：表中词目参见附录《陕北方言分类词表》

第四节　陕北方言词汇的特点

根据邢向东先生《神木方言研究》①、黑维强先生《绥德方言调查研究》②及贺雪梅《陕北晋语词汇研究》③ 等有关陕北方言的专业研究成果，可以总结出陕北方言构词特点主要有以下几个方面：一定量的古语遗存词；特殊词缀圪、儿、日等；重叠构词法；逆序词。笔者在这四个构词特点之外又加入“民族融合词”这一小类，下面将挑选部分典型例子加以说明解释。

一、古语词

【凌迟】

凌迟：蹂躏、折磨。如，把鸡儿子快放下，再不敢凌迟了。

凌迟，也称“陵迟”，原指古代剐刑，就是俗语说的“千刀万剐”。敦煌变文《目连缘起》：“牛头每日凌迟，狱卒终朝来拷。”“凌迟”本指古代一种残酷的死刑，即把犯人先分割肢体，然后隔断咽喉。“蹂躏、折磨”义应该是由此引申而来的，这种血腥的刑罚在陕北方言中是“欺凌、凌辱”义，已无恐怖色彩。比如，小孩子对小狗小猫的过度蹂躏玩耍也称对猫狗凌迟。

【杀割】

杀割：陕北读音 sā gà，意思是指尽力或者勉强把剩余的饭菜全部吃完。

陕北人在吃饭快结束时会说：“就剩这点菜了，一把杀割了，不要剩了。”“肚子饱饱的了，一满杀割不动了。”这里的“杀割”就有都吃完之意。

“杀割”一词来自秦代的军法。秦朝能一统天下，原因很多，但六国之兵怕打仗，秦国之兵怕不打仗，恐是不可忽视的重要原因。《资治通鉴·周纪》载，商鞅变法“告奸者与斩敌首同赏”。《史记索隐》曰：“告奸一人则得爵一级，故云与斩敌首同赏。”因斩敌首一，赐爵一级，所以有了“首级”一词，因计量请赏有了“杀割”。秦军以军功行赏，士兵以敌首邀功，论首级晋爵奖田，所以秦军有“虎狼之师”之称。“杀割”是战斗的最后一道工序，割耳计数，今表“收官、打住”，还有“冲刺”或“勉强干完”之意，尽管原来的意思血腥、恐

---

① 邢向东. 神木方言研究［M］. 北京：中华书局，2002.

② 黑维强. 绥德方言调查研究［M］. 北京：北京师范大学出版社，2016.

③ 贺雪梅. 陕北晋语词汇研究［D］. 西安：陕西师范大学，2017.

怖，但其意思变化却不大。

【脑】

陕北口语中，“脑”完全取代了“头”。比如“头疼”是“脑疼”，“剃头”是“剃脑”，“猪头肉”是“猪脑肉”。连詈语都是“他大（父亲）脑”。头上绑块手巾是“脑上缯疙瘩手巾儿”。

这种把“头”称作“脑”的用词习惯，是承自古人的语言。敦煌写本《韩擒虎话本》：“是某体患生脑疼，检尽药方，医疗不得。”

【牲灵】

牲灵，陕北叫牲畜为“牲灵”。旧社会，陕北人民生活贫困，男人们为了养家糊口，只好到外地谋生，除了“走西口”外，还有一种靠用牲畜（多为骡驴）为别人运输货物谋生的途径，称“赶牲灵”。一般路途较远，少则月二四十，多则要几个月。“牲灵”一词，原写作“生灵”，古语中生灵不但指牲口，也指人，如，《西游记》第三十五回：“似我师父、师弟，连马四个生灵，平白地吊在洞里，我心何忍？”这里的生灵就包含了马。

【得办】

得办：来得及，顾得上。

《水浒传》：“这个有名惯使朴刀的雷都头，也敌不过，只办得架隔遮拦。”这里“办得”的意思即为来得及，顾得上。陕北话说“得办”，是一个逆序词，意思就是“来得及，顾得上”；反义词是“不得办”。

【幸】

幸：溺爱，过分宠爱。

《后汉书·黄香传》：“帝知其精勤，数加恩赏，疾病存问，赐医药。在位多所荐达，宠遇甚盛。议者讥其过倖。”到元代时这个“倖”成了“幸”，意思也由恩宠拓展，皇帝到嫔妃后宫过夜被称为“幸”。陕北人至今把娇惯宠护、溺爱言为“幸”，把管教失之以宽也称为“幸”。

例：“单位想来就来，想走就走，幸坏兰。”“要个星星，给个月亮，把这独生子女都幸的。”

【受】

陕北人常说一个“受”，意思是“受罪”。可以用于劳动强度大、情感受折磨、艰难困苦、窘迫、非常不习惯等很多地方。如：“睡在这绵（软）床上可受了，腰疼得人。”“娃娃们跟上大人出门，实在受结实了。”

陕北的“受”还有“遭受”之意。如：“那孩子可受了恓惶了。”

受，表“受罪”。在元代口语中已有，元曲中多有使用。关汉卿《单刀会》："丈夫你与我跪着膝连忙地劝酒，饮则饮吃则吃受则受。"

【受苦】

"受苦"一词在陕北话中不是遭受痛苦，而是专指"从事农业劳动，干农活儿"。如："你们生下就是念书的，咱生下就是受苦的。"

"受苦"一词在元代口语就有"干农活儿"的意思。元杂剧《智勇定齐》："孩儿也，你怎生别是个模样了？我道你不是个受苦的！"这里"受苦"指的是"种地的人、农民"，跟今日陕北说法一样。

【诳】

陕北人常说"小心人家诳你"中的"诳"有"欺骗"之意。

"诳"字这一意义在先秦文献《礼记》中就已出现。《礼记·曲礼上》："幼子常视毋诳。"这句话是说小孩子还不太了解身边的事物，要常常教给他一些好的东西，以正确的方法教育他，不要欺骗他。"毋诳"即不要欺骗，佛家"不可打诳语"的"诳"亦即此意。

【㞘】

陕北方言称屁股为"㞘（dū）子"，说小孩光屁股不穿衣服是"赤㞘子"。古人称屁股叫"㞘"，也写作"豚"。宋《集韵》："豚、㞘，〈博雅〉臀也。"《博雅》是三国时代训诂书，即《广雅》。实际上，《广雅》写作"豚"，但有注音"多鹿反"，就是"㞘"音，释"臀也"。

【号】

陕北话把"哭"称作"号"而非"嚎"。《左传》宣公十二年："明日萧溃，申叔视其井，则茅绖存焉，号而出之"。"号"古指"大哭"，现在陕北除了"哭鼻子"有"哭"字，凡"哭"皆说为"号"。陕北这个"号"还是一种仪式，丧礼上婆姨们之号，一般有词有曲，字字倾诉声声泪，即使是"借别人灵棚，哭自己伤心"，也是感人至深的。"号"在陕北还是一种民俗，过去婆姨们有伤心憋屈之情，都会专门抽出时间带着坐垫，到僻静处，或在街巷席地而坐，面壁号哭，以发泄胸中怨愤，从健康角度讲，不失为好风俗，路上碰上熟人，也会坦然相告："我号去也。"

【彀】

彀，是一个古代词语，"张满弓彀"：尽量把弓拉开。引申为"弓弩射程所及的范围"，意思是你尽量把弓拉开了，你的箭射程范围就大了。这个"在你掌控的范围"就叫作"彀"。《庄子·德充符》："知不可奈何而安之若命，唯有德者能之。游于羿之彀中。""羿之彀中"意思是后羿射日之射程之内。"彀"在陕北口语中引申为"掌控范围"。口语中多用："像孙悟空出不了如来佛手心一样，神仙也出不了那的彀。”陕北人至今还说“酒坏君子水坏路，神仙也出不了酒的彀”的俗语。今天，普通话中只剩下了“入吾彀中”一词被归入文言、成语的语句，口语中已没有“彀”的踪影，但陕北人却整天挂在嘴上。

【伙】

伙，当今一看到这个字，在普通话语境中的人可能马上就会想到团伙、结党营私，可在陕北，这个字却保留了“伙”字本义的军旅色彩。陕北方言称互相帮助为“相伙”。“朋伙”一词在陕北绝非朋党行为，而是合作，原始股份制、合伙经营行为。陕北把临时协作、共渡难关的行为称为“搭伙求柴”。陕北“一伙”也非“一帮”之意，而是全部。古代，“伙”为军旅建制，因十人一灶，故规定十人为一伙。《新唐书·兵志》：“府兵十人为火，火有长。”《木兰辞》：“出门看火伴，火伴皆惊忙。”这里“火伴”即战友。后“伙”为与“火”意区别，加上人字旁。

【踼】踼

踼（tàng）：陕北把掉落的过程、结果，把滚动的动作称作“踼”。说人跌倒叫“踼倒。”《说文解字》有这个字：“踼，跌。从足，昜声。”宋《广韵》标“徒郎切”，与陕北发言、语义趋同。

【好少】

“好少”一词在普通话中表示“少”，在陕北方言中表示“多”。如：“这号东西，我们那里好少的了!”这里就是指量多，非常多。“好少”也指“路程多、远”。如：“从咱这搭儿去西安，要走好少的路了，怕走十天半月也到不了。”

“好少”一词出自元代。词义正是“多、远”。如元杂剧《潇湘雨》：“这大雨若淋杀你呵，我也倒省此力气，这沙门岛好少路儿哩。”这里的“好少”也是“多”的意思。

【言诠】

言诠（chuán），陕北方言指“说话”。如：该你发言了，你咋不言诠？有啥困难，你言诠一声。

古代“言诠”的意思就是“说话”，词义偏向于“讲道理”。今人解释为“以言词阐述义理”。唐·张说《闻雨》诗：“有时进美酒，有时泛清弦。声真不世识，心醉岂言诠。”宋《广韵》：“诠，此缘切。”陕北的读音，比起反切，舌尖前音变为舌尖后音了。

二、特殊词缀

（一）特殊词头

1. 陕北方言有大量“圪”头词，可构成名词、动词、形容词、拟声词等。

名词：圪渣、圪尖、圪垯、圪堆、圪堵、圪针、圪瓶、圪蛋、圪扭肘、圪节、圪梁、圪台、圪峁、圪岔、圪痂、圪疤等。

动词：圪蠕、圪挤、圪摇圪摆、圪搅、圪逗、圪眨、圪翻、圪囔、圪拗、圪挪、圪爬、圪蹭、圪钻、圪擞、圪吵等。

形容词：圪碜、圪拐、圪捩、圪挪、圪里、圪海海、圪绷绷、圪扯扯、圪赤赤、圪丑丑、圪褚等。

量词：圪抓、圪垯、圪卷、圪撮、圪都、圪截等。

拟声词：圪叭、圪嘣、圪邦、圪睬、圪噔、圪咕、圪哇、圪嘟嘟、圪咚咚、圪呱呱等。

2. 有一定数量的“忽”头词。如，忽嘶、忽嗵、忽撩，也可构成形容词，如，忽雷闪电、忽洒洒、忽缭缭等。

3. 有一定数量的“卜”头词。可构成量词，如，卜浪、卜滩、卜蕻等。“卜”头词，多是现代汉语单独词素的分音词，在陕北方言中多作量词使用。

4. 有一定数量的“日”头词，如，日鬼、日弄、日塌、日怪、日噘、日脏等。

（二）“儿”词头的特殊用法

1. “儿”做贬义

儿人：指作风不正，品质恶劣的人。

儿气：故意使坏。

儿事：指坏事、见不得人的事。

儿话：指消极庸俗或无理无据的话。

儿天：指不尽如人意的天气。

儿样：难看的样子，不好的形象。

其中“儿人”“儿话”“儿事”“儿天”都有成词倾向。

儿货、儿凇、儿鬼，都是詈语，都指品行不好的人。

2. “儿”除了作贬义形容词，还构成一些表性状的三字格、四字格惯用语，也多带有贬义。例如：

儿女子：指女性无知者、见识鄙陋者。

儿马风：也说儿马黄风、儿马老风，指极大的风，沙尘暴。

儿里儿气：同“流里流气”，意为举止轻浮，品行不端。

（三）特殊附加式

陕北方言中许多附加式的构词，如，“司机”说“开车的”，“老师”说“教书的”，“老板”说“掌柜的”，“乞丐”说“行吃的”，“XX母亲”说“XX娘的”。

三、逆序词

（一）常见逆序词

陕北方言中存在着一些与普通话，字面完全相同，次序却截然相反的词语，被语言学界称为“逆序词”，这类词在生活中使用频率较高，乍一听觉得很熟悉，表达的意思也大同小异，但词序相反；也有一部分逆序词与今日普通话的词义完全不一样了，保留了词语最初的意思。如下表1-8所示。

表1-8 陕北方言常见逆序词示例

陕北方言	普通话
熬煎	煎熬
才刚	刚才
个自	自个
昏黄	黄昏
急尿	尿急
理论	论理
貌相	相貌
念想	想念
康健	健康
音声	声音
脚手	手脚
弟兄	兄弟
眼睁开	睁眼

注：表中词目参见附录《陕北方言分类词表》

（二）特殊逆序词

娘老子——父母

婆姨汉——夫妻

“婆姨汉”是陕北方言对于夫妻二人的称谓，口头也常说“婆姨汉两个”，和普通话中的“夫妻”“夫妻俩”对应，但词序不同；“娘老子”在陕北话中指“母亲和父亲二人”，普通话对应的词语是“父母”，这两组词意义同普通话相同，但词序相反。旧时我国封建礼教下，男尊女卑，所以父母、夫妻之类的词语中，都是男人在前面，女人从属。但是陕北方言却恰恰相反，这算是一种特殊的“逆序”现象。这类用法异曲同工的是，普通话在感叹时，呼喊：“我的妈呀”“我的娘呃”，陕北方言却呼“天大大哟”，是呼“男性”。在口头禅中无指向性骂人或者仅仅为了抒发一种不满意的心情时，普通话有詈语“他妈的”“他奶奶的”“姥姥”，但是陕北人则说“他大脑”“羞他大的精了”“羞先人（先人多指男性，因为女祖先在祠堂是没有牌位的）了”。这些都是陕北话中存在的有趣现象，值得思考。

（三）逆序词选释

【才刚】

陕北把“刚才”说“才刚（jiāng）”，与普通话“刚才”逆序。表两层意思。一是同“刚才”，如：“才刚跌了一跤。”二是“刚刚，才”。如：“都快晌午了，咋你才刚来?”

【理论】

“理论”陕北方言指讲道理，争辩。

《全唐文》卷四二《咸阳县丞郭君墓志铭》：“惟公博识强辩尤好理论。”这里的“理论”作动词使用，是“论理、争辩”之意，没有现在的“邓小平理论”里“理论”这一名词的含义。陕北方言中的理论词义依然保留了最初的意义，历经上千年未变。《水浒传》第二十四回：“如若有人欺负你，不要和他争执，待我回来，自和他理论。”

【脚手】

陕北方言不说“手脚”，说“脚手”。如脚手冰凉。

脚手，《敦煌变文集·燕子赋》：“缘身豆汁染，脚手似针钉。”《五灯会元·华严慧兰禅师》：“却被神光座主一觑，脚手慌乱。”陕北人讲：“后生脚手麻利，翻墙进院像走平地。”

今陕北方言与唐宋时期“脚手”的表述没有变化。

【康健】

陕北方言用“康健”表达“健康”之意。

康健，宋代邵雍《插花吟》中有：“况复筋骸粗康健，那堪时节正芳菲。”“康健”表健康。在元代也十分普遍，陕北人至今还这样说，比如：“爷爷康健了，九十多岁还地里秋收，活神仙。”

【音声】

陕北方言中说声音时用“音声”表达。例：“快寻个话筒，音声一满（完全）听不见。”

宋《五灯会元·长沙景岑禅师》：“如何是观音？师曰：‘音声语言是’。”可见，古代表达声音一意时也是用“音声”一词。

依据史料可知，陕北方言里的这些所谓的“逆序词”正是古代正常的用法。看来不是陕北方言发生了逆序，也有可能是普通话在长期的演化过程中发生了变化。到底是哪一种语言在“逆序”？是个有趣的值得商榷的问题。

这种民间语言与普通话的表述差异，说明了一个问题：就像官方正史与稗官野史一样，官方与民间历来也有不同的语言体系，过去很长一段时间就存在着文言文与白话文并行使用的现象，语言的这种差异性在不断地演变。语言的同化与统一是古代执政者治理国家的必要之举，早在秦始皇“书同文”前，周朝就有了通用语“雅言”，以后历朝历代均有所为，如汉代刘熙《释名》，东汉许慎《说文解字》，晋代吕静《韵集》，南北朝梁代顾野王《玉篇》，宋代陈彭年、丘雍《广韵》，明代有了官话，民国有了国语，今天我们学说普通话，这都是国家推行通用语的举措，3000年来从未间断。方言具有独特的文化价值，目前仅是南腔北调的戏曲全国就有几百种。这一现象说明语言的官方规范和民间流布，从来都不是矛盾的。事实上我们的祖先用的就是白话，讲己所思所见，如《诗经》语言就很直白。只不过早期由于生产力发展水平限制，书写记录是件十分困难且奢侈的事，字斟句酌、一字千金的文言文应运而生，中途文言居庙堂之高大兴其盛，但在民间，方言才是日常使用的通用语。

四、民族融合词

陕北方言中有很多外来词，这些外来词大都是从历史上西北其他少数民族语言中吸收的词。陕北方言中的外来词主要来自蒙古语。由于北部受到蒙古语的影响，特别是最北区的神府、榆横区的语言存在有不少的蒙古语音译词和“蒙汉合璧词”。如，横山地区将到处坑蒙拐骗、骗吃骗喝、煽风点火的人叫“胡拉匠”“胡拉鬼”，实际是从蒙古语“胡拉盖”来的，“胡拉盖”在蒙古语里的意思为贼、小偷、骗子之类，横山用蒙古语的音加上了汉语的詈语后缀“鬼”用来表贼。再如，神木、府谷将聊天叫“倒拉”，实际上也是与蒙古语有关，“倒拉”的蒙古语意思是说唱、演讲等，在古蒙古语中，将从事说唱的人称为“倒喇赤”。神木、府谷正是受到了此蒙古语的影响。

此外，邢向东先生在《神木方言研究》中还提到，神木的许多地名都受到蒙古语的影响，如，地名中的“采当”是“柴达木”的音译，在蒙古语中指“盐度高的碱性土地”；榆林一带有很多以“兔”结尾的地名，如，小壕兔、尔林兔等，这是蒙古语形容词后缀“t”的音译造成的。

从历史的发展来看，秦汉之际，绥州（绥德）就是边塞重地。北宋之时，延州（延安）就是范仲淹戍边建功立业的地方。到了明朝，随着中央政治中心和军事实力的北移，榆林由寨而庄，由庄而堡，由堡而卫，由卫而镇，成为九边重镇之一的延绥镇总兵官的驻地。因此，陕北方言中至今保留了许多军事方面的方言，比如，“杀割”“交领”“放快”“赫连倒阵”“嘶声”“猫鸥吼叫”“叫应”“顶站”“马下”“一阵儿”，等等。它们都源于战争，这些词语也体现了边塞文化特色。

陕北方言从语言学的角度划分，属于晋语系，其语音上保留了入声，这是陕北方言在划分方言片区时主要依据的语音特征。陕北方言在词汇和语法上都与晋语有共同之处，但又有自己的显著特点。陕北方言与普通话比较，存在语素不同、语义不同、词序不同等特点。本章节所用词语来源于作者经田野调研后总结制定的“陕北方言分类词表目录”（参见附录），这些都来自陕北地区的“方言通用语”，也是陕北人生活中所用的基本词汇，还有大量生动形象的词语未收入其中，将在后面各个章节中加以分析介绍。从陕北方言词汇的特点我们可以看到，许多古语词在陕北方言中有遗留，陕北发言在一定程度上反映了语言的发展历史。另外大量民族融合词的存在，也是历史上北方多民族杂居融合的语言见证。

第二章　陕北方言语汇与物质文化习俗

民间流传着有关陕北民俗文化的“陕北六大怪”谚语，即“陕北一大怪，羊肚子手巾当帽戴；陕北二大怪，洋芋当饭不当菜；陕北三大怪，挖个洞洞当家宅；陕北四大怪，斜跨毛驴走得快；陕北五大怪，唱着酸曲谈恋爱；陕北六大怪，羊肉按件不零卖”。短短几句话，却把陕北人有关衣食住行的典型特征描画得栩栩如生，句句说到了关键之处。

第一节　服饰文化习俗

郭沫若曾经说过：“衣裳是文化的表征，衣裳是思想的形象。”① 这句话把服饰与文化的关系说得十分透彻。服饰既是人类赖以生存的基本物质需要，又是反映文明程度的标志，是人类特有的劳动成果；既是物质文明的结晶，又是精神文明的内涵。从服饰的演变中可以看到历史的变迁、经济的发展和社会的文明程度，以及人类审美意识的变化。通过陕北服饰不仅可以看出其蕴含的文化的、民俗的信息，还可以透过表象，探究其背后的经济条件及人文素养等信息。陕北是黄河流域颇具代表性的一片土地，这里人们的服饰及演变过程极富地方特色、民族特色和时代特色。

一、传统服饰

【羊肚子手巾】

羊肚子（yáng dǔ zi）手巾，是陕北男子绑在头部的白色毛巾，方式是裹住后脑勺往前在额头处打结。

陕北人把衣服统称“衣裳”。古代通常把上衣称为“衣”，下衣称为“裳”，

---

① 郭沫若于 1956 年为北京服装展览会题词。

连称为“衣裳”。《释名·释衣》曰：“凡服，上曰衣，衣，依也，人所以庇寒暑也。下曰裳，裳，障也，所以自障蔽也。”由此可知，陕北人口中的“衣裳”一词自古有之，且延续至今。

提起陕北人的衣着特色，人们映进脑海的第一画面便是头戴白羊肚毛巾的陕北汉子形象。加上近几年媒体上各种选秀节目中涌现出陕北选手身着“地方服装”参加比赛的情景，演员纯粹是为了强调地域身份，唱着“白羊肚子手巾头上蒙，红布裤带吊缨缨”的信天游，但却使“白羊肚子手巾头上戴”的形象日益固化。陕北人头缠白毛巾这种传统着装，其实源自历史上的游牧民族，是由汉民族与匈奴、党项等游牧民族服饰交融演化而来。据《列子·汤问》记载：“北国之人，鞨巾而裘；中国之人，冠冕而裳。”这里的“北国之人”指的是北方少数民族，“鞨巾而裘”是说“包着头帕，穿着光板皮袄”。头扎白巾、身穿白板羊皮袄，正是一副典型的陕北人装束。汉代扬雄《方言》云：“鞨巾，俗人帕头是也；帕头，幧头也。”“自河以北赵魏之间曰幧头。”扬雄这里明确指出包头帕的衣饰流行于黄河以北赵魏之间，包括陕北在内的广大地区，可见，陕北人头上的白羊肚手巾是由“北国之人”的鞨巾演变而来。陕北自古为白狄之地，而白狄崇尚白色，以白色作为圣洁的象征，这种尚白的习俗深深地融入陕北人的生活之中，支配他们的心理达几千年之久。

陕北早晚温差较大，当地人认为头是人体最怕凉的地方，俗语说“头不凉，体无恙”，所以，头裹手巾，是人们保护身体的必要举措，手巾是陕北人御寒、遮阳、防尘的必备品。干完一天农活，或者收工回家的路上，腰酸背乏，路过小河溪流时，羊肚子手巾又成了洗脸擦身用的毛巾，一物多用，实在奇妙。如此看来，陕北人随身携带的那条白羊肚子手巾是具有多重功能的，是在长期的劳动和生活中总结出来的经验之举，是智慧的结晶。

陕北民歌中经常提到羊肚子手巾，如：“羊肚子手巾三道道蓝，四妹子和我没个完，来年娶你过家门，热热闹闹把喜事办。”这种毛巾以前花色比较少，只是两个侧边上面有三条装饰的蓝色花纹，所以是“三道道蓝”。如陕北民歌《神仙挡不住人想人》中的唱词“羊肚子手巾三道道蓝，咱们见面容易拉话话难，一个在那山上一个在那沟，咱们拉不上那话话，那就招一招手”。

现在有关“白羊肚毛巾”的家喻户晓离不开电视、网络等电影与戏剧艺术手段渲染的陕北人形象，艺人们也刻意把自己包装成地方特色突出的陕北农民想象，有很高的辨识度，陕北男性艺人的清一色着装均是扎着白羊肚头巾、身着羊毛坎肩的标志性服饰。

【羊皮袄】

陕北的冬季寒冷又漫长，陕北高原是农牧兼有的地域，每一户陕北人家里都会有一件或者几件抵御严寒的老山羊或者老绵羊皮袄。陕北人喜欢随性，不喜欢在羊皮袄外面褐上面子，而是就那么光板穿着，一直穿到烂，也只有这种光板皮袄才被称作老羊皮皮袄。20世纪70年代兴起穿有面子的皮大氅，用羊皮做里，布料做面，制成裘衣，风行一时。

陕北人穿皮袄有着悠久的历史。乾隆《府谷县志》载：“多服无布面皮裘，不甚饮茶，尚黄软米、羊肉。”靖边白于山区有民谣：“吃饭靠糜子，穿衣靠皮子，走路靠驴子。”陕北人用羊皮做衣服是受了北方少数民族的影响。老羊皮皮袄是陕北人的一件宝，无论风雪多大，穿着老羊皮皮袄都会感到身体被一股暖暖的热气拥裹，到了晚上，老羊皮皮袄又变成了无比暖和、无与伦比的“铺盖”。清朝光绪时期翰林院大学士王培棻曾到陕北考察，并作“考察报告”《七笔勾》，从山川地貌到衣食住行把陕北说得一无是处，很多陕北人认为这是对他们的侮辱，但不得不承认《七笔勾》中描述了大量的事实，其中写道：“没面皮裘，四季常穿不可丢。”皮袄在陕北有“白天穿，晚上盖，天阴下雨毛朝外，虱子咬起墙头晒”之说，民间流传“有钱人穿呢子，没钱人穿皮子”，民歌中有“山羊皮袄苦尻子，有什么心事唱曲子”之唱词。

皮袄，有老山羊皮袄也有老绵羊皮袍，有长皮袄也有短皮袄。长皮袄叫大氅，短的叫半大氅。还有用羊毛编织的帽子、腰带、袜子、背心，等等。这类衣服看起来很土，说起来皮袄皮裤等皮制品却是人类与猿猴相揖别以后，裹在身体上的第一件衣服，人类裹着兽皮，跋涉了难以叙说的艰险岁月，才终于艰难地跨进了文明时代的门槛。没有深加工的皮袄也算是中华服饰文化史的发端。

【装裤】

装（zhuàng）裤，又叫壮裤，指棉裤。如：羊毛装裤到底穿上轻巧。“装裤”一词来自古语。文献中早有有关记载，《归义军节度留后使》记载：“紫绵绫旋裥袄子壹领，细牒装裤壹腰，皂皮鞋壹两并细牒袜。”九世纪中期的《沙州僧崇恩析产遗嘱》记载：“崇恩亡后衣服，白绫袜壹量，浴衣一，长绢裤壹，赤黄绵壮裤壹腰……”陕北地区，冬季穿的衣服，表里之间絮有棉絮或羊毛填充物，故名之“装”。“装”在此用作动词，读去声，与“壮”音同。陕北地区冬季寒冷，人们多着臃肿棉裤过冬，棉裤显得人胖又壮，所以大家口传也一直认为是“壮裤”。

【大裆裤】

大裆裤，顾名思义就是一种裤裆很宽的裤子。陕北人生活在布满山沟的黄土高原上，天天不是爬山就是下沟，要做出许多双腿跨度比较大的动作，裤裆太窄不便于行动，自然就有了大裆裤。在穿裤子时，由于裤腰太宽，难免要在裤裆处大大地打个折，这样穿着大裆棉裤与长襟袄的人们身上的线条就不那么挺直美观了。但是，那时的人们还没有条件去讲究美观，更重要的是实用。

【肚兜】

肚兜是陕北传统的贴身服饰，形状像是背心，前襟上方用布带子系在脖颈上，下面两边有带子可以系于腰间。肚兜上绣有五颜六色的图案。小孩子的一般绣虎头像或者五毒像，新婚夫妇一般绣鸳鸯戏水、蛇盘兔等，象征夫妻恩爱。

【对门门】【长襟襟】

“对门门”指旧时陕北男子穿的低领对襟式上衣，“长襟襟”指旧时陕北女人穿的低领偏襟式上衣。

受陕北经济发展状况的限制，很长一段时期内，陕北服饰都是以家做为主。农民自己种棉花，自己纺线织出老布、土布，再自己染成黑、蓝、灰等单一的颜色。男士上衣一律是比较省布料的“对门门”式子，即低领对襟式，女人上衣是低领偏襟式的，即“长襟襟”，纽扣统一是用布做的“核桃疙瘩”，男女均穿大裆裤。由于经济落后，物质贫乏，陕北人冬天的棉衣，到了春天把里面的棉套子一抽，就变成了两层的“夹袄”，到了夏天，再把夹袄拆开，就变成了两件单衣。陕北女人像魔术师一样，把一件衣服变成一年四季的穿着，维持着一家人艰难困苦的日常。在艰苦年代，人们对于服装的要求很简单，俗语说“不凸皮露肉”就行了。

陕北石峁遗址的发掘，证明了远在6000年前陕北就有人类繁衍生息，当时的衣着是草兽皮。宋元之前，陕北地区是汉族与匈奴、党项、回纥、羯等少数民族共同生活的地方，属于牧区，这时的服饰以皮、绒、毛制品为主要原料。后来有了麻的种植、蚕的养殖，才发明了纺织，出现了丝绸麻棉，人们的衣服从款式到材料才越来越进步。

二、鞋袜类

【毛底鞋】

千层底在陕北又叫毛底鞋，说是千层底，其实是一种夸张的称呼，其实也就是三五层。是陕北妇女用平时攒下来的旧碎布零头小片作为铺层，用糨糊在案板上粘成厚厚的一大片，晒干后揭下来，就是“袼褙”。找来大小合适的鞋样或者干脆比照着鞋底，剪下六七层袼褙，整齐地摞在一起，把最上面和最下面的两底蒙上结实的白布，用白布条沿上白边，一个千层底的雏形就算做成了，剩下的就是一针一线地纳鞋底了。有时候也会省去沿白边的步骤，直接把袼褙摞起来，用剪刀剪齐就可纳了，做好后，需要用剪刀修剪边缘，剪成一种又毛又齐的毛边，所以又叫“毛底鞋”，因为做好后鞋底一周有一圈看起来毛毛的线头。做毛底鞋，鞋底是关键，鞋底做好后一只鞋一半多的工程就可以说是完工了，剩下的就是制作鞋面和绱鞋。

做鞋是陕北婆姨们的巧拙标志之一。陕北女子从十几岁就开始学做布鞋了。以往的陕北，女子要在出嫁前送给未婚夫一双亲手做的千层底布鞋，俗语称“稳跟鞋”，意思是穿了稳跟鞋，亲事就十拿九稳地定下了，送鞋一方面是表达情意，另外则是为了显示自己的心灵手巧。千层底布鞋既是陕北人民勤俭节约变废为宝的智慧结晶，它繁杂的工序又涵盖了陕北妇女吃苦耐劳、艰苦奋斗的精神。

三、家纺类

【铺盖】

陕北人把包括被子、褥子、床单、枕巾、枕头等的床上用品统一称为“铺盖”，这种命名方式简单、直接、全面、明了。身下有了铺的，身上有了盖的，就可以安然入睡了。

作为特殊“铺盖”之一的是陕北人炕上铺的毡。陕北人喜欢铺毡，主要是出于三个方面的原因。一是保温功能。铺了毛毡的土炕冬天暖和夏天又不会觉得土炕太凉。二是防滑功能。陕北窑洞的大炕上都铺着用芦苇或者高粱秆皮皮编成的炕席，直接铺褥子会打滑，铺上毡后摩擦力明显增大。三是毛毡弹性好，铺在炕上会让人觉得炕不太硬，相当于现在的床垫一样。铺毡是一般人家的设施，经济条件好点的家庭还要在铺盖上加一块羊皮褥子或者狗皮褥子。羊皮褥子较为普遍，是把两张熟好的山羊皮用针缝成一大块，孝顺父母的儿女们总是在过节或者父母过寿时，送上一张令人羡慕的羊皮大褥子来孝敬自己的双亲。

【三五毡】

三五毡，即长五尺宽三尺的羊毛毡。陕北人用羊毛毡铺炕，大多数情况下把整炕铺完需要三条“三五毡”。也有的家庭根据炕的大小不同使用“四六毡”或者“二五毡”。

陕北，秦汉时期为上郡之地，“畜牧为天下饶”，所以陕北人几乎家家炕上都铺着羊毛毡。羊毛毡又分为沙毡、绵毡、灰毡，其中沙毡的原料是山羊毛，由于毛质较硬，手感较为粗糙；绵毡的原料是绵羊毛，颜色为纯白色，较为柔软细腻。灰毡是杂毛毡。毡匠会在毡面上添加简单图案用以点缀，“红双喜”为最常见的吉祥图案。后来羊毛毡发展成了羊毛毯，陕北的羊毛毯美观、实用，很为人称道。加上色彩艳丽，图案美观，用手工精心编织而成，一块毛毯就是一件精美的艺术品。

作为实用的衣饰，首先是为了保护身体，御寒保暖，以及方便劳作而制。陕北地区服饰的演变，从一个侧面反映了这一区域各个时期的物质、精神文明发展水平和民俗文化的某些特点。

第二节　饮食文化习俗

“民以食为天。”“食色，性也。”饮食是民俗文化的一个重要方面。由于自然环境、物质文化以及人文思想等诸多因素合力的影响，汉族自古以来就把饮食同社会文化活动紧密结合起来，从而使得饮食文化成为中国古代文化史的重要支柱之一。“从科学的意义上来讲，任何一个国家民族的饮食文化，指这个国家以及民族的饮食食物、饮食器皿、饮食的烹调方法、饮食方式以及以饮食为基础的思想、哲学、礼仪、心理等而言。”① 饮食文化博大精深，无所不及。语言作为人们日常生活中重要的交际工具，自然而然地与饮食发生了千丝万缕的联系。

一、地方物产与饮食习惯

中国是世界上农业起源最早的地区之一。黄河流域的汉族以农业为主的生产方式决定了其传统饮食习俗，是以植物性原料为主，主食是五谷，辅食是蔬菜和肉类。陕北黄土高原，沟壑纵横，山峁绵延，土丘层叠林立，覆盖着新生代红土和很厚的黄土层，四季干旱少雨，盛产小米、荞麦等农作物。食物也大多以此为原料。

在旧石器时代的晚期，由“河套人”和“黄龙人”首开先河的陕北黄土高原饮食文化史，经过了新石器时代的高度发展后，在黄帝时期以来的数千年岁月里，由于长期的民族交融和同化，表现出丰富和复杂的特点。民族交融与文化交流的一个显著成果，就是导致了陕北高原上粮食作物的繁多和瓜果蔬菜的齐全。据统计，仅仅豆类作物中就有十多个品种：白黑豆、黑黑豆、豌豆、绿豆、黄豆、大红豆、豇豆、赤小豆、扁豆、菜豇豆等。瓜类有黄瓜、西瓜、南

① 谭汝为. 民俗文化语汇通论［M］. 天津：天津古籍出版社，2004：46.

瓜、小瓜、西葫芦瓜等。作为人们主要食物来源的谷物也品种繁多，谷子、软糜子、硬糜子、玉米、荞麦、稻黍、高粱等。为什么在这个近代以来非常贫瘠的黄土高原上，竟奇迹般地栽培着如此繁多的五谷杂粮与瓜果蔬菜呢？首先，这和几千年来，在陕北高原发生的频繁的民族战争和民族交融有着密切的关系，是长期以来多民族交往融合的结果。当历史上那些或多或少也经营过一些农业作物的少数民族，以所谓“占领者”的姿态踏上陕北黄土高原时，在继续游牧经济的同时，也会栽培一些带过来的作物品种。其次，这和宋元明清以后，高原上植被气候的逐渐恶化有关。人们要想在干旱少雨、十年九不收的恶劣环境中生存，自然力求能多一些生存手段，而农作物品种的多样化，正是人们在恶劣环境下求生存、图发展的有效手段。多一种作物品种，便多一分适应自然的能力。

《汉书》记载匈奴的饮食习惯是“自君王以下，咸食畜肉”。《旧唐书》记载北方游牧民族西戎“畜牦牛、马、驴、羊，以供其食”。可见，游牧民族长期以来以畜肉为主食。陕北人受游牧民族的影响也非常喜欢食肉，且在烹饪方式上和游牧民族相似，以熬炖为主，即使是农产品的果实，也多为“熬”。熬南瓜、熬洋芋是主菜；炖羊肉是待客上品，羊杂碎是风味小吃。草原腹地的“手抓羊肉”或“手扒羊肉”，块头大，筷子夹不起，只有手抓啃，在内地人看来是“半生不熟”，但彼处人却觉得“有咬头”。这种带骨头羊肉，横向传播到陕北，剁成核桃大小，放足佐料，香气袭人，名曰“炖羊肉”。对于羊肉，中原人绝不会如此海吃海啃，陕北别具一格的“吃相”和“喝相”，显示出边塞特色，喝酒吃肉时的风卷残云之状，仿佛坐在蒙古包中，一派游牧食风。神魂颠倒的“喝相”产生了“酒曲”。以歌劝酒，甚至端酒跪请，又是豪放大气好客的民族性反映。

二、饮食种类

陕北地区的饮食习俗，既是黄土高原饮食文化的重要组成部分，也是中国传统文化的重要内容。本书所描述的重点，是历代陕北普通人民的饮食。宋元以来，由于国家政治文化中心的远离，生态环境的恶化，以及交通不便、偏僻封闭等多方面的原因，使得这里的社会生产力水平长期停滞不前，整个社会已无力将饮食文化推向一个花样翻新的新阶段。勤劳智慧的陕北人民，在广泛吸收和容纳了众多游牧民族烹饪文化的前提下，以高原上品种繁多、营养丰富的五谷杂粮为原料，把早期人类饮食中蒸、煮、熬、烩、炸、炖这几种看似简单的食物烹饪方式，提高和发挥到了一种出神入化的境界。

陕北居民的饭菜，基本上可以划分为三大类：日常饭食、节日食品、风味小吃。日常饭食制作简单、方便实惠，是老百姓居家度日的基本饭食。节日吃食，是陕北居民饮食中的精华，制作精良，在特定节日享用或用以款待亲朋。风味小吃代表着陕北各地不同区域的特色，如镇川碗托、绥德油旋、子洲馃馅等。

（一）日常饭食

“人活七十，就为一口吃食。”这是陕北黄土高原上广泛流传的一句俗语，它一方面反映了民以食为天这样一个重大的主题，另一方面也透露出吃饭曾是个十分沉重的话题，对于历代的居民都是一个沉重的压力，反映出困苦年代人们经常为不能吃饱而烦恼。在自然条件恶劣的环境下，陕北人民勤俭持家、省吃俭用，用勤劳的双手，将生产出来的五谷杂粮瓜果蔬菜，不断排列组合，创造了许多美味养人的家常饭。

【米汤】

陕北人把用纯小米煮成的稀饭叫米汤，把煮小米稀饭的这个过程叫作“熬米汤”。小米是谷子去壳碾成的，米汤其实就是小米粥。小米是构成陕北居民一切稀饭粥类的基础，用小米可以做成很多种饭食。如绿豆米汤、豇豆米汤、钱钱饭、麻汤饭等。在陕北方言中，凡是用五谷杂粮加水煮成的食物都是饭，饭的种类繁多，但是它们却都有一个共同点，那就是不管有几种谷物或者豆类，其中必然有小米。这是由于在黄土高原的一切作物中，谷子的栽培历史最为悠久。至今在米脂县城的文物展室中，陈列着新石器时代的（碳化）谷物，据说是世界上最早的谷子。谷子由于耐干旱、易种植成为人们必种的农作物，人们宠爱小米还有一个重要原因就是“小米养人”。“米脂的婆姨绥德的汉，清涧的石板瓦窑堡的炭”，这是陕北妇孺皆知的俗语，人们认为米脂的婆姨俊俏，是因为米脂出了中国四大美女之一的貂蝉，而貂蝉漂亮是因为米脂产的好小米。“米脂者，米汁如脂者矣！”① 米脂境内的小米，就好像油脂那么醇厚有营养，米脂这个县的名字也正是由于“米汁如脂”而得名。陕北人不说煮稀饭，而说“熬米汤”，一个“熬”字尽显了主人对于这个做饭过程的用心和认真。熬米汤不费火，关键在于适时地搅动，熬两滚，歇一歇，等米花绽开了花瓣，米和水融化在一起，变成一种又黏又稠的胶汁状，一锅米汤就算熬好了。熬好的米汤飘浮着一层厚厚的油脂，方言叫“米尘尘”，晾凉后可以用筷子挑起三层油皮，说是比牛奶皮的营养还要高。

---

① 米脂县志编纂委员会. 米脂县志［M］. 西安：陕西人民出版社，1993：10.

陕北人深信米汤最能养育人。至今陕北的婆姨坐月子，娘家妈去守月子，不说是去伺候月子或者守月子，而是说去“给女子熬米汤”。这主要是来源于旧时陕北女人生孩子，在整整一个月里，其主要食物就是喝米汤，陕北人认为米汤不仅能滋养产妇的身体，更是极好的催乳剂，一个月下来，产妇和娃娃都是白胖胖的。

陕北人的饭桌上永远都有着一锅熬得“恋恋”的米汤。在陕北人的概念里，没有什么是一碗米汤解决不了的问题。妇女坐月子，喝米汤不但可以增加营养，而且有助于产妇下奶；小儿拉肚子，喝一碗米汤；大人小孩感冒发烧，喝一碗滚滚的米汤“发发汗”，便可以战胜疾病活蹦乱跳了；数九寒天从外面回家来，一碗冒着热气的米汤，不仅可以驱寒更能让人从胃里暖到心里；红天酷暑的夏日午后，干了一天农活的庄稼人回到自己家里，最想喝的就是一锅凉好的稀米汤，一碗下肚，解渴解乏，比任何饮料都好千百倍。

曾经，米是财富的象征，“鸡蛋壳壳点灯半炕炕明，烧酒盅盅量米也不嫌哥哥穷”，此等不为物累的爱情，在当下似乎难以见到，而在民俗生活中，农村的红白喜事，过去多有用米来随礼的习俗，依据亲疏远近，随礼的小米一升、二升不等，小米俨然扮演着硬通货的角色。

“米”和“你”谐音，所以陕北民歌中多有以“米”起兴的民歌，诸如：“半碗黑豆半碗米，端起碗来想起你”“煮了些钱钱下了些米，大路上搂柴瞭一回你”“前沟里的糜子后沟里的谷，哪哒哒想起你哪哒哒哭”，浅吟高歌中，暗含着人与米之间密切的联系与深厚的情感。古人讲究，四季更替，适食而食。然而在陕北一地，小米可谓“适时而食”，可以从早吃到晚，从春吃到冬，可稠可稀，可主食可副食，可上得了筵席也可居于日常。

图 2-1　陕北小米

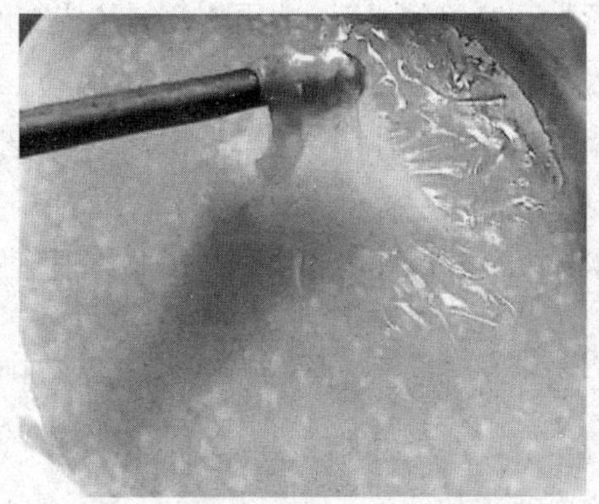

图 2-2　米尘尘

【钱钱饭】

豆钱钱稀饭是最具陕北特色的一种美味，钱钱饭名字的来由是因为其形状。陕北人把黑豆加水浸泡后，在石碾子上挤压成扁圆状，称为“豆钱钱”，类似古代的无孔的小铜钱，当然人们更是为了取“铜钱”的吉利之意。豆钱钱加小米加水熬成的稀饭，便是钱钱饭。

图 2-3　黑豆钱钱

图 2-4　钱钱饭

钱钱饭是方便好吃的一种食物，做法简单，只是在熬米汤时再加一点豆钱钱即可，但味道却比米汤丰富很多倍。压钱钱也很简单，前一天晚上用适量的温水将黑豆泡在瓷盆中，到第二天下午时分，将泡好的黑豆拿到通风处吹晾，再端到碾子上一圈一圈压成薄片状的“钱钱”。钱钱饭不稀不稠，比起米汤多了“嚼头”，喝起来又光润，渴了可以解渴，饿了还可以果腹，疲劳了可以解乏，困倦了可以提神。科学地讲，大豆中富含卵磷脂、黄铜和可溶性纤维，被誉为“田中之肉”和“绿色的牛乳”。大豆和小米完美结合，不仅美味还有延缓衰老、降低血脂等功效。陕北人在地里劳动了一天后，回到家里要是能喝上两碗清香四溢的钱钱饭，就心满意足了。

【麻汤饭】

我们常说“五谷杂粮”，所谓“五谷”，在北方一般指麻、黍、稷、麦、豆，南方则指黍、稷、麦、菽、稻为五谷。作为五谷之首的麻，在陕北饮食中起着不可替代的作用，其中最让人念念不忘的就是“麻汤饭”了。庄稼人平时过日子，总是十分仔细。比如春天里，和黑豆、豌豆一起撒进地里的小麻子，主要的用途便是出麻油。用麻油炸出来的油糕、烙出来的油饼，炒出来的鸡蛋、调出来的苦菜……都是难得的人间美味，但麻油最最重要的用途还是制作“麻汤饭”。

出麻油的程序比较复杂。需要先将麻子在铁锅中炒熟焙干，然后放到石碾上压成饼状，再投放入烧滚的开水中，大火把开水一遍一遍地往滚了烧，麻油便会从水油混合液中一层一层地漂上来。将漂浮在水面上的麻油用小勺子轻轻撇出来，舀在盆中的是麻油，剩在锅里的便是麻汤了。这时候，主家便会叫左邻右舍的乡亲们都拿只桶来，每家舀大半桶麻汤回去。提回去后，立即倒入饭锅中，在翻滚的麻汤中倒入高粱、小米、大红豆和豆钱钱，等米绽开了花再加入盐和酸白菜，这样一锅香气四溢的麻汤饭便大功告成了，香气不仅一下子填满了整个窑洞，那天晚上全村上空都会弥漫着麻汤饭的香气。

陕北高原的民风是淳厚的，在一个只有十几户人家的自然村落，一般情况下，一家出麻油，全村人都必定要吃一顿麻汤饭，若是谁家刚好有亲戚来，每家每户的主人们都会拉着他去吃自家的麻汤饭。总之，陕北人人都爱喝这独特的麻汤饭，但是要总结其特点，又挖空心思、绞尽脑汁想不出用什么来形容，因为从头到尾就是一个字——香。俗话说，“麻汤饭，憋憨汉”。意思是一旦吃麻汤饭，人们普遍是三碗不饱，五碗不放。

【白面】

白面，本指用麦子磨成的面粉。陕北方言中“白面”的范围有两个，一个是指小麦磨成的面粉，另外也指用面粉做成的面条或者面片之类的食物。在陕北，米中最重要的是小米，肉中最重要的是羊肉，面中最重要的是白面。陕北所有的面食中，不管是高粱面，还是豌豆面、豇豆面，都需要加入一点白面才更像面，由于缺乏黏展性，这些杂粮面离开了白面就根本擀不成面条，品质优良的白面是一切面食的基础面。

白面的用途很广，可以擀面条、揪面片、蒸馍馍、烙饼子、做韭盒、压饸饹、包饺子、吊挂面、炸油饼、打油旋……这其中，陕北人最拿手的就是擀面条。白面虽然是好东西，但正是由于白面的用途广，陕北人才轻易不舍得吃。曾经只有在招待贵客的时候，才会拿出家里珍藏的白面，擀上一段白面条。物以稀为贵，不舍得吃是因为缺少。在头一年的秋天里，高原上的人们施肥、翻地，即使遇上灾荒年，也仍然秉着“饿死爹娘，不吃籽尚（种子）”的古训，将麦种播进黄土里，期盼着来年的好收成。但陕北的春天总是干旱，盼来冬小麦的一季丰收是非常不容易的。所以，陕北高原的麦子产量总是满足不了人们的需要，白面总是不够吃。大多数年头里，人们都舍不得“精”吃白面。这些精打细算的庄户人，总是把好吃的白面和不好吃的杂面掺和在一起，这样虽然不是极好吃，也避免了很难吃。谷子适合干旱少雨的环境，只要往地里撒谷种，便总会有一些收成，谷子碾成的小米是陕北人民世代依赖的活命粮，但是用麦子磨成的白面，却是陕北一切面食的灵魂。正是有了白面的灵魂，才使得陕北人民的生活有滋有味。

“老天爷，快下雨，包子馒头都给你。”这是一首世代传唱的祈雨时的老歌，可以看出歌里唱的包子、馒头都曾是陕北人民最爱吃的最宝贵的食物，宝贵是因为做馒头、包子的原材料都离不得“珍稀”的白面。

【剁荞面】

剁荞面，顾名思义是用刀剁的荞麦面。

在陕北众多的杂粮中，荞麦磨成的面粉，是唯一一种不需要加白面也能做出各类面食的作物，也就是说只有荞麦才可以填补麦子的不足，因此，荞面很受当地人喜爱。荞麦的最大优点就是生长周期短，易耕种。“三片瓦，盖房房，里头生着个白娘娘。”这个谜语的谜底就是荞麦，三片瓦盖起来的房子就是荞麦颗粒的三棱形，而里面的“白娘娘”就是赞扬荞麦果实的宝贵了。

剁荞面是流行于靖边传统饮食中最具特色的民间小吃，在制作方式上较为原始古朴和粗放豪爽。把荞麦糁子磨成面粉后，用温水和面后醒一醒。把醒好的面团擀成面饼，用双手持面刀剁成厚度为 2 毫米左右的面条，下水煮熟后，捞出浇上羊肉腥汤，或者拌上调好的沙葱、韭菜、蒜泥、泽蒙油等佐料就可以了。剁荞面的功夫全在一个“剁”字上，剁面刀是特制的，长约两尺，宽约三寸，和普通菜刀厚度差不多，刀背两端有两个木制刀把。剁面过程突显刀工，须双手握刀，由前向后剁，随着剁刀在案板上有节奏地后移，面条就从刀刃下跳滚而出，每停剁一次，算作一刀面，煮进锅里，煮熟后盛在清水盆里依然又细又长。据中国农业科学院的专家教授研究，通过对多处古遗址出土器物的整理，对比各地面条制作的细节和工具，专家认为，至今流传于陕北靖边定边一带的剁荞面这类面食极可能是中国食用面条最早的形态，原因是“从食用历史来看，荞麦远比小麦久远，从工具设备和制作难度看，荞麦面的磨制和获取都比小麦面容易，因此即使到了荞麦小麦都种植的时期，荞麦面也应出现和食用的更早”①。

剁荞面技术是陕北婆姨们的拿手本领，传统的剁荞面技艺掌握者全都是妇女，在靖边山区 95%以上的妇女都会剁荞面，女孩子长到十三四岁，做母亲的就开始手把手教女儿学剁荞面，等到成人出嫁时，已经早早练好了“童子功”。在陕北，女娃娃会不会剁荞面是找对象衡量手巧不巧的条件。过去的习俗，考

---

① 研究发现：陕北剁荞面是中国面条的起源［EB/OL］. 陕西传媒网，2016-11-02.

验新媳妇烹饪技术做的第一顿饭就是剁荞面，所以剁荞面是靖边未婚女子学习的必备项目，这可能也是这项民间小吃盛传不衰的原因所在。当地至今流传这样的说法：“媳妇强不强，先看剁的荞面长不长；媳妇利不利，先看荞面剁的细不细。”朴实的陕北人认为剁荞面是“靠本事”剁出来的。

剁荞面是在明清以来极为艰难的生存环境中，陕北人们勇敢面对现实，精打细算，粗粮细作的成果，人们把先祖们手中比较原始古朴的烹饪调和方式传承下来，并且发挥和发展到了极致的程度。在陕北民歌中，人们总是不会忘记那红杆杆绿叶叶的荞麦以及那让人回味无穷的剁荞面。

三十三颗荞麦九十九道棱，
妹妹你虽好是人家的人。
荞麦三棱麦子尖，
妹子长对毛眼眼。
荞面倒上羊腥汤，
死去活来相跟上。

【麨面】

麨面是将米、麦等炒熟后磨成粉状制成的一种干粮，陕北多以黏性黍子为料。古代匈奴、蒙古等北方游牧民族善于骑射，他们的骑兵部队日行千里、驰骋东西、纵横南北，让全世界都闻风丧胆、谈虎色变。那么这些骑兵靠什么补给呢？显然不是传统的“兵马未动，粮草先行”的后勤运输部队，这也不符合骑兵的“灵活机动，出其不意、速战速决”的战争风格。随身携带的干肉和麨面就是他们的行军干粮。陕北人正是受了这种饮食文化的影响，也吃麨面。

陕北人走西口，赶牲灵上长路，士兵上战场，带的熟米和麨面，都叫“干粮”。在古代文献中，《尚书》《周礼》中的“糗”，《诗经》中的“糇”，都指的是炒米和麨面，而且都指的是战争中储备和携带的干粮。《诗经·公刘》中有“乃裹糇粮，于橐于囊”，说的就是把炒米和麨面装在没底的口袋（橐）中然后扎住两头的口，或者装在有底的口袋（囊）中扎口，说的也是行旅征战中的干粮。同是干粮，小麦主产区的干粮是烧饼和锅盔；杂粮主产区的干粮是炒米和麨面。炒米、麨面至今在陕北受到老年人的欢迎，实则是古代征战和边塞军卫在边塞文化上的反映。

（二）节日食品类

一年四季，春夏秋冬，陕北居民的日子大多是平淡的，像一条静静流淌的小河，但是偶尔也会因为自古传承下来的节日从而激起一阵阵闪光的波澜。节日就像是一个美丽动人的大舞台，可以使人生中许多美好的事物和情感，有一个充分展示的机会。此外，还有一个重要的理由，那就是逢年过节丰富食物的诱惑。庄稼人成年累月地辛苦，只有逢年过节才可以享受一些难得的乐趣，在节日的黄土高原上，到处都洋溢着欢天喜地的气氛。食物不再是仅仅作为充饥和补充体力的需要，而是多了许多故事和讲究，几乎每一个节日都有一种独具特色的吃食。

【黄米馍】

麻、黍、稷、麦、豆是陕北地区的五谷，《说文解字》中讲到黍的名称来源：来源于播种的节令，“以大暑而种，故谓之黍”。由于黍的生长期较短，耐旱耐寒，非常适合常年少雨干旱的黄土高原种植，自先秦时便是人们饮食中的重要谷物。陕北饮食里经常用到的黄米、软米就是“黍”。黍是糜子的籽实，淡黄色，磨米去皮后称黍米，俗称黄米，为黄色小圆颗粒，黍米再磨成面，就是黄米面。黍的籽粒有非糯性与糯性之分。非糯性的黍就是硬糜子，又叫黄米或者硬黄米；糯性的黍米，黄而黏，陕北人叫作软糜子，又叫软米，软黄米。

陕北人熟悉糜子，也喜欢糜子，经常在民歌俗语中提到此物。白于山区有民谣：“吃饭靠糜子，穿衣靠皮子。”《陕西怀远县志》则对糜子的用途之一有所描述：“居则挖土为窑，衣则羊裘，食惟羊肉，人多嗜酒，家家以糜米做麴酿之。”

民歌中有“河畔上种黍子，好媳妇寻下个灰杵子”，“大红糜子拉开行，死去活来相跟上”。

“东山的糜子西山的谷，肩膀上的红旗手中的书”①，诗歌里说的糜子就是指这种谷物。

图 2-5　黄米馍

图 2-6　油圐圙

① 贺敬之. 贺敬之诗选［M］. 北京：人民文学出版社，1997：10.

因种植较多，所以农谚中有众多有关糜子的谚语："小满前，乱种田；小满后，光种糜子不种豆""秋分糜子不得熟，寒露谷子等不得""干锄糜子湿锄谷，露水地里锄黑豆"等。

【油圐圙】

糜子除了做黄米馍馍，还可以制作其他美食，油圐圙便是用软糜子做的陕北过年吃的一种节日美食。由软硬两种糜子掺和在一起，发酵后，捏成小圆饼，中间戳一个孔，呈中空的圆圈状，再经油炸而成，称油忽阑，俗称油馍馍，形状如古时的铜钱，好吃营养又寓意四季发财，美好圆满。"圐圙"的意思是圆圈，有专家指出"圐圙"是"圈"的分音词，陕北人把羊圈和猪圈也叫作"羊圐圙"和"猪圐圙"。据考这个"圐圙"出自古代的蒙古语。在古蒙古语中，圐圙（küriye）之意就是圆圈，又译作"古列延"。"十四世纪波斯人拉斯特丁主编的《史集》记载：'所谓古列延（kuriyan）是圈子的意思。'当某部落驻扎在某地时，就围成一个圈子，部落首领处于圈子的中央，这就叫古列延。"① 元代《蒙古秘史》中也在"古列延"旁注释"圈子"。可见，"圐圙"为"古列延"的快读或异译词②。

【杂面】

杂面是以豌豆面为主要原料，小麦面粉为辅料，混合制作的面条类食物。

《尔雅》中说"夏时民发食，麦最先登"，意思是说老百姓在青黄不接的时候，麦子最先成熟供人食用。商代甲骨文中已有"麦"字出现，说明早在商代以前，我国就开始种植麦了，并且用面粉制作各种各样的食物。与其他地方不同的是，陕北人食用的面食多以杂粮为主，小麦为辅。陕北面食小吃也多以杂粮为原料。有一首陕北民谣唱道："薄如纸来细如线，煮在锅里满锅转。"这里的"薄如纸细如线"，说的就是杂面。

杂面是将豌豆和小麦混合后，用石磨磨成面粉再加入少量沙蒿做成的，是陕北人发挥生存智慧、善于运用黄土地上的食材原料制作成各类面食的典型代表。陕北人喜欢吃杂面，不光平日里吃，遇上喜事或特定的时节更要吃杂面。在陕北许多地方，腊月二十三晚上要吃杂面，除夕中午也吃杂面，生日寿面更要吃杂面，细长的杂面象征着人们对长寿的祈求。不仅如此，男女相亲也吃杂面，寓意着今后两人的日子过得顺顺当当、缠缠绵绵、长长久久。杂面面香爽

---

① 朱学渊. 中国北方诸族源流［M］. 北京：中华书局，2002：66.

② 孟万春，刘育林. 陕北方言与北方少数民族语言文化接触研究［M］. 西安：陕西人民教育出版社，2015.

口，香而不腻，既有营养又不伤胃，所以还是陕北婆姨坐月子的必备佳品。杂面最经典的吃法是浇上羊肉臊子汤，尤其在冬天，配上羊肉臊子腥汤的杂面，香味四溢。

杂面之所以成为黄土高原上的一道名吃，除了陕北婆姨心灵手巧、富有想象力和创造力外，还与陕北地区的气候环境息息相关。杂面的主要原料是豌豆。豌豆属豆科植物，是长日照植物，适应性强，耐寒不耐热，对土壤条件要求不高，其根系深，耐旱不耐湿，这些与陕北地区的地理气候、土壤状况和日照特点十分契合。陕北黄土高原属于温带大陆性季风气候，四季分明，天高地厚，日照充足，昼夜温差大，农作物生长期长，最适宜种植五谷杂粮，具有豌豆等农作物生长发育得天独厚的地理环境和气候条件。因此，陕北黄土高原盛产五谷杂粮，生长的豆类不仅保健性强，而且具有口感好、颜色美的特点。同时，由于陕北常年处于干旱和半干旱状态，雨水稀少，土地贫瘠，沟壑纵横，不耐旱农作物不适合在这里种植、生长，所以粮食、蔬菜种类比较有限，而耐旱杂粮就成为陕北地区传统的农作物。

杂面的口感中还带着筋道，这里面还有沙蒿的功劳。沙蒿是一种生长在荒漠和半荒漠地区的植物，能结出一种米粒大小的沙蒿籽，从沙蒿籽中可以提取出沙蒿胶。沙蒿胶是一种天然植物胶，能够在水中形成强韧的凝胶，且耐酸碱，性质十分稳定。陕北人利用最原始的方式将沙蒿籽放在石碾子上压成粉，掺一些在杂面中，杂面就可以越擀越大，且不破不断。这样擀出来的杂面不仅有韧劲，口感好，而且可以像书纸那么薄。陕北地处毛乌素沙地边缘，天然生长着沙蒿，也不知从何时起，生活在这里的人们因地制宜、就地取材，将这种野生植物和豌豆结合起来，继而创造出人间难得的好滋味。细粮的缺乏迫使陕北人民学会了粗粮细做的生存之道，将最简单的食材做出花样百出的美食，杂面就是其中之一。

【摊黄儿】

摊黄儿是另一种用糜子做成的食物，是陕北人清明上坟祭祖的必备食物，清明吃“摊黄”是陕北的风俗之一。摊黄儿也陕北人进入冬季休养生息的一道美食。摊黄儿的制作程序是先把黄米或糯米磨成面粉后，用水和成糊状，经过发酵后加入碱面，若喜甜，还可加入白糖，发酵成米糊，在一种专用的铁制“鏊子”上刷一层油，之后舀一勺面糊，顺凸顶倒下，流到边楞挡住，自然成为圆形，然后盖上盖烙，听到盖上水蒸气滴下来响三声，就说明熟了。将其铲在盘中，半指厚的米饼，里黄外焦、状如满月，边厚中薄，绵软香甜，香气扑鼻。摊黄冷热均可食用，吃起来方便，制作也简单，故而是非常受欢迎的小吃。

（三）风味小吃类

【圪坨】

圪坨是陕北方言的叫法，陕西关中地区称作“麻食”，也有的地方根据其形状叫作“猫耳朵”。制作时掐指蛋大面团在净草帽或者簸箕上搓之称为“精吃”，切厚块以手揉搓称为“懒吃”。

陕北是荞麦的主产地，所以荞麦在陕北的吃法也特别多，除了远近闻名的剁荞面外还有圪坨、搅团等风味小吃。“圪”是陕北词汇常用字，一般没有意义，只是作为词头使用。“坨”，字典释义为成块、成堆的东西，圪坨的形状确实是小块的面，这样就不难理解“圪坨”名字的由来了。

为了吃起来口感劲道，一般需要做圪坨时在荞麦面中加入些白面，搓的时候，在干净的簸箕上撒上一层面粉，轻轻一搓，圪坨外面便有美丽的花纹，也有在筷子上搓制的。圪坨好不好吃，还要看臊子，一般的臊子不外乎是洋芋丁丁、红萝卜丁丁加上洗净发好后的金针做成素臊子，但是如果是在冬天，荞面圪坨配上羊腥汤，则是陕北人日常家居的上等好饭，待客也算有档次的。

羊腥汤就是羊肉汤。陕北方言将羊肉汤说作“羊腥汤”。这里的“腥”，本指生肉，现指肉类鱼类等食物，如荤腥。辞书说“腥”特指“鱼虾等难闻的气味”。实际上，羊肉的气味应该叫作“膻”，这“膻”，与鱼虾之“腥”一样，都是有人喜爱有人愁的味道。辞书说“难闻”，并非每个人的共同感觉。就喜爱羊肉的人而言，那味道实在是美妙极了。在陕北，人们稀罕的就是这个“腥”，这个“汤”。

荞面圪坨羊腥汤，
死死活活相跟上。

陕北信天游既唱的是忠贞不渝的爱情，也唱的是荞面圪坨羊腥汤的美味，吃上一回就能忘不了，死死活活相跟上。

【搅团】

搅团，顾名思义，就是用杂面搅成的糨糊，成熟后成团块状。根据用料不同，又分荞面搅团、玉米搅团、洋芋搅团等。

相比剁荞面的复杂，荞面搅团是一种做法简单、味道独特的美食。

搅团是流行于陕甘宁地区的一种家常食品，俗语“搅团要好，搅上百搅”道出了这一美味的制作真谛。将荞麦粉下入开水锅中，用筷子快速搅，使水均匀分布，加盖约四五分钟后，揭锅继续搅拌均匀，再加盖至熟透起锅。食用时蘸蒜泥汤、西红柿酱等汤料均可。搅团用荞面或玉米面加水制作而成，也可用清米汤或者清稀饭替代水，为的是更省荞面、更筋道。但是先放水还是先放荞面，放多少，都是有讲究的。制作搅团不只要技巧熟练，更是身体实力的体现。一份面，两份水，水开了，边撒荞面，边用筷子或擀面杖朝一个方向快速不停地搅匀熟透，一定不能让结块，否则就会夹生。这样重复几次，待荞面与水完全融合后，再将筷子或擀面杖抽出。若是搅团尖儿能立起来，就说明比例合适，搅团已熟，可以出锅了。搅团好不好吃，就看搅得“活不活”，好搅团的标准是既软糯又弹滑，有嚼头。做搅团是个力气活，如果是全家人吃搅团，那必须得一个膀大腰圆的小伙来搅拌。

【臛了饭】

臛了饭是陕北的特色粥类饭食，在肉汤中加入小米杂粮混合肉丁熬煮而成。

臛 huò，形声字。字从肉，从霍，霍亦声。“霍”意为“一次性大量降水”。“肉”与“霍”合起来表示“把碎肉放进大口锅后一次性倒入大量的水”。臛字的本义是“大锅稀肉羹”。屈原《招魂》中写道：“露鸡臛蠵，厉而不爽些。”意思是卤鸡和炖龟肉汤，味美而又浓烈。王逸注：“有菜曰羹，无菜曰臛。泛指蔬菜或肉类做成的羹汤。”陆游在其诗句《岁暮》中也有：“羹臛芳鲜新弋雁，衣襦轻暖自缲丝。”意思是用新捕获的大雁炖出芳鲜的羹汤，自家人动手纺织做出轻暖的棉衣。陆游在《丰年行》中亦有“长鱼出网健欲飞，新兔卧盘肥可臛”的诗句。这里的“臛”都是作为肉羹来讲，所以很多人把臛了饭写作“霍了饭”是不正确的，臛才是其本字。

羊肉汤是臛了饭的灵魂。李时珍在《本草纲目》中对于羊肉的食补功能有这样的记述：“羊肉，气味苦甘，大热无毒。”具有“温中补不足”“益气安神止惊”“开胃健力”之功效，尤其是多食羊肉汤可以强身健体。陕北的水土造就了陕北羊肉的品质，细腻清新，无腥无膻，加之陕北本地的佐料——地椒，俗称“百里香”，成就了独特美味。民国《米脂县志》中记载：“地椒，本名水杨，土人采之代花椒，用以煮羊肉，味甚佳。”佐料中还有红葱，味道辛辣，正好用于煮肉。在烹制手段上，炖羊肉一般现宰现煮、大块熬炖。如此手法，再加上肉自身的品质、地椒的鲜香和红葱的辛辣，香气独特。煮完羊肉的肉汤，细细地将碎骨头滤出，然后再将肉汤回锅，待肉汤烧开，加入上好的小米或者沙米，煮好的羊肉丁，也有加入洋芋丁丁的，用慢火细细熬炖一番，一锅臛了饭便熬成了，香气从窗缝钻出能飘半道庄。待臛了饭起锅后，撒上碎葱末和芫荽少许，浓香可口，久吃不厌。

小米干饭羊肉丁丁汤，
主意打在你身上。

臛了饭是榆林北部几个县区的叫法，在南部几县则被称作“羊肉丁丁饭”。民歌上半句以“小米干饭羊肉丁丁汤”起兴，下半句“主意打在你身上”才是真实的想法，二者之间虽没有直接关联，但表达的是一种取向。将臛了饭与“主意打在你身上”之人相类比，可见人们对于臛了饭的态度。陕北人喜欢吃羊肉，因此“羊肉”便是陕北人口中的“臛食”。臛了饭在形式上类似于广式粥类小吃，而在品质上则略胜一筹，陕北人更是夸张地用“香烂人脑子”来比喻臛了饭的香。

【碗托】

碗托，顾名思义就是外形类似于反扣的碗底形状的食物，多以荞面为原料制成。

荞麦面既可做成主食，也能烹饪成特色小吃，碗托便是老少皆宜的小吃。“碗托”的名字来源于它倒扣的碗状外形。由于“托”“团”“坨”读音相似，所以相似的食物在山西一些地方称作“碗团”，制作方法相似。陕北的碗托产地以榆林镇川最为出名，但凡走在榆林城内，几乎所有凉面碗托的店，大抵都会加上“镇川”二字，以标榜其正宗。陕北人似乎也很买账，似乎只要有“镇川”二字为名，碗托便立刻变得不一样起来。

正宗的碗托制作原料是荞面糁子。将荞麦糁子加水过滤去渣，稀稠能挂勺时盛入碗，上笼旺火蒸，约二三十分钟左右即熟，出笼后置入凉水中浸泡。晾凉后，从碗中脱出，故名碗托。蒸碗托的碗多是粗瓷碗，宽口浅底，容积小。蒸熟晾凉后脱模而出的碗托和吃饭时用的碗反扣过来的形状一模一样，而且更加圆润透亮。荞面碗托在食用时先用刀将碗托切成粗柳叶形条状，切碗托是个技术活，娴熟的人能把碗托切得薄且透明而不断。

“荞面圪托”“风干羊肉剁荞面”“羊肉丁丁臛了饭”，同其他命名方式一样，碗托也有一个固定的组合名——麻辣肝碗托。不同于其他地方用葱花、芝麻酱、蒜泥等常用凉拌佐料调味碗托，镇川的碗托是要和麻辣猪肝相配的。柔韧劲道的碗托配以手法娴熟的刀工，是一碗正宗镇川碗托的必备元素。选料、蒸煮、刀工、酱料，每一个环节都不能马虎。

三、聚餐方式习俗

【打平伙】

打平伙，即凑份子，一种平均摊钱集体聚餐的方式，用当地人的话说就是“共同吃肉，各自掏钱”。

旧时陕北，土地贫瘠，五谷杂粮经常填不饱肚子，吃肉更是奢侈的念头。每到冬季，忙了三季的农民终于放下手中的营生，每天的生活变成了给自已做一顿饭食和给牲口添一把草料，村里人往往聚集在一起打扑克、拉家常。打平伙就从这个季节开始，这是黄土高原独有的打牙祭的方式。当看到羊子们已经长得肉满膘肥，就会有人发出倡议：打平伙吧！馋了好久的人们立刻一呼百应，分工一下子就明确了，买羊、宰羊、剥皮、剁肉、点火、放柴、洗菜、熬汤……煮熟后再按照各人事先报出的份数一一分配。打平伙的人不但自己吃肉，还会让各自的老婆孩子解一顿馋，每个打平伙的男人都是吃几块肉后将各自剩余的一大部分端回那孔睡着老婆孩子的窑洞。

《新唐书·党项传》记载：“男女并衣裘褐，仍披大毡，畜牦牛、马、驴、羊，以供其食。”陕北人民深受游牧民族饮食习惯的影响，喜欢吃肉，对羊肉更是情有独钟。如今的陕北虽然已不再为吃一顿羊肉而大费心思，但打平伙的习俗却依然存在。打平伙的费用一般众人均摊，偶尔也有抓阄拈大头支付，打平伙的习俗从老辈的陕北人流传下来，匮乏年代，几个人围着腾腾的热锅，打平伙就是一道物质与精神的大餐。天寒地冻，打平伙吃羊肉，就是对生活最好的诠释。

【喝烧酒】

陕北方言把白酒称为“烧酒”，把红酒称为“甜酒”，把米酒称为“浑酒”。

乾隆《府谷县志》：“有余之家，必先饮酒食羊肉。”说起陕北的饮食习惯与饮食文化，“喝烧酒”是无论如何也不能绕开的一个话题。烧酒这个词在普通话里使用不多，在陕北却分的十分清楚，烧酒特指白酒，也称“辣酒”。“烧酒”是指酒的类别，而“辣酒”则强调的是酒的口感以及酒进入喉管、胃以后灼热的感觉。

“烧酒”这个词，在普通话里已基本消失，而在陕北方言里，几乎不说白酒，只有在和啤酒、红酒做对比的时候才偶然为了区分说白酒。其实，烧酒这个词早已有之。唐代白居易《荔枝楼对酒》诗：“荔枝新熟鸡冠色，烧酒初开琥珀香。”李时珍在《本草纲目》二十五《谷·烧酒》中说：“烧酒非古法也。自元时始创其法：用浓酒或糟入甑，蒸令气上，用器承取滴露……其清如水，味极浓烈，盖酒露也。”又如光绪《绥德州志》记载：“烧酒，至元始入中国，曰火酒，亦曰烧刀子，闻其名亦可骇矣。今南人尚不可用，而北人非此不为盛筵席。”陕北有句俗语：“一对鞑子喝烧酒。”以此来形容两个人不明事理的程度半斤八两，这话是否源于人们对于烧酒的认识呢，不得而知。

陕北酒曲中唱道：“烧酒本是五谷水，先软胳膊后软腿。”“酒坏君子水坏路，神仙也出不了酒的彀。”故而，陕北人对烧酒是又爱又恨，感情复杂。世间有人吃五谷长大之理，但在陕北人的生命中却不能没有酒的维系。或许是地理因素使然，陕北人喝酒的风格多少过继了一些内蒙人的豪爽劲，从农村到城市，无论农民、工人、干部，大凡红白事或是聚朋会友，所办筵席，必备有酒，谓之无酒不成席。酒席上人们一旦喝起来，五花八门的酒令，酣畅醉人的酒曲，就是不会喝酒的人也会被酒席上的“红火劲”给带动起来，这里的人以酒论英雄，不管地位、身份、性别、长幼，尽显天性。

古时陕北属于边关重地，军户较多，士兵们驻扎此地，“斗大古城雪与风，御寒常仗酒兵攻。”守边将士酒风盛行，冬季严寒，喝酒首先可以御寒，另外边地无以为乐，饮酒酣歌可以打发寂寞聊慰思乡之苦。千百年来，由于边塞军营生活的影响，加上蒙古族的往来目染，“喝烧酒”成为陕北人酒文化的共同认同。陕北人不善言辞，喝了酒后似乎胆子就“壮”起来了，平时不敢说的话，不敢唱的歌，不敢喊的腔全都拿出来了，“酒摊场”上一起划拳、一起喝酒唱曲儿，从而到达一种有着近似人生观、价值观的身份认同和圈子文化。陕北民歌《烧酒好喝不宜多》就唱出了陕北人的心声：“烧酒好，烧酒坏，男男女女都把烧酒爱。”

【浑酒】

浑酒，又叫黄酒，是糜子发酵而成的米酒。

与烧酒相对，陕北还有一种酒，即是“浑酒”。光绪《绥德州志》记载，“待客酒则用家醅法，以软米和麦麯酿之，六七日一熟，漉去其糟而煮之，是名浑酒。主人以大杯劝客，尽五六杯，不饭亦饱”。并说“所谓烧酒者，特城市间用之耳”，言下之意“浑酒”是“草根”，上不了台面，而烧酒则是城市间、筵席上的主角。白居易诗“烧酒初开琥珀香”中的“烧酒”并非陕北方言现在意义上的白酒，定边县图书馆所编《三边食谱》中有“地方酿制系列”一章，称定边当地酿造的黄酒“色泽褐红鲜艳，斟之扯丝流线，赛如琼浆玉液”云云，由此不难理解白居易所言“烧酒初开琥珀香”，原来是指新酒初酿成，色泽鲜红，透亮如琥珀，也就是说白居易的“烧酒”是类似于陕北地区所说的“黄酒”。杜甫在《饮中八仙图》中赞叹李白才思敏捷、酒后豪放飘逸，于是有

"李白斗酒诗百篇，长安市上酒家眠，天子呼来不上船，自言臣是酒中仙"的诗篇，李白所喝的酒也是这类酒。黄酒有一定的酒精度，多饮会醉。但是少饮则有益身体，俗话说"饭前三盅酒，能活九十九"即是指黄酒，此外还有些许中药需用黄酒为引、黄酒冲服等等，都是看重黄酒本身的医疗食补作用。

范仲淹有《渔家傲》一首，其中有"浊酒一杯家万里，燕然未勒归无计"。笔者猜测，这里所说的浊酒应该是类似于陕北现在的浑酒。而《儒林外史》开头有几句，"功名富贵无凭据，费尽心情，总把流光误。浊酒三杯沉醉去，水流花谢知何处。"可见"浊酒"较为普遍，不过陕北的浑酒经由贺敬之的《回延安》曾被一度放大，所谓"米酒油馍木炭火，团团围定炕上坐"，滚烫的土炕、滚烫的米酒、滚烫的窑洞、滚烫的心，亲人之间久别重逢的喜悦之间都流淌在滚烫的米酒（浑酒）之中……

陕北的饮食习俗从总体上来说，具有取材广博、烹调方法丰富、品种繁多、地方风味独特的特点。究其历史，曾有匈奴、契丹、拓跋、鲜卑、党项等民族在此混战、杂居、融合，所以，这里的饮食文化东西结合，南北杂糅却又自成一体，具有地域上、民族上的明显特色，形成了独一无二的饮食习俗。虽然地处黄土高原腹地，这里所产农作物并不丰盛，但却一点不影响陕北人变着样吃，赶着季节吃。那些百姓生活中的家常饭：麻汤饭、躧了饭、搅搅团、搓圪坨，炸油糕、摊摊黄儿，剁荞面，炖羊肉等，作为边塞特色的陕北饮食，北方少数民族的食风与汉族饮食风格在此交汇，无不打上"边塞"的烙印。黄土高原古风淳朴，陕北普通老百姓就是在红白喜事中，所有菜肴和主食的制作，基本上仍以蒸、煮、熬、炖、烩为主要形式，最多再加上简单的"炸"和"炒"，很少有什么大肆地铺张浪费，这也反映了历代陕北居民生计的艰难与不易。

随着生产力的发展，今日的陕北大地，所有的食物已经没有明确的是节日食品还是家常饭食的区别，人们想吃什么可以随时动手做起来。但是，曾经流传于民间被作为节日佳肴而被另眼看待的食物，依然久久地"香"在人们的记忆深处。

第三节　民居文化习俗

陕北黄土高原作为一块相对独立、相对封闭的生存空间，有许多属于这块土地独有的特色。窑洞是陕北最具特色的建筑，窑洞历史悠久，《诗经》中有"陶复陶穴"的咏叹。几千年一贯制且妙不可言的窑洞，以一种稳定成熟的形式，在以陕北地区为中心区域的西北黄土高原上，普遍地传承下来。“南越巢居，北朔穴居”，秦汉以后，陕北窑洞在基本稳定了的形式下又不断得到改进与完善，在中华民族拱券式建筑的影响下，又建造出用石头砌、用砖垒而成的石窑与砖窑、接口窑等，使人们的居住环境得到更大的改善，同时，居民设施也不断健全，陕北窑洞在中华民族民居文化中声名远播、大放异彩。

一、窑洞类型

【土窑】

土窑是西北黄土高原地区在冲沟的崖壁面上开挖的供人居住的洞穴，是生土建筑的一种。

大概从春秋战国时期起，随着铁农具的出现与普及，黄土窑洞，这一深受人们喜爱的洞穴式民居，便渐渐在以陕北地区为中心的黄土高原普及开来，陕北居民普遍居住黄土窑洞的历史，至今已有两千多年的历史了。所以，凡是土生土长的陕北居民们，人人都懂得打土窑。

打土窑先要“斩地工”。找一个出入便利的山坡，选一处山势不是太陡，又背风朝阳的位置，将表面的虚土危土全部剥掉，使山势看起来更平缓，以便减少后期塌方的危险。在这样的山坡上开斩出一个五到七米左右的竖直的平面，就叫“斩地工”。斩地工的同时会开出一块水平的地面来，这个地面就是以后窑洞的院子了。当具有了与未来窑院平面互为直角的垂直平面后，就可以开窑口挖窑洞了。一开始开窑口会小一点，大约一人高一米多宽，等掘进去一两米后，如果土质合适，就可以从内部将窑洞往大扩，最终扩展成一个四米多高，三米多宽，七八米深的上圆下方的拱形洞，土窑洞就初具规模了。然后就是泥窑洞、钻烟洞、裱窑掌，安门窗和盘炕安锅灶了。一旦连灶火口也用泥巴套好后，就可以“暖窑”搬进去住人了。

在山坡上厚厚的黄土覆盖下，窑洞中构成了一种与外界截然不同的氛围。夏天，窑洞比外面温度低十几度，冬天窑内又比外面高十几度。黄土窑洞就像是一个天然的性能优良的空调器，总能把室温控制在一个舒服恰好的程度。有科学家认为，窑洞是在黄土高原这块艰苦环境里人类的最佳抉择，因为它能凭借自身厚重的窑体调节室温。所以陕北老一代人都说居住窑洞，冬暖夏凉。其次，窑洞还有隔音、防震等功能，以及成本低、建造工期短等优点。

“冬暖夏凉神仙洞”，还有什么比陕北人们自己给的赞誉更高的建筑呢？

【石窑】

石窑就是用石头搭建的窑洞。

虽然土窑洞有着冬暖夏凉的优点，但万事有利有弊，土窑洞也有着不可避免的缺点，那就是黄土欠坚固，土窑洞的寿命普遍短，一般最多只能住三代人。另外就是土窑洞要靠着山体挖，平地上难以操作，有时候即使找到了合适的山体，可有些土质又比较疏松，不适合箍窑。于是，为了摆脱这些局限，人们又发明了石窑洞。

箍石窑的第一步是准备石料。先在石场炸出大石块，再将其分砸成许多形状相对整齐的小块，然后分批运回，这个环节叫作“备石料”。同箍土窑一样，石窑洞也要“斩地工”，只是不需要垂直的立面了，而是要留出一个大土台，在土台两边挖出两道对应的深巷，深巷之间的距离就是窑洞的宽度，深巷的长度就是窑洞的深度。一孔窑两条巷，两孔窑三条巷，以此类推，足够的巷道挖出并砌起窑腿后，就该拱窑券了。拱窑券就是把窑腿与窑腿之间事先预留的土坯，预制成一个拱圆形未来窑洞的内模型，最终箍成一个上圆下方的拱形体。这也是“箍”窑洞一词中“箍”的由来，就是要把窑洞中最核心的部分“箍”在一起。在箍好了这个石头弧圈后，只需要随着在石圈外再砌上渐高渐宽的十来层石块，将每一孔窑洞的窑壁都砌到高出圆圈顶部一米左右，这一排石窑就算箍成了。

箍石窑不是一件容易的事情，一个男子汉奋斗半辈子，最终如果能够箍起三两孔石窑，那也是非常了不起的事情了。通常石窑的寿命都很长，甚至可以住好几代人。另外，脱离了山体的限制，地势比较平坦，人们进出也方便，加上陕北黄土高原的每座山根下，常常埋藏着取之不尽的好石料，陕北的石匠又大多技术高明，箍窑洞是这些石匠们的拿手戏。所以，如果经济条件允许，人们还是更喜欢在平地上建筑石窑来住。

不同于土窑的天然资源，箍石窑是一种人为的行动，是人类为了突破自然环境的局限，拓展生存空间进行的创造。陕北民谚“三孔石窑一院墙，有吃有穿光景强”，道出了陕北人对于石窑的喜爱。

【砖窑】

有石窑就会有砖窑，只是使用材料的不同。大概是从明朝中期开始，陕北高原上兴起了旺盛的烧砖业。随着砖头的增多，高原上的许多城堡也砌上了砖质的城墙，甚至连横跨陕北高原上千里的明长城上的不少墩台，也一律用上了大城砖。这种由政府推动的烧砖业，自然也会渗透到民用建筑中，在这一环境下，砖窑洞便应运而生。

用砖头箍窑洞和箍石窑没多大区别。可是，当零散的砖头一旦箍成了窑洞，奇迹就立刻出现了。砖窑洞比起石窑洞更加精致漂亮。因为烧制的砖大小是一模一样的，箍出的窑洞不仅外表整齐美观，窑洞内部更是平正、浑圆，尤其是最让人重视的上圆下方的拱形面，也像是现代化工艺那样的绝妙。这些突出的优点集于一身，砖窑洞便因其结实和美观独领风骚了。

【接口窑】

接口窑是一种土石结合、砖石结合、介于中间状态的窑洞。这种两相结合的混合窑洞，被叫作“接口窑”，就是给土窑洞接一个石头口或者砖口。

接口窑的出现是一种过渡性的需要。在陕北，打土窑不用请匠人，找一些亲戚朋友帮忙就可以了，可箍石窑和砖窑就要复杂得多，不但要请亲友帮忙，还要请专业的匠人。花钱请人箍窑，不是每家都能做到的。在旧时的小户庄稼人，光景还不富裕，总是先自己打好几孔土窑住着，等到家里光景好了，或者土窑洞年久掉土需要维修时，一方面由于经济实力，一方面由于感情因素不愿意抛弃旧家院，总之，就想到了接个新窑口的好办法。土窑洞经这么一接口，就焕然一新了，看起来也漂亮多了，使用寿命也大大延长。

在我国唐代，窑洞就已经相当发达，中原及西北各地为黄土区域，很适合建造窑洞。旧时，陕北人主要是挖掘不同形式的土窑洞作为住宅，凡是有丘陵的地方，大都“依壁穴土成窑”，即所谓“靠崖窑”。它是在天然土壁内开凿横洞，常上下相连数层，在洞外砌砖墙，以保护崖面。窑洞口一般做半圆形拱券。凡是窑洞顶部做平顶的，都必须做“女儿墙”，并且留出水口，或简单披檐。陕北地区的窑洞多是矩形房屋式样，因窗户较大，故洞内光线明亮。拱顶前后略呈斜度，外观的券边和券顶全部用石块镶砌，坚固而整齐。尤其是券口，呈半圆形，宽大开阔，木窗格形状多样。除了槛墙外，满洞口都做成花窗，其面积大大超过了所需的采光面积，成为陕北窑洞的一大特色。

陕北黄土高原上后来出现的石窑、砖窑、接口窑等都是由黄土窑洞——这一基本的窑洞形式演变而来的，黄土窑洞是高原上的一种母体窑洞或原生窑洞。值得一提的是，陕北人民很少说“窑洞”一词，而是简单说“窑”。“XX 家新修了一院儿地方，箍了几孔窑”；“XX 家这几天准备泥窑了”；“快进窑里暖和一下”，这些都是陕北人的日常话语，从来不说窑洞，可能他们觉得说“窑”更亲切，就像我们指着自己家会说：“这是我家”而不是说“这是我的房子”一样的感觉。

二、窑洞周边

【合龙口】

合龙口是陕北地区修建窑洞时要举行的仪式。修建窑洞圆拱形顶部的最后一块石料合砌时一般要择吉日吉时举行仪式，谓“合龙口”。

作为人类民居演进的见证，窑洞由原始的洞穴到土质空洞，到土窑接口（简单的外装门脸），再到石砌或砖砌，甚至后来有了楼式的窑上窑、掌窑类的窑中窑、缩堂类的窑套窑。由于窑洞主体建筑无论是土窑、砖窑、石窑，还是在窑洞后部纵向接修窑洞的掌窑，或在窑洞侧部横向连修窑洞的缩堂（一般无门），均不用木料，所以合龙仪式就是窑洞建筑施工的标志性仪式，相当于建房的上梁、工程的封顶。

民间合龙口时，窑洞贴“工程正期黄道日，合龙又遇紫微星”的对联，举行合龙口仪式时，窑主人手端有香、纸、酒、米糕等祭品的盘子跪在窑口“谢土”，又称“献土”，以“三牲”鸡头、兔头、鱼头敬祭天神、地神、土神，祭文为感恩或祈求天地护佑。工头身披花红站立“龙口”处，口中念着祝辞，将盛有五谷、硬币、糖果等的升子吊上来，边吊边念“吊金斗，吊银斗，高高兴兴吊宝斗，主家今日合龙口，吊上宝斗福常有，我请主家接喜馍，接住喜馍荣华富贵，接不住喜馍富贵荣华”①。随即将宝斗中盛物撒向人群，将喜馍抛给主人，称“撒福禄”，边撒边唱：“上里一台又一台，匠人上里凤凰台，窑里窑外生紫气，天地神仙降福来，今日龙口不再开，家添人口外添财，金碗银珠手中拿，我给主家把钱撒，一撒东方甲乙木，风调雨顺生五谷：二撒西方庚辛金，国泰民安居康宁，三撒南方丙丁火，家庭和睦人丁旺；四撒北方壬癸水，家道常兴永不退；五撒中央戊己土，骡马成群遍地走；六撒七撒八九撒，祖祖辈辈能发达；姜太公在此，百无禁忌，大吉大利。”在孩子们哄抢糖果的嬉戏和鞭炮声中，匠人将祭品、香表等“镇物”放入“龙口”，安上“龙口石”合龙，形象地表现出人们希望生活一帆风顺的美好愿望。合龙口仪式上高悬于龙口处的信物有：一本皇历、一双筷子、一支毛笔、一锭墨、一装有五谷的红布袋并插七根针（寓北斗七星），囊括天、地、人、事、物各种元素，饱含文明吉祥各类信息，寓意衣食无忧、安居乐业。合龙口的大众记忆，最终也走进方言，从“合龙口”的告竣义，引申为性质上的吻合、相符或过程上的了结、收官。合龙口仪式体现出人们对自然的敬畏和对安居乐业生活的美好向往。

【泥窑】

泥窑，就是粉刷窑洞。

泥窑的“泥”这里做动词使用，是粉刷的意思。从这个词可以想象，陕北曾是物质生活相当困难的地区，建筑技术及材料还比较原始。窑洞建成之后，

---

① 笔者田野调查时根据当地主事人口中所念笔录。

就要“泥窑”了，这是为了防止窑洞口扩开后容易裂缝采取的办法。用调了麦草和麦壳的泥巴，将洞体严严实实泥一遍，用泥土泥过的窑洞才更坚固，从此就不会轻易裂缝。泥完第一遍后为了使窑体内部表面看起来平滑美观，需要用泥再细腻地涂抹一遍。“泥窑”也出现在名著《平凡的世界》：“这人手巧，杀猪、泥窑、垒锅灶，匠工活里都能来两下，他生养的两个儿子金富和金强，像土匪一样蛮横。”①

【暖窑】

为了庆贺乔迁新居举行的仪式称为“暖窑”。

暖窑是陕北地区特有的民间风俗，在亲朋好友建成或乔迁新窑洞时，进行的庆祝恭贺活动。虽然如今的城里人不建窑洞，住平房，楼房，但乔迁新居时，“暖窑”这种风俗却一直没有改变，因为乔迁新居对于每个家庭来说都不是一件轻而易举的事。陕北由于气温低比较寒冷，人们希望自己的窑洞能够暖和些来抵挡冬天袭来的寒流，于是人们把这庆贺乔迁新居的活动叫为“暖窑”。暖窑是一种庆贺、恭喜的活动，在刚刚搬进新窑的前一天晚上，村前庄后的邻里邻居和不少的亲朋好友会拿着烟酒，新买的精致餐具或上写有吉利语的对联条幅、字画、花篮赶到主人家的新居来欢庆贺喜。作为主人家，首先要布置好新居，门上张贴对联，并准备好丰富多样的酒菜及饭食，隆重地招待前来的每一位“暖窑”者。等大伙到齐后，在一阵乒乒乓乓的鞭炮声响过后，隆重的暖窑仪式正式开始。首先主人家用上等白面压一锅又长又细的饸饹，炖一锅油大味美的肉臊子汤和预先准备好的美酒、好菜、香烟，一一地端于早已擦得干干净净的桌子上，任凭大伙吃喝。作为参加暖窑的人，心情也无比高兴，所以入了酒席也吃个痛快、喝个开心，也有喝到兴奋处的亮嗓歌唱，场面热闹非凡，当大伙饭饱酒足后，整个窑洞似乎都暖和起来了，这家人的新窑便算正儿八经地暖过了。而在城镇，有的把暖窑者请到饭店设宴招待，并摄像、录像，雇吹手等。

【炕】

陕北大部分农村皆盘有土炕。这是一种颇为特殊的卧榻，因其兼具通火采暖功能，故又称“火炕”。灶炕相连是陕北使用土炕的一大特色。土炕一般设在进门之右侧，炕常有三米左右宽，五米左右长，由青砖或者泥坯筑起高约 1 米的炕墙，炕体布有两三道走向平行的炕洞子，再用土坯或砖撑起，炕体垫满黄土，上面盖上石板，表面再糊上泥巴，炕连接着锅台，在烧饭的同时便可将炕烘暖，能够节省燃料。陕北民间有俗语“家暖一盘炕”，意思是只要炕烧热了，

---

① 路遥. 平凡的世界［M］. 北京：十月文艺出版社，2012：462.

整个家就都暖和了。

【炕围子】

炕围子是陕北窑洞、房屋住室里炕墙周边的一种绘画装饰图案，它是由原始壁饰传承发展而来。现在的炕围子较少用颜料直接在墙上的画作，而是用漂亮图案的厚纸或者花色好看的棉布来代替了。在陕北的乡俗民风中，炕围子不仅表现出装饰美的效果，而且保留着祛邪恶、保平安的象征作用。每逢阴历旧年前夕，居民“打扫窑”后，即要换新的炕围纸或炕围布以寓除旧；新修窑洞盘新炕要贴炕围子或油漆炕围子以图喜庆吉祥；结婚迎新也要贴新炕围子以装点喜庆气氛。

炕围子的用料、图案以及表现手法，因时代的不同、家庭的贫富以及工匠的手艺而定，其美感效果不尽相同。其色彩多给人以艳丽、热烈、吉祥的感觉。炕围子的用料早先用色彩夺目的颜料，涂底桐油敷面，以后用纸、布、调和漆、壁纸等。布炕围有婆姨们飞针走线亲手制作的，也有买现成印花的，悬挂于炕壁，效果明显，洗换方便。旧时刺绣的布炕围和桐油敷面的炕围子，都是富贵人家的专利。炕围子的新旧、干净、繁复即可看出这家婆姨的聪明勤劳、讲究爱好。油漆炕围子则比较复杂，须请专门画炕围子的工匠来完成。先用大白粉打底，使炕墙平坦，根据主家爱好着底色，用线条变化纹样，其绘制工序同原始壁饰的工序基本相同，它是我国壁画艺术长河中的一个缩影。其图案多以四周边框、单双线条变化出勾连万字、云纹、如意纹和富贵不断头等纹式；以莲花生子、鹿鹤同寿、花鸟鱼草、石榴牡丹等寓意性和装饰性较强的图案为主题内容。现代的炕围子多讲究一两种色调的搭配，镶以黑色宽边、简约明快。也有用壁纸、贴塑、木质炕围子等新型材料的点缀。小小的炕围子融几何、美学、绘画、审美观为一体，极富民间美术特色。

陕北炕围子的装饰艺术，随着时代的不同和人民群众物质文化生活的提高，花样不断翻新，图案用料也不断变化，其乡土气息、象征意义却始终未变。而今在人们的观念中逐渐淡化，承袭这种“画炕围”传统技艺的人也日渐减少。不过从炕围子的传承变化，可以看出人民群众在日常生活中的追求、向往，也说明了炕围子从简洁装饰到繁复表现再到简单明快的发展轨迹。

【窗花】

窗花即贴在窗户上的用作装饰的剪纸画。

黄土连绵的深山里，面对焦苦的日子，家里的女人们，总会想出各种办法来装点灰色的岁月。在陕北，剪纸一般被称作“窗花”。陕北的窑洞大，窗户也大。逢年过节或者娶媳妇嫁女子也有很多讲究，其中一样便是更换窗纸，贴新窗花。陕北窗花以飞禽走兽、农事、镇符、繁衍生息为主题，一般用红色纸剪。每到农历的腊月二十七八里，家家都做好了年茶饭，男人们忙着糊窗子，女人们便开始剪窗花。十里八乡的“剪纸能手”们总是从她们陪嫁的红油漆木箱里取出那些平日随手剪集的夹在旧书页间的全部花样，一边与来人拉着家常，一边把来人选好的花样用水打湿，贴在白麻纸上，挂在点着的豆油灯上方，用豆油燃烧后冒出的黑烟均匀熏黑。窗花熏干后会自动脱落，并在麻纸上复印出清晰的黑白图案。陕北窗花的内容，不仅寄托着人们对美好生活的向往和追求，而且还具有民间信仰和生殖暗喻色彩。每年，每家每户的两扇门上总有成对的老虎或麒麟兽。陕北人称这种窗花为“镇符”，用以避灾避邪；有关人类繁衍的题材十分广泛，常见的有“石榴结籽”“娃坐莲花”等。

“道家‘人法地、地法天、天法道、道法自然’的思想要求人作为万物中的一员，不能脱离自然，只能顺应自然、效法自然。在这种观念的影响下，我国古代居民聚落在营建时，对自然采取尊重的态度，而不愿意大兴土木改变现状，从而形成了传统民居在居住环境上因地制宜，因山就势，人与周边环境有机融合协调的文化传统。”① 陕北的居住特征是与其所处的自然环境紧密联系的。窑洞是西北黄土高原上的传统民居。它较多地保存了先民“穴居”的习俗。从黄河流域考古发掘得知，氏族公社建筑遗址中出土的房屋几乎都是穴居。窑洞的前身是“窟”，即“挖地穴为土室，为冬季避寒所居”。《礼记·礼运》曰：“昔先王未有宫室，冬则居营窟。”孔颖达疏：“地高则穴于地，地下则窟于地上，谓于地上累土为窟。”所以黄河流域的先民是充分利用地形、地势、地物等天然条件来挖成“窑洞”“地窨子”等形式来居住。

图2-7　蛇盘兔

图2-8　吹鼓手

图2-9　回娘家

陕北的民居特色真实地再现了黄土高原民间曾经简陋的生活条件与因地制

① 周芳，于华，高伟. 道家思想对中国古代建筑文化的影响［C］//首届山东材料大会论文集（土木建筑篇），2007

宜的生活习俗，从平凡中透出的是清贫与朴实。陕北的民居富有鲜明的地方特色，实用、平淡、牢固是窑洞的基本风格，其“房屋不求华美，率多比户而居……鲜雕梁画栋之建筑”。陕北人就是利用仅有的条件，建造出适于自然和自身生活特点的住所，那些不事雕琢、平实简朴的民居建筑装饰了古老的黄土高原。今天，无论是民居建筑还是建筑材料或建筑手段都发生了巨大的变化，砖房和楼房已成为民居的发展方向，但是老一辈的陕北人还是喜欢住在“冬暖夏凉”的窑洞里。

第四节 行旅文化习俗

一、地理环境与陕北行旅文化

（一）进水而居，缘水而行

进水而居，缘水而行，是一种给早期人类带来极大便利的生产和生活方式，曾长期被旧石器时代的原始人类所遵从。到了新石器时代，人类发明了农业，培育了可以人工栽培的农作物；驯化了动物，发明了游牧，改变了人类信守了几百万年的生产生活方式，开始了长时间固守在同一块土地上的农业生产与定居式生活。“但那些在陕北高原上保留至今的人类新石器时代的遗址，是先民们在整个新石器时代上下几千年间，居住遗址的历史性堆积性展现。”① 大约在今五千年前，黄帝部落从陕北高原出发，远征中原大地，“做衣冠，造舟车，教桑蚕，定算数，制音律，创医学，发明指南车”②，统一中华民族。就在同时，“陕北高原上重要的河谷与川道也都相继被先民们的足迹所打开。正是从那个时候起，陕北的先民们为自己打开了让自己通向充满生机的新天地——中原大地的通道”③。

到了商周时期，黄土高原崛起了以牧、猎、农三业并举的综合性经济的新一代部族，这些部族迅速壮大，纷纷建立方国：鬼方、犬戎、荤粥等。使得商周王朝不得不多次发动战争讨伐。其实，牧业文化和农业文化有着共同的起源，当年的黄帝部落，在其崛起的初级阶段，可能是一个由采集狩猎经济转化而来的农牧经济兼有的、拥有较高文明的原始人类部落。而那些仍留在陕北高原的

---

① 薛麦喜. 黄河文化丛书·民俗卷［M］. 西安：陕西人民出版社，2001：484.
② 薛麦喜. 黄河文化丛书·民俗卷［M］. 西安：陕西人民出版社，2001：484.
③ 薛麦喜. 黄河文化丛书·民俗卷［M］. 西安：陕西人民出版社，2001：484.

族民们，仍然坚守着农牧猎综合型经济生产。在经历了三千年的历史演变后，当他们再一次面对已经被奉为正宗的皇帝的后裔的中原农业民族时，竟然形成了两种不同的民族团体，是两股对立的政治势力。因此，在日后的交往中，草原游牧民族与中原大地的交往都是以这种军事对抗的形式出现。陕北黄土高原也演变成了一片民族交融与民族征战的硝烟战场。

（二）圣人条

中原王朝和北方游牧民族之间的战争，到了秦汉时期大为升级。游牧民族越发强悍骁勇，为了采用农业民族惯用的防守措施，秦始皇不顾崇山峻岭修筑了令人惊叹的万里长城。同时还修建了一条贯穿南北，全长750公里的军事通道——秦直道。秦直道南起关中淳化，北至内蒙古包头，从南至北，贯通了整个陕北黄土高原。这一大道的开通与出现，为陕北先民的出行文化谱写了十分光辉的一页，以至于陕北人把秦直道崇敬地尊称为“圣人条”“皇上路”。

当岁月流逝，硝烟散尽后，人们忽然发现，历史就像是一只魔术的大手，将所有在战争中勇猛的将士以及由他们代表的各自不同民族的文化全部都化为了无形，并赋予了新的生机与形式，在高原上延续开来。人类社会的大部分民族战争，结果通常都是以民族交融的形式，将不同民族的血液和文化融合在一起，从而以较强的一方为主导，以主导一方的民族称谓为称谓，重新崛起和活跃在人类历史的舞台上。

明朝中后期，随着民族战争的结束，更因为宋元明清以来政治中心的转移，处于特殊地理位置的陕北，几乎隔绝了与外界的交往，随着人口的不断增长与膨胀，整个陕北高原便基本演化成了一个和中原地区有着极大趋同性的农业文化区。明清以来的陕北农业区人民，由于农业的囿限，固守着土地。随着水土流失的加重与生态环境的恶化，致使交通不变，商品经济落后。本地人不到万不得已，很少出门远行。“好出门不如待在家”，这一句陕北俗语正是这种心态的写照。因为本地人很少出门，加上外地人极少进来，从某种意义上来讲，陕北高原似乎变成了化外之地。正因为历史上反复的民族战争与民族交融，以及近几百年来的相对封闭，使得陕北黄土高原最终变成了一个中华民族难得的、保存完整的综合立体性文化库。

（三）修路架桥，辈辈坐朝

陕北黄土高原上的炎黄子孙们，由于所处偏远闭塞，比那些交通发达，文化繁荣的都市人，更渴望走出家门，也更喜欢有人来做客。“修路架桥，辈辈坐朝”，这是陕北人对于那些给人们带来交通便利的修路架桥者极高的赞誉，也是一则深入民心的道德民谣。陕北居民对于修路建桥这种造福社会的善行善举，总是十分热心和异常踊跃。无论是在村里还是社会上，只要有人发起修路建桥的倡议，马上就会一呼百应。无论贫富，村民们总是要想尽办法尽一份微薄之力，所以，在每一座桥、每一条路的功德碑上总是会有大量的无名之辈的大名位列其中。道路或者桥梁开通后，又会得到人们的维修与爱护。同修路造桥是一件功德无量的事一样，反之，损路坏桥就是一种可耻的行为，是天理难容的恶行。“修路架桥，辈辈坐朝。损路坏桥，变驴也不饶。”这句民谚的后半句无时无刻不在提醒着高原上的居民们，且行修路造桥之善事，莫为损路坏桥之恶行。

二、行旅类型

【赶集】

赶集就是在一个月固定的几天，卖方去一个固定的地方卖东西，买方去买东西。没有规定，是民间约定俗成的一种活动。

赶集，是陕北居民最为简单和常见的出门。在群山起伏的陕北黄土高原上，布满了许多大大小小的河流。在一些小河与大河交汇的川道口，常常会有一些好几百人口的大村舍，在这样一些交通便利的大村舍中，常常会驻扎着一些乡镇一级的机构，由于这类机构的存在，以及该村庄所处之中心村落的原因，这里便常常会相应地设立着一个小小的集市。这集市，就是方圆几十个村庄的人们常常要来“赶”的集市。

根据一些约定俗成的习惯，周围村庄里的人们都知道，这集市在每月中的哪几日逢集。每到那些逢集的日子里，一些需要在集日里买卖东西，办理事务的人们，就会在这一天腾出一整天或半天的时间，赶到这个能遇见好多熟人和朋友的集市来会面。庄稼人赶集能解决很多的问题，集市在陕北居民的生活中，几乎就是一个无所不能的世界。所谓买盐呀，倒醋呀，这些都是小事情，庄稼人的生活其实就是一种综合型经营的生活，比如，人们要买卖一只小猪娃，倒贩几只山羊或绵羊，甚至要倒换一两头大牲口，都必须到集市上去处理。

集市上几乎包罗万象。也分为牲口市：马、牛、羊、鸡、驴、骡们，自然都在牲口市攒动着；牲口市上当然也有种牛、种猪。有百货市：百货市有时候就是几间店铺和好几个小货摊。针头线脑日用百货都在百货市。也有打制农具的铁匠铺；卖菜卖饭的小酒馆；或者还有一两个可以住宿的小旅店。庄稼人有许多问题要在集市上解决，高原上的集市总显得很热闹，总有一股子人欢马叫的劲头。在这种人欢马叫的气氛中，还有年轻的人们在相对象；有许多对周围村庄都将会产生重要影响的事务在集市中酝酿着，比如一年一度的庙会举办，开春的牛王会在哪个村举办等。因此，陕北土地上每一个集市，都是一个五花八门的世界。

在陕北黄土高原上，就是再把光景当回事儿的人，也总会在一月三十天时间中，忙中偷闲抽出一半天工夫来，到附近的集市上走一走，看一看，去长长见识和开一开眼界，再顺便把家中该要置办的事情办一办。陕北高原就是再不愿出门的庄稼人，也没有一个不愿意到附近的集市去走走的。对于黄土高原上的陕北居民们，土地是他们的命根子，集市就是他们和外部接触的直接窗口。

【赶会】

赶庙会也叫作赶会。“会”是古代农村产生并流传至今的一种集贸形式，以前的“庙会”以烧香拜佛、敬神还口愿、串亲走友、购买生活用品为主，人们前往有“庙会”的村庄，称为“赶会”。

广袤的陕北黄土高原，曾经是中华民族的发祥地，是历史上一处激烈的民族争战与民族交融的绳结性地区。这种长期的文化演变与交融，也导致了陕北居民心中复杂纷繁的宗教观念和多神灵崇拜。

神灵多了庙宇多。在陕北高原所有的村庄里，几乎没有一个村庄没有一两处庙宇的。高原上这许许多多的庙宇中，只有几十分之一的大庙才设庙会。陕北居民们赶的庙会正是这种大庙的庙会。陕北居民是信奉多种神灵的，在陕北高原上数也数不清的庙宇中，除了有不少佛教的寺院，道教的道观外，还有大量的庙宇，是属于许多尚未进入任何体系的民间杂神、小神的，这类小神影响力一般都很小，往往也只能替老百姓解决一些村庄之内的小问题，仅仅只有附近一两个村子里的人们信仰和敬香火，当然就不具备举办庙会的实力了。而只有那香火盛，神力大，大事小事都能过问和解决的神灵们，才会有更多的善男信女去信奉。也只有这种至少也有几十个村子里的人们信奉的庙宇，才有能力每年举办三两天庙会，也才能高高兴兴地请几家戏班来，热热闹闹地唱大戏。

正因为陕北高原上的大多数庙会是十分隆重的，所以，这些主办庙会的周围许多个村子里的会长们，总是在离庙会还有七八天的日子里，就在总会长的率领下，开始筹备庙会了。筹备庙会的第一件事，就是要邀请有名的戏班来唱戏。庙会期间是不能不唱大戏的，唱大戏一方面为了庙宇里边的神灵，神灵常年四季庇护着周围百八十里的居民，一年中不唱几天大戏来酬谢神恩是说不过去的。另一方面也为了从四面八方跑来赶庙会的老百姓。老百姓们一年四季很辛苦，好容易忙里偷闲腾出了这么三天两天的工夫，自然也想借神灵的恩泽来一番娱乐与轻松。

大戏是庙会中一件举足轻重的大事，然而，却又并不是庙会中最重要的事。庙会中最重要的事是敬神还口愿。

平日里，庄稼人居家过日子，难免要遇到些困难的事情，有些天灾人祸降落到头上，甚至家里大牲口生病了，崇尚鬼神的陕北居民们，每当在这种情况下，总是会怀着三分的希望，到自己这一带地面上最为灵验的神庙许一个口愿，求神消灾与免难，许诺只要这回过了关，就要给神灵献上猪羊或若干的钱财、香火。在往后的日子里，这个人或者这家人若是果真渡过了难关，光景开始好转了，庄稼人就会认为是神灵在显灵，到了庙会的这一天，就要诚心诚意的还口愿。人们深信保佑一方平安的神灵，“可不敢许空口愿，那是要遭报应的”。还口愿的另一种情况，就是当官的想升官，生意人想发财，念书人想考取功名等往往会给神灵许口愿，日后一旦如愿了，也会在举行庙会的这几天，将许下的口愿来兑现。

当然，陕北居民们赶庙会，也不仅仅是为了单纯的敬神灵，这是因为庙会的功能是多重的。人们虽然一方面给神灵唱戏和上布施，极尽敬神娱神之事，但娱神的最终目的还是为了人，为了人们在现实生活中的利益，为了人们生活的方便。正是为了人们的方便，凡陕北高原的庙会，其实还拥有一种另外的功能，即商贸集市的功能。从某种意义上讲，庙会其实就是一个大型的贸易交流会。在这个贸易集会上，连平时极少见到的民间工艺品和文化娱乐的项目，诸如：捏泥娃娃的，说书卖艺算卦的，也都会出现。庙会实际是陕北居民精神生活和物质文化生活双重的博览会。陕北黄土高原上的居民们，不管是大人或小孩，几乎没有一个不喜欢赶庙会的。

【赶牲灵】

赶牲灵，是陕北旧时的一种生计方式，指用牲畜（多为骡驴）为他人远距离运输货物，赶牲灵的人也被称为“脚户”。陕北民歌《赶牲灵》生动描述了这一活动的面貌。

走头头的那个骡子哟，
三盏盏的那个灯。
哎哟赶牲灵的人儿哟，
走过来了哟。

陕北山陡谷深，道路崎岖，因此，许多事情，包括春耕秋收、旅行和运输，几乎都离不开这些大牲畜，如马、牛、驴和骡。对于给自己带来极大好处的动物，当地人对它们呵护备至，充满感情，从不虐待，甚至不能称它们为“牲畜”，而是亲切地称为“牲灵”，就好像这些动物和人一样有意识有灵性。

“赶牲灵”也称“赶脚”，类似于云贵地区的“赶马帮”，为了生存和贸易，就有了赶牲灵的脚户。他们经常翻山越岭，风餐露宿，生活十分艰辛。由于出门一趟少则数十日多则数月才能返回，所以往往有翘首期待的妇女儿童站在路口硷畔，等待亲人平安归来。

赶牲灵的队伍通常由四头骡子组成，走在最前面的叫头骡。头骡装扮较为讲究，三簇红色流苏用铜丝系扎在笼套两耳之间，下端挂有三面圆镜，阳光照耀下像三盏明亮的灯一样闪耀。这个镜子的功能就是提醒对面的马帮或者同行，提早准备让路错开行走，在道路崎岖狭窄的山区行旅，这是一个必不可少的装备。头骡通常在前胸挂两根红色流苏，中间挂一串铃铛。走路时，脖子和胸口上的铜铃一步步响起，发出清脆的声音，也就是民歌中唱的“脖子上的铃儿哟，哇哇的那个声”。

三、行旅工具

【骑驴】

陕北人常说：“拉犁的牛，平地的马，上下山的驴儿不用打。”

陕北人家，可以没有牛马，但却不能少了毛驴。毛驴虽然没有牛力气大，不如马善跑，但却灵活稳健，性情温顺，干起活来非常适合陕北人的生活节奏。陕北人称驴为“牲灵”，认为它们虽是牲畜，但有灵气，显示出人们对驴的偏爱和亲切的感情，陕北人上山种地，下山打柴，翻山拉水，冬季驮炭，一年四季，早出晚归，都离不开毛驴。

不仅仅是作为生产资料，陕北人生活中也离不开毛驴，陕北人经常骑毛驴赶路出行。小孩子骑驴是为了玩耍和新奇，男人们骑驴则是为赶集、赶会或是赶脚。赶脚时，毛驴用来驮货物，男人们不会轻易骑驴，实在走不动了，也只是在驴背上短暂地歇息片刻。对于出门在外长途跋涉的男人们来说，毛驴是他们忠实可靠的旅伴，他们一路唱着“一道道水来一架架山，赶上那毛驴走四方”，一路行走于沟壑峁梁之间。

年轻女性很少骑驴，只在两种情况下骑：结婚时和回娘家时。在昔日的陕北，正式结婚必须用毛驴，男家接新娘，女家送女儿。两支迎送队伍的毛驴站到一排，头戴红花，颈挂串铃。双方的迎送亲人都骑在驴背上，护拥着穿戴一新喜气洋洋的新郎新娘，在唢呐声的引导下，铜铃声声从山路上一路走来，十分热闹。

【坐船】

“坐船你坐船后，万不要坐船头，船头上风浪大，小心闪在水里头。”这是陕北民歌《走西口》中女主人公对心上人情哥哥临别时的一番嘱咐。从中可以看出陕北人除了出门骑驴过桥外，还有一种交通工具，那便是坐船。

陕北东临黄河，境内有无定河、秃尾河、窟野河、洛河、清涧河等一些河流的存在，因此，陕北人自古以来就少不了和河流打交道，少不了坐船。在陕北许多靠近河流的村子，每到秋收后，就有一些附近渡口的船工，挨家挨户地募集三五升粮食，这些粮食不是官家的税收，是一种民间的约定，完全是自发、自觉、自愿的行为。这在附近三五十个村子里聚集到的粮食全部都给了这一带村庄附近渡口扳船的艄公。艄公们吃食了百家粮之后，也会日复一日、年复一年地坚守岗位，把守着一两只或大或小的木船，在每天的固定时间，为周围的乡亲们做摆渡。不管是男女老少，人多人少，艄公们都不再另收费用，把要过河的人平安顺利地送达对岸。虽然没有管理条例，但确是约定俗成，代代流传。

【浑通】

陕北居民过大河，除了坐船、过桥，那些从小在河流边长大、水性又好的人，大都直接从河水中游过去。陕北方言把游泳叫作“凫水”。有些人在凫水过河的过程中，往往喜欢带上一只“浑通”，以减轻体力的负担。

浑通其实就是一只筒状的山羊皮。在陕北临近河流的村庄里，人们在宰杀羊的时候，总会留意一只个大结实的羊，把羊皮从羊头上倒退着剥下来，就像是蛇蜕皮一样，把一整张羊皮蜕剥成一个浑全的整体。然后从脖颈处吹进足够的空气，把羊皮吹成一个浑圆的羊体状，就是一个非常结实的浑通了。类似于宁夏黄河渡口的羊皮筏子，只不过羊皮筏子是用数十张羊皮捆绑连接的一个船形筏子，浑通是单打独斗的“单人坐骑”罢了。

人们抱着浑通过大河时，浑通既可以驮载一定分量的物体，也可以供凫水过河的人依托，好停下来稍微休息一下，再鼓起劲游到河对岸去。如今，这么原始的过河工具，已经从人们的生活中销声匿迹了，只有鲜活的记忆还珍藏于老一代陕北人的脑海里。

民俗文化是地方经济的缩影，展示着黄土地的昨天和今天。语言不仅是民俗文化的重要载体，而且方言本身也是一种民俗现象，同时也记录和继承了其他民俗现象。陕北行旅文化中的方言语汇以及人们所使用的行旅工具方式，记录了陕北人生计艰难的历史，安土重迁的思想和渴望与外界沟通的朴素愿望。

第三章　陕北方言语汇与岁时节令习俗

岁时节令，主要是指为适合天气和物候的周期性变化，人们社会生活中具有一定风俗和活动的特定日子。这些约定俗成的节日以年为周期，周而复始。岁时节令是民间文化的重要组成部分，具有融合多种民俗文化形式的特点。民间的饮食、服饰、信仰、游艺等习俗往往也都在节日期间得到集中体现。

第一节　陕北方言语汇与春季习俗

俗话说："一年之计在于春。"由于特定的农业生产规律，渴望新的一年风调雨顺、五谷丰登的"祈年"成为春季一些节日的重要内容，祀神祭祖仪式中也均有此意。春节是春季最热闹、最隆重、最能体现传统文化内涵的节日。本小节把从正月初一即"春节"的第一天开始，之后的四个月都算作是春季这段时间，主要探讨春日里的陕北习俗及表达民俗文化的方言语汇。

【春节】【过年】

农历正月初一，即是"春节"，春节是黄河流域最古老的节日之一，也始终是民间最热闹、最隆重、最能表现华夏民族凝聚力与传统文化内涵的节日。随着历代王朝的兴衰更替，其影响已经突破地域、民族的界定，升华为所有炎黄子孙文化认同的共同标识。

春节，古今含义不同，古代泛指春天的节序或整个春季，也特指二十四节气中的"立春"。今日所谓"春节"，古代称之为"新年、元旦、正日"等。新中国成立后，我国采用公元纪年，确定公历1月1日为"元旦"或"新年"，规定农历正月初一为"春节"。陕北人把春节叫作"过年"，农村过去没有时钟，以公鸡鸣叫为计时标准。年三十后半夜，公鸡一叫春节就到了，家中的主事人就燃放"开门炮"。开门炮的寓意：一是驱赶年夜四处游窜的妖魔鬼怪，二是迎接财神进家即"接新神"。家家户户争先放开门炮，比试谁家迎接新神早，谁家就人丁兴旺，财源广进。初一当天，全家人换上新衣裳，晚辈给长辈拜年，称“XX康健”。“康健”是一个逆序词，在陕北流传了一千多年，与健康一词同义，意为身体健康，新年快乐；孙子辈给爷爷、奶奶行跪拜礼，磕三头并鞠躬作揖（拱手行礼），长辈回话“你娃娃乖”“过年好”“新年好”“你们全家好，大人娃娃乖”等喜庆语，给未成年晚辈压岁钱、喜糖等。年轻同辈之间拜年互称“轻省”，意为一年四季轻轻快快、美美好好。家庭拜年仪式结束后，妇女们开始包饺子，在饺子里包进一些硬币，谁吃出来包有硬币的饺子，寓示谁有财有福气。

陕北传统节日里最隆重的就是“过年”。“过年”的准备工作从腊月二十三就开始了，这时家家户户便开始采办年货，打扫窑、糊窗子、贴年画、缝制新衣、磨面碾糕、宰猪屠羊、生豆芽做豆腐，到正月二十三才算彻底把“年”过完。

【送五穷】

送五穷又称“送穷灰”“送穷鬼”“赶无穷”“填穷坑”等，就是把垃圾尽量倒远，象征把穷倒掉赶走。

正月初五这一天，在北方又被称作“破五”，破什么？没有人说得明白，大概是因为初一到初四这几日内禁忌太多：比如不能扫地，更不能倒垃圾，忌动剪刀动针线等。在过了初五之后，这些禁忌即告解除，日子恢复正常，连商场都开始开张营业了。到了初五这一天，最重要的一件事就是打扫卫生，把从初一到初五几天内产生的满屋的瓜果壳、满院子放过的鞭炮壳以及各种生活垃圾全部都打扫倒干净，曰“送五穷”“送穷灰”“送穷鬼”。在榆林靖边县，家家在正月初五打扫尘垢，名“送穷神”。把“晦气”“穷气”“霉气”从家中赶走。据说“五穷”的说法来自韩愈的《送穷文》，指“智穷、学穷、文穷、命穷、交穷”五种穷鬼。对此，韩愈称“凡此五鬼，为吾五患”，所以要“送而走之”。文人行文比较平和，到了老百姓这里便直接变成实际行动的“赶五穷”“填穷坑”。陕北“送五穷”的方法是：正月初四晚上，各家各户都把窑洞内的脏土清扫一遍，扫下的垃圾不倒掉，放在角落里。然后由家庭主妇用五色花布做一个布女人（据说是穷鬼），并给这个布偶做个装东西的衣兜，衣兜里装点干粮，把这个布女人供在放垃圾的角落里，焚香烧纸，叩头祭奠。第二天凌晨，插上一个二脚踢（双响爆竹），当空噼啪两声，然后顺手把垃圾倒掉，边倒边念：“倒掉脏土，送去穷神，福来财来，喜事盈门。”同时赶紧捡起一根柴火棍，转身回家，千万不能往身后看，说是怕穷鬼追回来。住在城里的人则是在初五早上把垃圾倒得远远的，暗喻已经把穷神送远，不要再回来了。

【人七】

陕北方言将正月初七的“人日”称为“人七”。唐代高适《人日寄杜二拾遗》诗有“今年人日空相忆，明年人日知何处”的感怀之句，可见“人日”节日由来已久。

陕北民间有习俗称，除夕是“大年”，是给鬼过年，而“人七儿”才是给人过年。“七”指的是时间，即正月初七；“儿”是“日”的音变，将“日”读“儿”在陕北方言中比较常见，如将“日子”说“儿子”，如：“今儿是个好儿子，正好引婆姨。”即今天是个好日子，正好娶媳妇。在志丹、甘泉、延长、延川及清涧，“人日”又叫“人庆儿”，子洲则称“人情”。“情”“庆”都是“七”受“人”同化后产生的音变词。

关于“人日”的来源有两种传说。一说是源于古代汉族神话。传说女娲创世时，七天内造出了七种生物，先是鸡、犬、豕、羊、牛、马，第七天才造出了人，故后世把初七称为人的生日。唐代李延寿《北史·魏收传》引董勋答问礼俗曰：“正月一日为鸡，二日为狗，三日为羊，四日为猪，五日为牛，六日为马，七日为人。”另一种说法是说跟人的转世观念有关：古人认为，人会在十二月的最后一天死去，灵魂则在正月初一寄生于鸡体内。初一的鸡死后，灵魂在初二转寄于狗。之后灵魂又分别在羊、猪、牛、马中转生，初七转生到人体。灵魂在转生到人体内后，开始以人的形象出现。这一过程被称为正月的转世。而这一传说传至后来，变成了初一不杀鸡，初二不杀狗，初三不杀羊……初七不行刑的风俗。从陕北地区的习俗来看，陕北人过的“人日”当与转世观念有关，有各地方志记载为证。《吴起县志·民俗志》：“过‘人七’（有些地方过‘人六’）一般晚上等到星星全时开始‘叫魂’，每个人都须让自己的父母或儿女叫回自己的所谓‘灵魂’，意味全年平安无事。此日不许出远门。晚饭吃饺子，称作‘包人魂’。”《靖边县志·风俗宗教志》：“人年：本县庆祝日期不统一，有的家户过初六，叫‘人六’，有的过初七，叫‘人七’，人年夜，再张灯火庆祝。二更之后，依长幼为序，互相‘叫魂’。”

【顺心】

陕北把正月初八这一天叫作“顺心日”，旧时民间曾专门在此日举行“顺心”仪式。

传说正月初八是稷日，即谷子的生日，所以初七“人日”之后的初八被称作“谷日”。谷，又称粟、稷。汉语词汇中有“社稷”一词，且多与“江山”搭配使用，“稷”是谷神，“社”为土神。西周起，“稷”被尊为五谷之长，与“社”同祭，由此也可以看出以农为本的古代，对于赖以生存的土地和谷物的崇拜。敬畏谷物，是因为谷物是人类赖以生存的根本。这一习俗似乎可以看作是人们对于“谷”的崇拜和敬畏在认知和观念中的延续与传承。

【打醋炭】

打醋炭，是陕北驱鬼除秽的习俗。把炭烧红后立刻放进醋钵中，以蒸气熏屋子驱逐邪气，有的地方是在铁勺上放一块烧红的木炭，再浇上醋。“打醋炭”要在家里的每个角落进行，意为驱邪，实际上这是一种科学的杀菌消毒的办法。民国时期的《米脂县志》记载当地“元旦，鸡鸣起以后，炭烧红，用醋浇，遍熏全屋，可去瘟疫，名打醋炭”。《警世通言》第六回：“只见酒保告解元，不可入，这会儿不顺溜，今主人家便要打醋炭了。”打醋炭，其实就是将醋倒在烧红的木炭上，专闻其蒸发的气味，以期达到祛邪的作用。

【转九曲】

陕北的转九曲，是古老的民俗祭祀社火活动，在元宵节期间（农历正月十四开始到正月十六结束）举行。九曲，又叫作“九曲黄河阵”“九曲灯阵”，这一活动从何时开始，又是谁创立了这个“阵”，说法纷纭。一种说法是殷商时期，云霄、碧霄、琼霄三位仙女的“九曲黄河阵”，是三人为其兄赵公明报仇而设的，这显然是来自《封神演义》的故事；另一种说法是孙膑为庞涓摆的“六十四阵”，还有传说是来自诸葛亮设的“八阵方位”。不过笔者认为既然叫“阵”，当多有军事意味。陕北历来多战事，居住此地的人，亦兵亦垦，冬闲了，他们将“战阵”变“曲阵”，把真实战场化为虚拟灯阵。从名称的变化也可以看出，这一活动已由军事化或者战争形态演化成为兼具娱乐性和观赏性一项民俗活动。

九曲阵由361盏灯组成，表示一年360天，多余一盏取吉庆有余之意。灯场的进出门口均插红旗、挂红灯。灯场一侧用席子围成房子模样，里面摆上香桌及神牌，称“神台”（也叫“神堂”）。灯场的另一侧，设一四方高桌，桌上再放一炕桌和一层一层垒起来的升斗，并在每层四角都放上灯，称“灯山”，供神仙观赏。

“九曲城里十八弯，男女老少把灯观，观了花灯把病散，年年月月保平安。”届时男女老少，手拿黄香，拖儿带女依次进入九曲跪拜，求福求财，消灾灭难，以表达他们对神灵的一片虔诚和祈福之心。陕北人生于黄河，长于黄河，也敬畏母亲一样的黄河。人们希望生活就像九曲阵里的代表一年360天的灯盏一样，每天稳实平安，这或许就是“九曲黄河阵”的“初心”。民间仪式，画地为界，营造超凡入圣的境界。“九曲灯场”作为一种信仰仪式的奥妙，“就在于把百姓内心的期盼，诗意地呈现，把愿望的光环放大。场地行为被赋予超验功能，转圈成了破除新一年、新一轮生活困境的法术，纠结为一股股说不出道不清、渴望来年超越一道道困境、走出一道道难关的许愿”①。

【燎百病】

陕北有“燎百病”“燎干”的习俗，是一种借助“火”来去除疾病、祈祷平安的方式。一般在正月十六或正月二十三进行。

陕北各地“燎百病”的仪式大同小异，但具体称呼、进行日期稍异。有的在正月十六，如，《甘泉县志·民俗志》：“十六日夜间在院中堆架柴禾点燃，人们把衣物被褥在火上来回轮转，谓‘去百病’。火苗低时，人们抬腿绕燎，青年人从火堆跳过，意在‘消灾祛难，四季平安’。”②《子洲县志·社会》：“十六日，晚上各家各户院内点燃焰火，烤燎衣被，边烤边说：‘燎百病，燎干净，满年四季不生病。’大人小孩均跳火，据说这是人火。”③《绥德县志·社会风俗志》：“入夜，家家院内燃烧柴禾，叫‘打焰火’，人们从焰火上跨过，并燎烤被褥，谓‘燎百病’。”④

也有的地方在正月二十三进行。《吴起县志·民俗志》：“正月二十三为‘燎干’日，天黑后在大门外生一堆火，将家什灶具在火上燎烧数回，人要跳过火堆或腿迈过火焰，意消除病灾，最后将余火撒去，叫‘送病’。”⑤《靖边县志·风俗宗教志》：“燎干节在农历正月二十三。晚间，家家门前或院内放两堆火，一叫‘人火’，一叫‘神火’，合家人都跳越‘人火’，叫‘燎百病’，忌跳‘神火’。”⑥不同于吴起和靖边，志丹正月二十三为“接干”日，正月二十四才是“燎干”日。《志丹县志·社会志》：“正月二十三为‘接干’日，此日农家吃荞面搅团。有‘正月二十三，荞面油搅团’之说。”

《榆林市志·社会风俗志》：“正月二十三，在农村人们燃火堆跳跃，称‘燎百病’。这天不吃米饭，讲究吃面条或煮白面拌成的‘圪垯’，俗称吃了‘头疼圪垯，牙疼面，不生百病’。农村较重视过此节。”⑦《吴堡县志·社会志》：“正月二十三日张灯设火，男妇女人跳野火，消灾免难。”⑧除上述几种说法外，有的地方还从功用上对这一民俗活动进行命名。如清涧称为“散百病”。

① 龙云. 陕北榆林过大年——转九曲［J］. 榆林日报，2018-02-01
② 甘泉县地方志编纂委员会. 甘泉县志［M］. 西安：陕西人民出版社，1993：672.
③ 子洲县志编纂委员会. 子洲县志［M］. 西安：陕西人民教育出版社，1993：376.
④ 中共绥德县委史志编纂委员会，绥德县志［M］. 西安：三秦出版社，2003：409.
⑤ 吴起县地方志编纂委员会. 吴起县志［M］. 西安：三秦出版社，1991：562.
⑥ 靖边县地方志编纂委员会. 靖边县志［M］. 西安：陕西人民出版社，1993：401.
⑦ 榆林市志编纂委员会. 榆林市志［M］. 西安：三秦出版社，1996：336.
⑧ 吴堡县志编纂委员会. 吴堡县志［M］. 西安：陕西人民出版社，1995：408.

《清涧县志》："十六日夜，燃薪于室，命小儿跨而过之，命曰'散百病'。"①火熄之后，将灰烬在次日太阳出来前送往河滩或十字路口，称之为"送百病"；也有的地方，如清涧东部地区将燃过的木柴棍挑出一根来扔出院墙，称之为"撂百病"。

火，是人类发展史上的一块里程碑，又常常带给人灾难，因此，火成为民间的重要祭祀，崇拜极盛。关于"燎百病"这一习俗来源，有学者进行过考察。有的认为与巫术有关，有的认为是融合了北方游牧民族中对火的崇拜后形成的。笔者认为，陕北的"燎百病"习俗应该是民众火崇拜心理在民俗中的体现。英国著名民俗学家詹姆斯指出："就定期普遍驱邪这一方式而言，前一次和后一次两次仪式之间的间隔通常是一年，而举行仪式的时间一般和季节的某种明显转变恰好相一致，如北极和温带地区于冬季开始或结束时，热带地区则在雨季开始或结束。这种气候的转变，容易增加死亡率，在吃、穿、住条件都很差的原始人中尤其如此，故原始人认为这是妖魔作祟，必须驱遣……但是，不论在一年哪个季节举行普遍驱邪总是标志着新年的开始。因为进入新年之前，人们急于摆脱过去的祸害，所以许多地区都在新年开始时举行庄严的、群众性的驱除妖魔鬼怪的仪式。"② 陕北的"燎百病"也是在新春伊始之时进行，春季是疫病上升时期，人们把驱灾除邪的希望寄托于能够燃烧一切净化生灵的火上，这是符合弗雷泽这一论断的，"燎百病"正是陕北先民们出于驱遣妖魔病魔的心理，借助无所不能的"火"神来达到这一目的的行为 。

【寒食】

在陕北，清明节的前一天叫作"寒食"，有的地方称这一天为"禁烟节"，"熟食节"等。这天民间禁止烟火，只吃冷食，传说是为了纪念介子推。

陕北民间流传着这样的故事：春秋时期晋国公子重耳为了躲避晋献公的追杀，流亡列国，介子推是辅保重耳的几个随从之一。流亡期间，重耳一行人受尽磨难，饥寒交迫，有一次，重耳几近饿昏，介子推为了救重耳就从自己腿上割下一块肉，加上野菜炖成肉汤给重耳喝下，这就是著名的"割股奉君"的故事。后来重耳流亡到秦国，在秦穆公的帮助下重回晋国做了国君，即"春秋五霸"中的晋文公。晋文公执政后，遍封有功之臣，唯独忘了介子推，介子推不慕名利，背母隐居故乡绵山（今山西省介休市），晋文公多次请介子推出山接受

---

① 杨明芳. 清涧县志［M］. 西安：陕西人民出版社，2001：780.

② ［英］詹姆斯·乔治·弗雷泽. 火起源的神话［M］. 夏希原，译. 北京：北京大学出版社，2013：201.

封赏，均未找到其人。后晋文公听信小人之计，下令放火烧山，三面点火留下一方，推测介子推会自己走出来，结果大火烧了三天三夜，仍不见介子推，火尽之后，晋文公派人巡查，发现介子推已经抱树而死，并在他用身体封堵住的柳树洞里发现了介子推留下的遗书："割肉奉君尽丹心，但愿主公常清明，柳下作鬼终不见，强似伴君作谏臣，倘若主公心有我，忆我之时常自省，臣在九泉心无愧，勤政清明复清明。"晋文公追悔莫及，伐了一段烧焦的柳木带到宫中做了一双木屐，每天望着它叹息道："悲哉足下！"这也是"足下"一词的由来。为了纪念介子推，晋文公下令把绵山改为"介山"，在山上建立祠堂，并把放火烧山的这一天定为"寒食节"，晓谕全国，每年这天禁忌烟火，只吃寒食，这就是寒食节的由来。次年，晋文公素服徒步登绵山祭奠介子推，当年大火烧过的老柳树死而复活，于是，晋文公掐柳枝编了一个圈儿戴在头上，这就是今陕西一带仍流行的柳条帽，自此，晋文公把复活的老柳树赐名为"清明柳"，又把这天定为"清明节"。

【捏燕燕】

寒食这一天，陕北地区流行"捏燕燕"习俗，也叫"捏寒燕"。据说是因为寒食节期间要禁火，所以家家要做一些易保存、简单易食的东西，主妇们不约而同地想到面食，此时恰好有燕子从窗前飞过，于是这代表着吉祥如意、生机勃勃的燕子就出现在主妇们的头脑中了。捏寒燕，其实不单单是燕子，飞禽走兽、花鸟虫鱼、甚至农家瓜果、十二生肖、蛇盘兔等，都是常见的造型，由于鸟儿主要是以"燕子"为主，所以，这些面花被统称为"寒燕儿""燕燕儿"，一颗枣隔一个面燕用杨柳枝串起来，挂在门上，以纪念介子推的忠贞气节，又称为"子推燕"。

捏燕燕的面需要发酵，所用工具有剪刀、梳子等日常工具等。初成型的燕燕用黑色的糜子和黑豆颗粒镶上眼睛，之后是上色，上色多用红绿两色，用少量食醋固色，上好色的燕燕盖上锅盖上火蒸。蒸熟的燕燕可以晾干了当作礼品馈赠给亲朋好友。陕北最流行捏燕燕的是在绥德、米脂和子洲一带。

如今，禁火的风俗渐渐没有了，而面塑食品作为一种饮食文化保留了下来，成为一种传统。这样的习俗绵延数千年，至今依然活跃在人们的生活中，是民间"忠孝"主题内涵思想的继承和发展。

【面人人】

"面人人"又叫"面花"，陕北地区不同的县区有不同的叫法。府谷、神木叫"面人人"，是过生日的时候外婆给外孙子捏的；榆阳、横山、吴起叫"面花儿"，是七月十五给庄稼过生日时捏的；清涧、子长、延川、延长叫"燕燕雀雀”“花花燕燕”或“燕儿”，都是清明节捏的，传说是为了纪念介子推，实际上是迎春的一种方式，多以飞虫走兽为造型，表示万物复苏；吴起、志丹叫“雀儿花子”，过年捏，而且很少捏；延安、甘泉叫“花花”，一般不捏。

面花儿的吃法和赠送方式都有许多讲究。如清涧是在清明节捏面花，赠送给长辈的是“猪猪羊羊”，表孝敬。给成年男子捏的是“蛇盘兔”，以预示富贵，俗语有“若要富，蛇盘兔”，一方面暗喻婚配情况，一方面也借此来祈愿。给女孩子吃的“蓝蓝”，用以乞巧，俗语有“吃一个蓝蓝，冒铰一攒攒”。小男孩吃的是“老虎”，饱含对其健康成长的美好愿望。

陕北有关春季节日习俗的方言语汇体现了其独特的地域性民俗文化。放鞭炮、贴对联、点旺火等寄托了人们对美好生活的愿望；拜年访友活动，从表象看是一种社会礼节，实际上反映了人们希冀加强血缘、地缘、社会关系的一种社会心态；燎百病、跳火塔、送五穷等习俗用语，体现了陕北人民趋吉避凶、禳灾祈福的民俗文化。而清明捏燕燕更是体现了陕北人重视忠义气节、不忘先祖的根土文化。

第二节 陕北方言语汇与夏季习俗

陕北的夏日正值农忙的季节，不同于南方四月的芳菲尽，北方到了四月才有了春的气息。所以，耕种、播种几乎都到了夏初才开始。陕北夏季的节日较少，其中一个比较大的节日就是五月端午，夏日的习俗也都围绕这个节日展开。

【黄米粽】

黄米粽是陕北地区过端午节时食用的用黄米做成的粽子。

夏历五月五日，即是端午节。这一天，陕北人吃粽子，儿童戴五色线和香包。粽子，又叫“角黍”“筒粽”。它的历史由来已久，花样繁多。端午年年都相似，粽子处处皆不同，从选料到制作都大相径庭。在陕北地区，最盛行的是朴素至极的黄米粽。这种粽子原材料是黄黏米和红枣，包的时候只用一片粽叶，所以个头较小。粽子的形状像牛角，又叫“牛角粽”，用竹叶做外皮，里面的配料不像南方人那样喜欢用糯米、猪肉、五香粉，而是在糯黄米里加红枣、花生米，吃起来特别清甜可口，或者只是用上好的糯米，吃的时候再加上蜂蜜，香甜爽口。粽子凉着吃，一般蘸白糖，是非常天然质朴的味道。

【五色线】

陕北人过端午节除了吃粽子，还有一些比较有文化内涵的仪式，其中一个流传甚广的习俗就是佩戴五色线。中国古代崇拜五色，视五色为吉祥色。五色线不是五彩缤纷的花色丝线，而是用红、黄、蓝、白、黑五种颜色的丝线合并成的缕索。五色线其实代表的是道教上说的五方神灵，保护儿童免受蛇蝎类毒虫的伤害。而且，五色线不可任意扯断或丢弃，只能抛到河里，意寓让流水冲走瘟疫、疾病，儿童由此可保安康。虽然各地的端午习俗不尽相同，但中心思想都是摆脱瘟疫，祈福安康。

【插艾蒿】

在陕北，端午节这天，体现摆脱瘟疫、祈福安康的还有一个习俗就是插艾蒿。艾蒿也被称为艾叶，艾叶本身是一味中药，在端午的时候起一种辟邪的作用。陕北民间认为五月是五毒出没之时，而五毒就是蝎、蛇、蜈蚣、壁虎、蟾蜍，为了预防五毒之害，人们习惯用艾蒿辟邪。

【香包】

除了艾蒿，陕北还有一种习俗就是戴香包。香包必须一针一线细细缝制，香包用的是平时裁剪衣服剩下的碎布头，剪好样子，一拼一凑，里面塞满雄黄和艾蒿，在一端紧紧收紧线绳，一个精巧细致的小香包便成了。

端午节萌芽于先秦。五月是仲夏，该月“暖气始盛，虫蠹并兴”及“阴阳争，血气散”，它也带来一个酷热袭人、传染病泛滥、蜈蚣、蚰蜒、蛇、蝎、蟾蜍、壁虎、蚊、蝇之类毒物肆虐活动的时期。在治疗防疫条件极差的古代，盛夏无疑是人类发病率和死亡率大为增高的时期，所以民间把五月称为“恶五月”。端午节的各种习俗就是古人从安全考虑，想出的种种避恶措施。东汉的应劭编《民俗通义》：“五月五日，以五彩丝系臂者，辟兵及鬼，令人不病瘟。”此书还说，“五彩，辟五兵也”。汉代五月五也有食粽子的习俗，但当时还没有纪念屈原的内涵。汉以后，五月五纪念屈原的说法才传播开来，端午节才有了新的意义。由两汉至明清，受社会、文化变动和原始宗教及佛、道二教的影响，端午节习俗在传承过程中，又发生过许多变异，增加了许多新内容，比如长江流域的端午节赛龙舟、放河灯等习俗，但就陕北地区而言，较之纪念屈原，避恶除疫仍是端午节民俗的中心内容。

第三节　陕北方言语汇与秋季习俗

【鬼节】

农历七月十五，民间称“中元节”，陕北民间俗称“鬼节”“七月半”，这一天陕北有烧纸祭祖活动。

古时人们认为万物有灵，《礼记·祭法》曰："大凡生于天地之间者皆曰命。万物死曰折，人死曰鬼。"中元节成为中国民间三大鬼节之一，与佛道二教有很大关系。道教认为，七月十五为中元日，地官下降，定人间善恶并为人间赦罪。佛经记载：七月十五是释迦牟尼的弟子目连借释放众僧之力，解脱其母在地狱受苦的日子，后佛教徒据此神话兴起盂兰盆会，以祭祖先、祀孤魂。"盂兰盆"是梵文的音译。因此，"盂兰盆会"的故事与中元融为一体，加入了儒家孝道思想等中国元素，形成了中国传统民间节日——中元节。

七月十五这一祭祖活动，体现了原始宗教的鬼神观，儒家的孝亲和佛道的轮回转世说在陕北民间融为一体。

【祭月】

八月十五中秋节，又称"仲秋节""团圆节"，因是日恰为三秋之半，故而统称"中秋"。此夜，民间以赏月团聚为主要活动内容，陕北人称为"拜月""祭月"。人们在庭院中摆设香案与供桌，摆上月饼、苹果、葡萄、香蕉等时令水果，当月亮上升之时点燃香烛，喃喃祝祷，向月亮拜献，称为"祭月"。祭完月后，全家人要分食月饼瓜果。绥德一带是要等到月亮下移时全家才开始分食祭品。

陕北的月饼又叫"炉馍馍"，炉馍馍面皮要用面粉加入猪油和开水及少许烧酒和成面团，擀成方块，包上馅料压平捏圆，点上红点，放进烤炉里烤熟。在炉馍行业有一句俗语是"三分做，七分烤"，烤制技术在糕点制作中占有十分重要的地位，决定着产品的色、香、味、形。如果说吃大块羊肉、喝大碗酒体现的是陕北人粗犷、豪放的个性特征，炉馍（制作过程复杂、精细）则反映了陕北人细腻的一面，每逢中秋佳节，炉馍馍依然是祭月时不可替代的月饼。

【果献】【馃馅】

馃馅是一种有馅的饼，也是陕北人中秋时食用的月饼。由于最初是用来祭祀祖先或敬供神灵的食物，故又名"果献"。

馃馅的传统做法是先把滩枣经过高温蒸煮后，手工抠去枣核，用菜刀把蒸熟的枣果肉剁成枣泥备用。然后用酥油和面，包上枣泥馅，放入模具，成型后在中间压上红点，摆入炉锅内，烤至焦黄。对于馃馅，子洲本地流行这么一句民谚："周硷畔馃馅香喷喷，枣馅可口千层层。"这句民谚透出了馃馅属子洲产的最正宗。在陕北，馃馅象征着吉祥如意，既可以作为贡品祭祀祖先或神灵，也可以作为定亲信物，由男方在订婚时送给女方。作为信物时当地人讲究馃馅的个数，一般订婚时至少准备 8 个，也就是"发"字谐音，也可以是 8 的倍数，比如可多至16个或者24个，甚至更多。女方则把收到的馃馅作为礼物送给亲戚邻居，以示自己已经订婚。陕北人平时走亲串户也常以馃馅作为礼品，尤其是到了中秋佳节，自己家加工的馃馅要比买来的月饼受欢迎。

【偷儿女】

八月十五本是家人团聚、邀月赏花的日子，但是对于那些结婚多年却没有儿女的青壮年夫妻来说，有一件比赏月更为重要的事情要去做，那就是“偷儿女”。在朴素的陕北人眼里，中秋节前后，树上的累累硕果，地里的蔬菜瓜果，无不是大地母亲的儿女，作为一种象征和喻示，人们偷偷摘来，借以召唤自己的小宝贝能早日投身人间。这种说法来源已久，也真有偷过儿女的夫妇第二年就喜得贵子的，所以大家更加坚信这一民俗的“灵”。所谓的“儿女”不外乎就是树上的苹果、红枣，或者地里的南瓜、玉米棒子等之类常见的农作物，平时被别人偷了自家的瓜果或者农作物，主人可能会不高兴，但是这一天非比寻常，即使第二天主人发现自家的东西少了，也不会生气或者骂人，只是会心一笑，他们体谅了那些偷儿女的饮食男女的心结，反而觉得自己为帮助别人而尽了一份举手之劳而微微自豪。于是，皎洁的月光下，夫妇二人，不言不语，躲过喧哗的人群来到夜色如水的田间地头，带着无限的虔诚与企盼，悄悄把“儿女”摘下放进自己的怀里或者挎在胳膊上的竹筐里……“偷儿女”正是朴实的陕北人民对传宗接代的重视和对未来生活的美好向往。

第四节　陕北方言语汇与冬季习俗

【送寒衣】

每年农历十月初一，陕北人在这一天“送寒衣”。

农历十月初一又叫“冥阴节”。人们在这一天祭奠亡人，烧纸衣纸钱，以免先人们在阴曹地府挨冷受冻，并连带着给孤魂野鬼送温暖。由于冬日将近，祭祀时烧冥衣为亡人添衣驱寒是必不可少的，故俗称送寒衣。

相传寒衣节是因先秦年代的迎冬礼仪脱胎而成。

古代这一天，天子率三公九卿举行迎冬礼，礼毕要奖赏为国捐躯者的英雄，并抚恤他们的妻子儿女，有“烧献”“烧冥衣靴鞋席帽衣段”的记载。是故人们也选择在十月初一这一天祭祀祖先。

十月一日被当作“寒衣节”还与孟姜女的传说故事有关，在民间广为流传。传说孟姜女新婚宴尔，丈夫就被抓去服徭役，修筑万里长城。秋去冬来，孟姜女千里迢迢，历尽艰辛，为丈夫送衣御寒。谁知丈夫却屈死在工地，被埋在城墙之下。孟姜女悲痛欲绝，哀号呼喊，感动了上天，哭倒了长城，找到了丈夫尸体，用带来的棉衣重新妆殓安葬，由此而产生了“送寒衣节”。明代的《帝京景物略·春场》载：“十月一日，纸肆裁纸五色，作男女衣，长尺有咫，曰寒衣，有疏印缄，识其姓字辈行，如寄书然。家家修具夜奠，呼而焚之其门，曰送寒衣。新丧，白纸为之，曰新鬼不敢衣彩也。”这是当时寒衣节的情景记载。而清代的《帝京岁时纪胜·送寒衣》载：“十月朔……士民家祭祖扫墓，如中元仪。晚夕缄书冥楮，加以五色彩帛作成冠带衣履，于门外奠而焚之，曰送寒衣。”这是清代寒衣节的情形。近代寒衣节与古时大致相同。十月初一当日，人们上坟为亡者供奉果品、食物、纸钱、寒衣等。

神木在这一日还有放河灯的习俗，灯具多以西瓜皮、面碗或五色纸制成，上写亡人的名讳，中夜时分，人们纷纷放灯于河中希望亡魂有所依托，有的还依据灯的漂流情况来判断亡魂是否得救。如果灯在河中打转，那就是被鬼魂托住了，如果灯沉没，即意味着亡魂转世投胎去了，如果灯漂得很远或者靠岸，说明亡魂已经达到了天国。这种行为虽然看似滑稽，但也体现了生者对死者的悲痛和哀思，是一种精神寄托。

【熬冬】

陕北有冬至日熬冬的习俗。

小雪、大雪节气过后，便是冬至节，冬至是严冬来临的标志。早在西周时期，我们的祖先通过土圭观测太阳运行的规律，确立了冬至、夏至、春分、秋分四个节气。古人云“日南之至，日短之至，日影长之至，故曰冬至”，冬至是一年中白昼最短、黑夜最长的一天，冬至过后，白昼便一日日延长，故而民间有了“吃了冬至饭，一天长一线”之说。在黄河流域，冬至是气候的转折点，标志着自然界进入了“数九寒天”的冬季。为了便于安排农耕和生活，劳动人民自古就创造了“数九”的计算方法。从冬至次日起，每九天称“一九”，依次叫作“头九”“二九”“三九”……等到“九九”过去，即从冬至后八十一天过完，大地解冻、春暖花开。民谚曰：“头九二九不算九，三九四九隔门叫狗，五九六九开门大走，七九八九河开看柳，九九又一九，耕牛遍地走。”

冬至是陕北又一个祭祀节日。是日，家家上坟祭奠祖先，烧送纸钱。冬至前一天晚上或者当晚当地有“熬冬”的习俗。《延川县志·社会风俗志》载：“冬至前日晚，民间有熬冬、炒冬的习俗。即将猪骨、羊骨或羊头煮入锅内，掌灯时家人团聚啃吃，也有煮猪、羊、鸡肉的，‘猪的骨头羊的髓，清油炸糕鸡的腿’为四大美食。也有拿五谷炒米花的，大家抓吃，叫炒冬。”《神木县志》

载："冬至节，俗称过冬，亦祭祖节日。节前各户上坟奠祭祖先。节日晚上，每家都煮猪羊头蹄于一锅，谓之'熬冬'。"《榆林市志》载："冬至节，榆林城人早上多吃'头脑'。晚间，城乡习俗煮羊头、羊骨，合家啃吃，称之'熬冬'。"《靖边县志》载："冬至，多在公历12月22日，家家上坟祭祖，晚上煮羊下水或瓜，叫'熬冬'。"《米脂县志》："县俗，晚间煮羊头、羊骨，合家啃骨什(殖)，名为熬冬。"《清涧县志》："冬至，用冰块溶煮羊头，谓之熬冬。"佳县民间的"熬冬"习俗，是在冬至前一日晚煮羊头。"炒冬"是人们将黄豆、黑豆、玉米、麻子、小麦等五谷放入铁锅，炒成米花，寓意"炒百虫足"。可见，陕北方言中的"熬冬"是指以熬骨头的方式迎接冬季，意在杀死病虫害，祈盼来年丰收。

【腊八】

笔者在田野调查过程中，发现70多岁的老人称他们小时候在"腊八"节这一天，不同于其他地区喝八种食材熬制的腊八粥的习俗，而是喝一种特制的、只在这一天食用的具有象征意义的食物。笔者认为，这种食物有可能是古代文化在陕北地区的遗存，也最能体现腊八节最初的目的和形态。

腊八的"腊"要从"腊月"说起，要追溯到商周时期，和我们祖先的祭祀活动有关。

《尔雅》记载："凡年末岁初之交，夏曰岁，商曰祀，周曰年。"意思是，夏朝称年关为岁，这也是为什么我们至今表示年龄大小要用"岁"的由来；而商朝称年关为祀，就是祭祀的祀，周朝称年。这就是说，早在商周时期，每到年末，便是祭祀的日子。

据考证，早在周代，十月初一即为腊节。是日，天子举行隆重的祭祀仪式。《礼记·月令》记载了周朝祭祀的情况：天子祭祀日月星辰于社坛，祭祀五代祖宗于门闾，同时安抚民间农人，颁布新作息时间。对于这种祭祀活动，东汉泰山太守应劭所写的《风俗通义》说："夏曰嘉平，殷曰清祀，周曰大蜡，汉改曰腊。腊者，猎也，田猎取兽祭先祖也。或曰：腊者，接也，新故交接，故大祭以报功也。"意思是，经过系列演变，这种祭祀活动在汉朝被称作"腊"，这个腊上古音通"猎"，所谓"腊祭"，就是以猎获的禽兽为主要祭品的一种祭礼，指此时打猎获取禽肉，用来祭祀祖宗和神灵，同时又可以理解为辞旧迎新。

史书记载，在汉朝之后，每年举行"腊"的时间被定为十二月，所以十二月便被称作"腊月"。我们现在之所以称一些烟熏食物为腊味，比如腊肉、腊肠等。也因过去这些食物是在十二月（腊月）所制得名。这种在十二月举办祭祀典礼的日子被称作"腊日"，就是腊八节的雏形。不过当时祭祀日期并不固定，直到南北朝时期，才将“腊日”固定为每年的腊月初八。那时的腊八节与今天的习俗也很不一样，除了举行各种活动祭祀先祖和神灵，还会击鼓驱邪迎春，跳傩舞、祛瘟神等。笔者的导师是陕北本地人，据他口述，他小时候吃的腊八粥并不是现在的八宝粥，而是要在杂粮里煮一些形似麻雀头或者老鼠头等动物的面花，这或许就是古代用猎品腊祭的远古文化遗留。另一种猜想可能是由于麻雀、老鼠之类的动物经常破坏农作物，是人们农业生产的大患，在腊八节这一天食用具有象征意义的食物，是一种驱邪除害的心理暗示，这个问题还有待进一步深究。

【祭灶】

农历腊月二十三，这一日陕北的主要民俗活动是祭送灶神，所以又称“祭灶”。

祭灶之俗源于原始社会人们对火的崇拜，后来由对火的崇拜转化为对灶的崇拜，并随着社会发展，深化为祭灶之礼。灶神是谁？何姓何名？由古至今，众说纷纭。汉代的《淮南子》记载：“炎帝于火而死为灶。”《礼记·礼器》中，孔颖达疏云：“颛顼氏有子曰黎，为祝融，祀以为灶神。”2021 年 5 月 15 日，我国首个火星探测器祝融号成功登陆火星，其取名“祝融号”，就是用了《礼记》中的火神说法。《封神演义》说，张奎死后，由姜子牙封为灶神，即灶王爷。古人对灶的崇拜，依照人世情理臆造出无数个掌管灶事的神灵，但是对于灶神的职责，早在魏晋时就公认为是“督查人间善恶”。成书于西晋的《抱朴子·微旨》说：“又月晦之夜，灶神亦上天白人罪状。大者夺纪，纪者，三百日也；小者夺算，算者，三日也。”《集说诠真》说：“灶君乃东厨司命，受一家香火，保一家康泰；察一家善恶，奏一家功过。每逢庚申，上奏玉帝。终月则算，功多者，三年之后，天必降之福寿；过多者，三年之后，天必降之灾殃。”灶王爷不仅可以保护一家之平安，也监督着一家人的所作所为。传说灶王爷身边有两个罐子，一个写着善，一个写着恶。灶王爷每记录一件好事，就会在写着善字的罐子里扔一张纸条，而这些纸条就是以后给玉帝汇报的凭证。有个成语叫“恶贯满盈”，意思就是写着恶的那个罐子都装满了，比喻一个人干的坏事太多了。“贯”应该是“罐”字的讹变。

陕北方言把灶神叫作“灶马爷”。这天，各地以不同的方式进行“送灶马”的仪式。《志丹县志》：“当天家家户户蒸‘油塔塔’（花卷），作为灶马爷的干粮。俗语有云：‘腊月二十三，油塔塔垒上天。’旧时户主跪在灶爷前，烧香磕头，祈祷灶马爷‘上天言好事，回宫降吉祥’。”《延长县志》：“晚饭后烙碗口大小饼子九个，以顶针两面戳印，献灶神爷前，意为送行。”《榆林市志》：“晚间在灶头供以米糖、鸡肉、糖糕，焚香烧纸，送灶君‘上天’。人们在灶头沾一点米糖，糊灶神口，让灶神‘上天言好事，回宫降吉祥。’”《米脂县志》：“吃豌豆杂面，晚间在灶间供点心、饧瓜瓜（麦芽糖块），焚香烧纸，送灶君‘上天’。”《绥德县志》：“送灶神时用‘祭灶糖’糊神口，忌其向天帝诉说人间坏事，有祷语曰：‘腊月二十三，灶神爷上天，只说人间好，不说人间坏。’灶神处贴对联亦云：‘上天言好事，回宫降吉祥。’这天晚饭多吃‘杂面条’。”《吴堡县志》：“腊月二十三晚上送灶君。迷信者用牲口草料，当作灶君坐马用的饲料，并放爆竹送灶君上天。口里喃喃语：‘上天言好事，回宫降吉祥。’”

当地人民深信腊月二十三这一天，灶王爷要上天向玉帝汇报全家一年的功过是非。因此，人们举行“祭灶”仪式，祭祀灶王爷，让灶王爷吃好喝好，送灶王爷上天，在玉帝面前多说好话，回来时能够带来吉祥。早晨，人们担水、扫院、垫圈、清理垃圾。中午家家户户吃搅团，寓意“糊住灶王爷的嘴”。一些地方用砂糖、面粉做成“糖瓜”来祭祀灶王爷，民谣有“二十三，糖瓜黏”的说法，其用意是用糖把灶王爷的嘴“黏”住，这样灶王爷就不能在玉帝面前告状了。下午晚饭，家家户户吃杂面羊肉臊子，杂面越长越好，寓意好运长久，喜气洋洋。晚饭后，开始祭灶王爷，人们在灶王爷像前献上蒸馍、糖果等供品，打香、烧纸、放炮、磕头。人们照着两旁的对联念上一遍：“您老上天言好事，回宫降吉祥，保佑我们年年有余，有吃有喝。”然后，将旧灶王爷神像、神像两旁的对联撕下一起焚烧，象征灶王爷上天了，这样“祭灶”仪式就算结束了。

送走灶王爷，人们就开始忙着准备过年。到除夕这一天，人们又将窑里院外打扫一遍，再燃香烧纸放鞭炮，把灶王爷接回来，这样送走接回，年复一年，人们对灶王爷顶礼膜拜，就是为了让灶王爷一年四季保佑全家人有吃有喝，吉祥平安。民间俗语称灶王爷“腊月二十三上天去，正月初一下凡来”。所以在送灶之后，一定要在除夕这一天把新的灶王爷像贴在灶前，两边贴上对联：“上天言好事，回宫降吉祥。”横眉“年年有余”，谓之“迎灶”。

在民间的神仙信仰中，有了这位灶王爷随时在家宅里镇守，自然做任何事都要有所畏惧，不做不善之事。所以说民间敬畏神灵，其实也是另外一种方式的自我救赎和鞭策。

【贴对子】

陕北人不叫春联，不叫对联，叫对子。在陕北，不管穷人富汉，不论老人小孩，只要能立起锅灶，只要是一户人家，春节时就要贴对子。陕北的对子是以“福”为主旨的，昔年的福都聚在这一天，来年的福都从这一天开始。那个“福”无处不贴，处处可贴，门箱上、竖柜上、升子上、斗上都可贴。陕北的对子是以“多”为数量优势的，满院子里，一片红的世界，可贴就贴，能贴即贴。拴驴的槽头上贴“水草通顺”，石磨上贴“白虎大吉”，石碾上贴“青龙大吉”，藏粮的草囤上，贴“粮满囤尖”。

【月尽】

陕北方言把除夕叫月尽，即腊月的最后一天。

此日从古代起习称“除日”。“除”，指旧岁将尽，至此而终之意。因这天为“月穷岁尽之日”，故又称“除岁”，其夜称“除夕”。从翌日起就是新的一年，所以作为辞旧迎新，一夜分两年的除夕，便显得格外重要，也是一年所有节日里最被看重的一个节日。东汉时，“除夕”一词已经出现，以后，随着社会、文化、信仰的发展，除夕的民俗内涵也在衍变过程中不断吸取新的成分，日益丰富起来。

陕北人称大年三十为“月尽儿”，也就是年终，一年的最后一天。这一天人们要上坟烧纸、贴对联、挂灯笼、担水、铡草、挖冰块、打扫家院、做肉、炸丸子、蒸馍馍等，忙得团团转。晚饭要吃炸糕，叫“呛三十”，寓意驱邪避灾；家家吃“年茶饭”，饭菜要有剩余，叫“隔年饭”，寓意吉庆有余；晚上彻夜不睡，叫“守岁”，寓意来年不生灾、不瞌睡。陕北大地辛勤劳动一年的人们，把欢乐、希望全都寄附于过年。忙吃忙穿，忙洗忙涮，样样活儿都要婆姨们亲手操作。推上碾子压糕面，赶上毛驴磨豆腐，蒸黄馍馍，做黄酒，擀杂面，炸油糕，过年的美食都要在年前准备好。过年了，全家老老少少、里里外外，都要换新衣服。再穷的人家，也要人人做一件新外衣。全家欢聚一堂，齐食年夜饭，年夜饭比平时要丰盛，有“宁穷一年，不穷一天”的说法。饭后，大人包饺子、守夜，谓之“熬年”或“守岁”；小孩嬉戏、放鞭炮。孩子入睡前，父母要在枕头下放压岁钱、蒜头、鞭炮、菜刀等镇邪物，以保孩子来年无灾无病。旧时，部分陕北人还有到就近庙宇争烧头炉香、“迎喜神”的习俗。“腊月里，二十三，我送灶王爷烧枣山；腊月里，二十四，裁下对子写下字；腊月里，二十五，称下几斤黄萝卜；腊月里，二十六，割的几斤肥羊肉；腊月里，二十七，蒸下黄酒盘大曲；腊月里，二十八，串门子大嫂把粉擦；腊月里，二十九，倒的几斤干烧酒；月尽早，吃早饭，先担水，后打毡，贴对子，打醋炭，窗花贴上一满扇。”陕北民歌里对过年有着精彩的描述，唱出了人们欢欣愉悦的生活。

吃过晚饭后，人们开始给“灶王爷”“土神”分别上香；在大门内外两侧放冰块、炭块，用于“镇大门”；在家门的两侧放铡刀、擀面杖，用于“镇家门”。在磨顶放一碗清水让其结冰，哪方凸起小冰鼓，预示哪方来年雨水多，风调雨顺，五谷丰登；夜深人静时，站在高处看全村的灯笼，灯笼发出的光明亮平稳则预示来年平安吉祥，忽明忽暗则预示来年有不祥之兆。是夜，阴阳有出山“收法”“品山”“观天象”习俗，在听不见鸡叫狗咬、远离村庄的高山上静静观察，预测来年社会、人生、雨水、收成等。

【熬年】

陕北地区在除夕之夜有“熬年”的习俗。《志丹县志·社会志》：“腊月三十，外出的人都赶回来，合家团聚。饭菜要比平常丰盛得多，有‘宁穷一年，不穷一天’的说法。一天三顿，皆吃好饭。早上炒菜、蒸馍、油馍等，中午吃猪骨头（排骨）、羊肉、鸡肉，主食为面条叫‘团圆面’。饭后给‘灶爷’‘门神’‘天地’‘圈神’等诸神打香点表。天黑，在硷畔放一堆火，并燃放鞭炮，辞旧迎新。晚上，备办丰盛酒菜，全家围坐，喝酒叙话，诉说家常，灯烛通宵不灭，人们深夜不眠，谓之熬年。”《延安市志·社会风俗志》：“除夕，户户灯火通明。放爆竹，吃‘团圆饭’，小辈向长辈敬酒、辞岁。大人们则要给娃娃‘压岁钱’。是夜，大家尽兴玩乐，通宵不眠，谓之‘熬年’。”除夕夜一家人团聚，遍燃灯烛通宵不灭，熬夜迎接农历新年的到来。“熬年”的习俗，不仅有对流逝岁月的告别和怀旧之感，还有为即将到来的新年送上美好希望的寓意。点起蜡烛或油灯，还象征着把一切邪瘟病疫赶跑驱走。

节日，是一个民族的历法、信仰、观念、行为、习俗、生产与生活方式发展到一定阶段的具有社会意义的认同标识。陕北的岁时节令民俗显示了陕北地区鲜明的农业文明与游牧文明的互相交融涵化的特色，体现出浓厚的自然观、宗教观、伦理观和人情味。陕北地区的节日习俗以及岁时节令中的方言用词，是再现此区域内民间的自然观、伦理观、生产条件、生活环境、宗教信仰等的一个长篇画卷。

第四章 陕北方言语汇与人生仪礼习俗

第一节 陕北方言语汇与生育习俗

“婚育习俗是指以生育为中心的约定俗成的行为模式。婚育习俗包括结婚习俗、居住习俗、孕期习俗、生产习俗和育儿习俗。”① 在医疗条件低下、婴儿成活率普遍较低的情况下，生育在民间成了一件很重要的事情。加上中国传统“多子多福”思想的影响，使得生育成了一件神圣而又神秘的事情。从婚礼到婚后孕育新生命，都充满了神秘色彩。由此产生了一系列带有一定地方特色和宗教色彩甚至是迷信色彩的生育习俗词。

【害娃娃】

陕北人始终把添丁进口视为家族兴旺发达的重要标志，妇女怀孕，人们称“害喜”，对于怀孕的孕吐不适等现象称“害娃娃”。害娃娃乍一听挺恐怖的，但事实这绝无加害之意，只是表示妊娠反应，后来也引申为怀孕。陕北方言中，“害”有“得”“遭受”之意。如害病为得病，害肚是肠肚有病，害眼是得了眼疾，害气是指生气。陕北对生儿育女的企盼，在婚礼过程中，已经开始各种讲究暗示。贴的年画是麒麟送子、莲生贵子；剪的窗花是石榴多子，葫芦图案，吃的零食是枣、花生、桂圆等。祈子，成为婚礼中的喜庆氛围，这样的企盼氛围下，一旦妇女怀孕，即使是遭受早期孕吐之苦，也会被称作“害喜”“害娃娃”。

【催生】【熬米汤】

“催生”是古代习俗的遗风。在榆林榆阳区、子洲等地，在孩子出生前，母亲要给怀孕的女儿送去一件红肚兜，或鸡蛋、挂面、红糖、糕点之类的食品，称作“催生”，除了祝愿女儿分娩时平安顺利，也兼为女儿补养身体。生育在陕

① 潘贵玉. 中华生育文化导论（上册）[M]. 北京：中国人口出版社，2001：18.

北是一件重大的事情，由于医疗条件差，所以在生育之前，人们会担惊受怕心里不安。俗语有“人养人，怕死人”，意思是，女人生孩子，让人害怕得要命。

【熬米汤】

陕北人把伺候月子里的女儿叫“熬米汤”。

在孩子出生前几日或者当天，女婿要接丈母娘前来伺候月子里的媳妇儿，而丈母娘也早就准备好了精碾细簸的新小米，准备好了去“守月子”或“熬米汤”。陕北人深信一天熬五六顿米汤让产妇喝，既能添补身子，又能催乳下奶，是最好的坐月子食物。

陕北人把伺候月子叫熬米汤大约有以下两方面原因：一是，陕北一年四季干燥少雨，最适宜种耐寒高产的谷子。人们一年四季从早到晚、从干到稀，顿顿都离不开小米。二是，旧时陕北太穷，大部分人家只有以小米为主的五谷杂粮，即使女儿生了孩子，也无其他东西可拿，加上产妇也不宜吃硬食物，小米营养价值高，易消化，也算是合适的礼物。熬米汤是过去物质贫乏时代的生活反映。

【养娃娃】

在陕北方言中，生小孩叫“养娃娃”。“养”的“生育”义在先秦时候就有了，如汉·韩婴《韩诗外传》卷十：“季遂立而养文王。”后世一直沿用此意，如明代兰陵笑笑生的《金瓶梅词话》第五三回：“月娘对如意儿道：‘我又不得养，我家的人种便是这点点儿。’”陕北时至今日依然把生孩子叫“养娃娃”，这是古语在陕北方言中的遗存现象。陕北生了男孩叫“养了个小子”，生了女儿叫“养了个女子”，在表“养育”意的时候，陕北话说“务裔”。如：“务裔娃娃可不是件容易事”“好不容易把你务裔大”。

【送汤】

孩子生下 3 天后，要吃“展腰面”，酬谢为产妇帮忙的人。产后七八天，亲戚朋友前来产妇家里探望，曰“打听”；前去探望时携带鸡蛋、挂面等礼物，称“送汤”。坐月子期间产妇以吃杂面、扁豆米汤、白馍、羊肉等为主。以前人们生活贫困，送汤往往送上几大把自己擀的又细又薄的长杂面，或自己家母鸡下的几个鸡蛋。在孩子满月的时候，主人家要把送过汤的人全部请来，设宴招待。送汤的习俗，可以加深人们之间的相互联系和往来。

【喜帖】

生男育女是人生大事，人们皆预先做好准备。在陕北谁家生孩子了，就在家门、大门、土神、碾磨等显眼关键处贴“喜帖”，这种讲究是由古代生男“弄璋之喜”、生女“弄瓦之喜”演变而来的。典出《诗经·小雅》：“乃生男子，载寝之床，衎衣之裳，载弄之璋……乃生女子，载寝之地，载衣之裼，载弄之瓦。”“璋”是玉器，旧时上圆下方之玉曰“圭”，圭的一半曰“璋”。“瓦”为织布小纺锤。“弄璋之喜”是给男孩子璋玩，寄希望于出人头地。“弄瓦之喜”是给女孩子瓦玩，寄希望勤劳能织，自食其力。陕北农村也有类似的习俗，婴儿生下后，绥德、米脂、子洲、清涧一带，生下男孩，门前悬挂一把高粱秆做的弓箭或剪个宝葫芦；生下女孩，门上挂几绺五色布条或剪朵荷花。似乎是祝愿男孩早日成人，弯弓持箭，建立功勋；女孩早日成人，缝新补旧，操持家务。这个习俗由来已久，《礼记》载，生了男孩，“设弧与门左”，生了女孩，“设帨于门右”。后简化在门或窗户上贴喜帖，生男贴 10 厘米见方红纸块“◇”，生女贴“□”的形状。喜帖相当于一张喜报，通报邻里，主人有添丁之喜，是男是女一目了然，在农耕文明交通、通信落后的条件下，这不失为信息传递的一种便捷方式。其次是告示，这家主人有产妇幼婴，故广而告之，有礼尚往来的可来道喜，没有往来的也得注意，生产生活不弄出大的响动，保护妇幼。最后是警示，非直系亲属成年男子一律不得入内，传说违者要冲时运，一般人自会望而却步，这样自然减少人流，保证了月房卫生，又会减少哺乳时不必要的尴尬等，可谓思考周全、设计科学。这说明任何民间习俗，自有其道理。它是民间构建生存秩序的一种努力，简单以封建迷信而论，既无根据，又违人道，可惜这样的民间习俗在陕北也日渐式微。

【月地】

陕北称刚生完孩子的第一个月为“月地”，指月子。1 个月以内，产妇蒙头盖面，坐在炕头，以免中风，叫“坐月子”。月地婆姨指产妇，月地娃娃指未满月的婴儿。对于刚生完孩子的产妇月子期间也有很多禁忌，比如，不能洗头洗澡，不能吃冷东西，等等。

【板脑】

陕北有让婴儿睡“板脑”的风俗，特别是男娃，刚生下来后让他枕黑豆布袋子，甚至枕木板，追求后脑勺扁平的效果。后脑勺扁平，像平板砖一样，就是“板脑”，是美的象征，会得到夸奖。串门子婆姨说，“睡好了，板菜菜价的个好小子。不然，成了‘前崩颅，后马勺’，大里媳妇子也问不过。”

这种风俗可能与龟兹人有关。《大唐西域记》，其俗生子以木押头，欲其遍递也。原来，在早年间龟兹国的贵族们，为了显示自己的高贵身份，想出了一个怪招：用木片，箍住婴儿脑袋，把额头和后脑勺压平，这样小孩长大以后，就有了一个区别于普通人的脑袋。于是在龟兹国，只要走在大街上，见到扁平脑袋的人，肯定是一个当地的贵族。受此影响，越来越多的龟兹人，竞相模仿，纷纷以扁头为美、为贵。龟兹人曾与陕北人杂居生活，陕北人难免会受其审美观念影响。

【做满月】

满月，指婴儿出生后满一个月。为孩子办满月酒，即“做满月”，是陕北极为重视的习俗。陕北人比较重视头胎，不管生的是男是女，都叫“头首首”。头胎皆做满月，二、三胎一般不做满月，只有连生几个女孩，生下男孩者才做满月宴请宾客。旧时做满月，一般孩子的祖母、姑姨等要送上蒸熟的面鱼、面石榴、面花篮等。后来亲朋好友及送汤者带小儿衣、帽、布或玩具等物，到主人家吃喜糕，长者给小儿颈上佩戴五色丝线，名曰“戴锁”，希望婴儿平平安安长大成人。满月后，女婿给守月子的岳母一件衣服酬谢。

【百晬儿】

婴儿出生百日，古代成为“百晬”。民间以长命百岁为吉祥语，遂传为“百岁”。从前，婴儿出生后一百天内死亡率较高，如果能平安度过百日，便有了长大成人的希望。人们把“百天”视为一个路标，此前的担惊受怕暂告一段落；人们又把“百天”看作一个起点，对婴儿的未来充满信心。因此，在这一天，家人要请客庆贺。姥姥、舅妈、姨姨、妗子等都要来送礼，比较亲近的乡邻朋友也来祝贺，称过百晬儿，即婴儿出生百天庆贺。《清涧县志·社会风土》：“小儿亦有百天时过百晬儿者。”张俊谊《榆林风情录·人生礼仪篇》：“婴儿长到一百天，俗称过百晬，全家吃喜糕庆贺。”

【保锁】

若小孩多病难抚养，或父母格外看重，便找一多子夫妻或艺人来“保锁”（意为“保命”），即给孩子脖子上戴一把五色丝线并栓一道神符，保佑孩子无灾无难、健康成长，俗称“保锁”。因当地人讲究不过12虚岁人的魂不全，故需要用“锁儿”来保佑孩子顺利成长。有的小孩特别难抚养，则直接寄养到庙上，到12虚岁时，要去庙里还愿、献牲。

旧时一般要选择人品好的说书盲艺人作为认亲对象，因为陕北人相信盲人眼睛看不见，可以通神灵，加上说书艺人经常活跃在各地庙会等请神敬神的场所，从事请神安神的工作，所以人们愿意相信盲艺人能保住孩子的性命。但是选盲艺人也有讲究，一般都愿意找刘姓或者赵姓等艺人，取谐音“留下”“罩住”的吉利之意，而都不愿意找吴姓、黄姓等艺人。小孩称说书人为干大，或者认亲的夫妻为“干大（干爸）”“干妈”。干大、干妈每逢小孩生日均来祝贺，给小孩戴“锁”、购置衣物。12虚岁开锁，小孩父母须赠“保锁人”一套衣服及一些钱币，至此保锁结束。此后，凡13、25、37、49虚岁的“本命年”（即“保命年”），民间讲究腰系红带，避免见棺材。“锁”在陕北方言中除了指金属的锁具外，儿化后特指用于小儿生辰礼仪的物品。所谓的“锁儿”实际上是一束红线，上面系着纸币、铜钱、顶针之类。迷信的说法是，红线可将小儿的命系在阳世。

"锁儿"一般是周岁时开始戴，到虚岁 12 岁时止，称"脱锁"或"圆锁"。

从保锁这一古老习俗我们可以看出，在缺医少药的年代，幼儿得病难以医治，人们把幼儿的生死存亡全部寄托于神灵身上，祈求神灵和众人的福分保佑孩子长大成人。

【过关】

在陕北绥德、米脂、子洲一带，有小儿"过关"的习俗。据说，在 12 岁之前，小孩的灵魂并不是完全依附的，有时会游离出去，谓之"关煞"，必须举行过关才能除掉。儿童不分性别，在三岁时通过第一关，六岁时通过第二关，九岁时通过第三关。这三关后，到十二岁解关，又叫"灿关""完关"。过关仪式一般选在每年农历三月三、四月八等大型庙会上举行，其中以在"娘娘庙""祖师庙"居多，由此可知应该是受道教文化影响的结果。庙会当日，家里逢三、六、九岁的孩子通常被大人带至庙会进行过关。

过关仪式大致是：在寺庙的空地上，设置一个关口，包括一个小木阁楼，上面有一块牌位和供奉神灵的东西，一个铡刀放置关前，两道黄表纸封住关口，上面写着"跳出鬼门关、打开金锁路"。通关前，一位道士架起祭坛，手摇铜铃，口中喃喃低语，直到念完 36 道通关词和 72 条关厄词，才用一只红公鸡引路，后跟腰间系着草绳、肩上扛着弓箭的孩子从通关门口爬出，爬过铡刀，阴阳叫着孩子的名字、父母亲应着"回来啦"，铡刀"咔嚓"声落，快速斩断孩子腰间系的草绳。过后，父母将孩子接回家，给吃点点心，发一道破关驱煞符，仪式至此宣告结束。

黄土高原人以避恶为主的诸多民间习俗活动，是历代黄土高原人利用巫术手段与邪祟、疾病、虫害做斗争的一种方式，所蕴含的入世精神与保护人类生命的意识、意义是深层的。陕北方言中有关出生、养育的方言语汇，透出旧时的陕北生产力水平低下，人们生育率和存活率均不高的历史现实，也显示了陕北人看重人丁兴旺、多子多福的婚育文化和传统思想。

第二节 陕北方言语汇与生日诞辰

陕北人的诞辰纪念日，是人生中每年一次的一个重要纪念日。12 岁以前称"过晬"，13 岁到 60 岁以下称"过生日"，而 60 岁以后就叫"祝寿、过寿、贺寿、庆寿、寿辰”等。13岁到60岁之间的人很少大张旗鼓地过生日，甚至大部分人选择不过。所以，实际上过生日的是两种人，小孩过生和老人过寿。

一、小孩过生

【过晬儿】

晬：周年。又特指婴儿周岁。

陕北人称为小儿过一至十一周岁的生日为“过晬儿”。《吴堡县志·社会志》：“小孩……满周岁，家里及亲眷祝贺一番，谓之‘过晬儿’。”《清涧县志·社会风土》：“过晬儿时，孩子由祖母背抱，在村中沿门乞讨，称之吃百家饭。”12岁之前的生日叫“过晬儿”，第一个生日叫“头晬儿”，12虚岁时的生日叫“圆晬儿”。

“晬”，本来指一个周期，如《灵枢经·寿夭刚柔》：“（棉絮、布）等并内酒中……五日五夜，出布棉絮，曝干之，干复渍，以尽其汁。每渍必晬其日，乃出干。”后引申指周岁，特指婴儿满周岁或满月、满百日，这一用法在唐代时就已出现。如唐代韩愈《中大夫陕府左司马李公墓志铭》：“岌为蜀州晋原尉，生公，未晬以卒。”陕北方言中，小孩的前几个生日都可以叫“晬儿”，过了12岁以后，则不能再称“晬儿”，只能说“生儿”。神木习俗孩子长至周岁，家人常以油糕粉汤（取“高升”“长命”意）请客同贺，此后每至生日，都要吃好的。

【抓周】

婴儿出生满一年，称“周晬”，现在统称“周岁”。周岁当天，除请客祝贺外，还举行一项“抓周”活动。抓周，又称“试儿”“试周”“撞生日”，是一个极为古老的习俗，在南北朝时颜之推的《颜氏家训》中已有详细记载。陕北对于小孩儿的第一个生日比较重视，要举行“抓周”仪式，以预测孩子未来的发展。“抓周”一般都在酒席后进行，家人备书、笔、针线、钱币、算盘、小农具等，放小儿身边，让小儿信手去抓。有些地方，如横山、米脂也称“抓晬”。有些地方又叫“试晬”或者“晬盘”，即婴儿满周岁时，从盘中抓物，以测验他将来的志向。以前活动目的是预测小孩性情、志趣和前程，现在成了渲染喜庆气氛的一种形式。另外，周岁时，姥姥、姨姨、姑姑都要给孩子送“兽鞋”，这种鞋一般都是手工缝制，鞋面绣有虎头等祥瑞兽头，祝愿孩子早点学会走路的意思。送鞋一般送单数，忌送偶数。

【圆晬】

陕北把孩子12岁的生日称为“圆晬”。即孩子长到12岁，就算长大成人了，因此12岁的生日比较隆重。圆晬时吃喜糕，尤其要请保锁的干爹干妈解锁，并酬谢12年间的关照。

二、老人过寿

在陕北地区，老人上了60岁后就可以做寿，家境好的举行“拜寿”仪式，尤以80岁最为隆重，称为“贺八十”。祝寿之前，由家人议定，长子负责筹备安排，买食品，蒸寿桃，书写寿联，邀请至亲好友。是日，亲友欢聚一堂，家中高搭寿棚，老人披红挂彩，接受大家的贺拜。宾客皆有贺礼，称“寿礼”。其中也有送匾额的，上书“德高望重”“x世同堂”“光前裕后”等字样，以彰寿者功德，又叫“挂匾”。旧时富有之家常在祝寿期间雇请吹鼓手、和尚、道士为寿者“还寿金”，作水陆道场（俗称“活道场”），耗资甚多。

【祝寿】【拜寿】【贺寿】

“祝寿”，是陕北使用面积最广的表做寿的词语。这一词语早在唐代时就已产生，如唐杜牧《春日言怀寄虢州李常侍十韵》：“无计披清裁，唯持祝寿觞。”宋以后仍一直使用，如宋代范仲淹《窦谏议录》：“父子图禹钧像，日夕供养，晨兴祝寿。”“祝寿”又称“贺寿”。从文献资料来看，“贺寿”一词在南北朝已有用例，如南朝宋代范晔《后汉书·礼仪志中》：“三公升阶上殿，贺寿万岁。因大赦天下。”在神木一带，又有“拜寿”的习俗。这一词语在宋代文献中已有用例，如宋代梅尧臣《送李庭老归河阳》诗：“时平独往还，拜寿觞屡举。”

祝寿活动由子女、晚辈出面举行，自己并不主动做。但父母在世，即使上了百岁也不能做寿，因我国有句古话叫“尊亲在，不言老”。每逢十（如60、70、80、90、100）则叫“做大寿”，非大寿一般都不请亲戚朋友前来参加，只是家人们团聚在一次简单庆贺一番，比方说，吃一两顿好饭，给老人买个带有寿字的蛋糕、寿酒及老人爱好的象征物品等。做大寿，一般都是有官职、比较富裕的人家，他们照样杀猪宰羊，响吹细打，海待人客，摆席设酒，如同过喜事那么隆重，较有讲究的人家提前还给亲戚朋友发送请帖。

【上寿】

定边等地，还有上寿之俗，即把新置寿材放置庭堂，让老人穿上寿衣接受儿孙叩拜，并设宴招待。有的还坐在寿材前拍照，可谓豁达大度，知死亡不可避免，也不甚恐惧。洛川也有此俗，名曰“贺木”，即为年迈父母预制棺木。《洛川县志》：“将成，通知女婿、外甥约期合木，称‘亲盖房’。届期，亲邻以鸡酒来贺木，筵款一、二日。”

【寿桃】

传说天宫王母娘娘有一种树叫“蟠桃树”，它枝蔓伸延三千万里，三千年一开花，三千年一结果，结出的果实叫“蟠桃”，因为在天间，又称“仙桃”，吃了能长寿。所以，陕北给老人祝寿时用面蒸和蟠桃相似的面桃，俗称“寿桃”。凡接到请帖或口头邀请去参加“祝寿”的亲戚朋友，没有特殊情况者都要按时参加，并要准备寿礼，否则会失礼的。寿礼的范围很广，最常见的有寿桃、寿糕（米糕或蛋糕）、寿面、寿酒、寿联、寿幛等，此物并非全部，只备一两样即可。现在有的根据自己的情况适当地给些钱。

【寿堂】

主办庆贺寿辰活动的人家，预先在家要搭建寿棚或者设立“寿堂”，寿堂的中央设寿星老人之位，并贴用红纸或彩绸剪成的大红“寿”字，两边张贴寿联，有的只挂一个“寿”字的中堂，寿堂前点红寿烛、摆寿桃、挂寿幛、设拜垫。另外，还必须选一两名寿星的子孙辈站在门口代表寿星迎接每一位客人，接受礼品。

【长寿饸饹】

陕北人家不分贫富贵贱，不管男女老少过生日、祝寿总得吃一顿长面条，俗称“长寿面”。一般用饸饹代替面条，又称“长寿饸饹”。

陕北方言中有关生日诞辰的常用语汇，可以看出，陕北人尊老的观念，这是中华民族“孝”文化内涵在生活中的具体体现。陕北人给小孩过生日，代表了对下一代生命的希冀。给老人过寿则是孝文化的具体行为规范，尊老爱幼、爱老慈幼是陕北黄土高原人朴素的伦理道德观。

第三节　陕北方言婚俗词与婚姻习俗

婚姻自古以来为世人所重视，负载着丰富的社会文化内涵，婚俗是人生礼仪中至关重要的组成部分。《礼记·昏义》曰：“昏礼者，将合二姓之好，上以事宗庙，而下以继后世也，故君子重之。”婚俗作为礼乐教化之本，与地方民族伦理、等级制度、社会秩序等历史发展因素密切相关。早在周朝，中国就确立了纳采、问名、纳吉、纳徵、请期、亲迎，这是古代婚姻程序的“六礼”。陕北的婚俗与古代“六礼”程序大致相合，但又有所不同。这些特征反映在语言上，就是陕北特有的婚俗用语，通过这些方言语汇，我们可以窥见陕北社会的价值观和文化心理。这些词在本书中称为“婚俗词”，包括与婚姻过程、婚姻观念、婚姻制度和婚姻习俗有关的词。

一、婚前习俗

婚前习俗指为了“结婚”而开始着手准备的一切事宜，包括请媒人、相亲等。

【冰公】

陕北人把给人牵线搭桥介绍婚事的人称为冰公、媒人、媒婆儿、媒婆子、说媒的、介绍人、扇板等。其中“冰公”用于婚礼或书面记录中，是尊称。“冰公”的语义来源于“冰人”。《书言故事·媒妁类》记载：“媒曰冰人。”由此可知，古人把媒人又叫作“冰人”。据考，用“冰人”代指媒人与古代士子娶亲的时间有关。古代士子娶亲一般都选在冰雪未融化时的仲春二月。因为古人认为这段时间正是阴阳交接之际，阳气刚开始萌生，阴气正渐渐消退，万物即将发育蓬勃生长，所以在这期间成婚不但合乎阴阳之道，更符合大自然万物生长的规律。冰融后繁忙的农事劳动即将启动，因此过了这一时期就不适宜举行婚礼了。《诗经·邶风·匏有苦叶》中“雍雍鸣雁，旭日始旦。士如归妻，迨冰未泮”之句，说明先秦时期婚嫁时间一般选在冰未消融之时。唐代房玄龄等《晋书·索紞传》：“孝廉令狐策梦立冰上，与冰下人语。紞曰：‘冰上为阳，冰下为阴，阴阳事也。士如归妻，迨冰未泮，婚姻事也。君在冰上与冰下人语，为阳语阴，媒介事也。君当为人作媒，冰泮而婚成。’”这段话讲的是晋人索紞为人解梦的事情，晋朝时有一个当孝廉的官员令狐策。有一天，他梦见自己站在冰上，跟冰下面的人说话。于是，他找索紞来解梦，索紞说：“冰上属于阳，冰下属于阴，所以冰上冰下对话就是有关阴阳之事。按《诗经》上说士子如果要娶妻，赶在冰未化开时。梦见冰就是有关婚姻的事，您又站在冰上与冰下的人交谈，这就代表了阴与阳发生了关系，那应该是做媒之类的事情了。这样看来，您将会替人做媒，而且在冰未解冻时，这门亲事便会谈成了。”因为有这么个故事，后来就把媒人称作“冰人”了。

陕北方言中的“冰公”是一种敬称。如上所述，“冰”可代指媒人，“公”为后缀。“公”本义平分，《说文解字·八部》：“公，平分也，从八从厶。”一般与“私”相对，“公”还可以在地名或姓氏后面表示尊称或官位，如“上公”“沛公”“冯公”等。不但如此，“公”还可以表示从事某类职业的人，如“艄公”“园公”“端公”等。“端公”就是衙役，即在衙门服役的人；“艄公”就是掌舵的人，泛指船夫；“园公”是掌管照料园林的人。这里的“公”类似表职业的名词后缀，其中“艄公”一词在今陕北口语中仍在使用。由此可知，在陕北，“公”仍然保留有近代汉语中其作为职业名词后缀的用法。因此，可附着在表示媒妁之意的“冰”后，构成“冰公”。“冰公”是一个比较古雅的词，属尊称。在有讲究的人家的婚礼和礼薄上“媒人”都写作“冰公”，也有写成“冰工”“宾贡”“禀公”的，均属于音讹所致。《清涧县志·社会风土》记载：“双方家长愿成亲时，互送八字单儿（庚帖），大婚相‘合’，请冰公（媒人）正式提亲。”张俊谊《榆林风情录·人生礼仪篇》：“一般先拜冰工（媒人），再拜房头、婆家、后拜亲朋。”在陕北的婚礼上，一般会有致谢词，首先致谢的就是“冰公”。

【媒人】【媒婆儿】【媒婆子】

与“冰公”用于庄重场合敬称相对应，陕北人口语中一般说“媒人”，在有的地方也将媒人称“媒婆儿”或“媒婆子”。“媒人”一词产生较早，早在魏晋时期，“媒人”即有用例，如《古诗·为焦仲卿妻作》：“阿母白媒人：‘贫贱有此女，始适还家门。不堪吏人妇，岂合令郎君？’”“媒”本有“媒人”的意思，《诗经·豳风·伐柯》：“取妻如何？匪媒不得。”后在双音化的过程中，与“人”构成双音节词“媒人”。从陕北方言表“人”类的词汇系统来看，“人”也是类词缀，类似词除“媒人”外，还有“匠人”“新人”“外路人”等。

“媒婆”的用例则要晚很多，目前所见最早的用例是在南宋，例如宋话本《快嘴李翠莲》：“翠莲说罢，恼的媒婆一点酒也没，一道烟先进去了，也不管他下轿，也不管他拜堂。”元明以后用例增多，例如，元代陶宗仪《南村辍耕录》卷十“三姑六婆”条：“三姑者：尼姑、道姑、卦姑也；六婆者：牙婆、媒婆、师婆、虔婆、药婆、稳婆也。”明代兰陵笑笑生《金瓶梅词话》第七回：“薛媒婆说娶孟三儿，杨姑娘气骂张四舅。”现在陕北人也有把媒人称为“说媒的”“介绍人”。“说媒的”是“的”字短语表职业、身份，是陕北方言构词中普遍存在的表人结构，如铁匠说“铸铁的”、锢漏匠也说“补锅的”、迎亲客说“引人的”等。“介绍人”同“媒人”的构词方式相同，“人”也是大类名。不同于“媒人”的是，“介绍人”不仅仅指媒人，凡是起沟通介绍作用的都可以称之为介绍人，如，入党介绍人、贷款介绍人、业务介绍人等等。

【扇板】

“扇板”是榆林横山、靖边一带特有的词语。“扇板”本为扇火用具，用来指代媒人则含有贬义色彩。这跟以往的婚俗和媒人的社会地位、口碑有关。在新中国成立之前，陕北地区的婚姻都讲究的“父母之命、媒妁之言”，许多青年男女在结婚之前是互不了解的，全听媒人一张嘴。有些媒人为了钱财，故意隐瞒男方的弊端和不足，造成了许多女子的悲剧。这一悲剧在陕北民歌中有大量体现。霍向贵主编的《陕北民歌大全》收录了一首主题为《骂媒人》的定边民歌："倒灶鬼媒人两头头扇，我大我妈耳朵软，不怨那爹来不怨娘，单怨媒人猪嘴巴长。白菜股股豆芽根，烧酒到了一半斤；白面馍馍虚蓬蓬，媒人吃上害臌症。喝上媒酒害嗓癀，吃上媒饭沤断肠。"① 曹世玉主编的《绥德文库·民歌卷》中收录有绥德山曲《我骂那媒人不是人》："不怨公来不怨婆，单怨媒人龟呀龟子孙。走的呀媒路来害脚疮，吃了媒酒害嗓癀。戴的呀媒帽呀先生疮，穿了媒衣生呀生疥疮。不怨亲来不怨邻，单怨媒人呀不是人。"②

除上述两则专门骂媒人的民歌外，还有许多陕北民歌里提到媒人时都含着不满和怨恨的情绪，如"倒灶鬼媒人心眼瞎，给我寻了个儿婆家"直接说媒人品德坏，"瞎"在陕北方言中为形容词，指"坏"的程度深。"媒婆子害人没深浅，把奴家闪在个阎王殿"等。这些民歌，都是陕北女子对自己不幸婚姻的控诉，控诉造成其婚姻悲剧的罪魁祸首——媒人。正是在这种情况下，"扇板"一词用以指代媒人的用法就产生了，其词义着眼在于媒人两头跑、用不符合实际的言语对女方家庭进行游说蛊惑。也正因为此，专门从事做媒专业的人家在陕北的社会地位是很低的，旧社会讲究门当户对的时候，一般人家都不愿与其结亲。

综上所述，陕北方言中与普通话"媒人"对应的共有7条词，"冰公"适用于庄重正式的场合，其他词则更多用于日常口语；"扇板"则具有贬义色彩。从历史层次上来看，"冰公""媒婆""媒人"属于古语词，"媒婆子""媒婆儿""介绍人""说媒的"则属于现代汉语词汇，"扇板"是地方方言新造词。

【择亲】

自古以来，陕北的婚姻程序都遵循着"六礼"——纳采、问名、纳吉、纳徵、请期、亲迎，包含了从择亲到合卺的全部礼节过程。

陕北的择亲是婚姻的前奏，也称提亲、求亲、相亲、保媒，相当于六礼中的"纳采"和"问名"。一般是男方父母委托媒人到女方家求婚。如果女方看中男方，请人到他家求婚，称为"攀亲"或"倒说媒"，由于怕被男方拒绝有碍女方声誉，一般都不声张，只暗地里进行。择亲讲究门当户对，俗语说"门相当，户相对，金稻黍芯芯挠脊背"。择亲还有三个需要重视的事项，一是重视"门色"，择亲前会暗地里打听对方本人或者所在家族是否有狐臭。民俗意义上的狐臭又称"门事""门第""门病""门色"。二重视"门风"。即家人的为人处世情况，人气正不正。三重视"八字"，即择亲对象出生的年月日，是否有"犯月"或与一方相克，俗语说"男犯妻家三十六，女犯婆家一世穷"。陕北婚

① 霍向贵. 陕北民歌大全［M］. 西安：陕西人民出版社，2006：663.

② 曹世玉. 绥德文库［M］. 北京：中国文史出版社，2004：265.

姻把妗子做婆婆的称为“倒问骨血”，不被看好，姨姑作婆也不被提倡，民间俗语流传“姨姨作婆，刀剪相磨”，“姑姑作婆，一世不和”。这显示出陕北人在婚姻、生育观上，非常重视优育。严格恪守近亲不婚的信条，表兄妹结婚也极少。除了各地大姓之外，稀有姓氏同姓不通婚。霍姓不算罕见姓氏，但仍有“天下霍家不分户”的说法，至今仍恪守霍姓不互婚的风俗。

【合八字】

在择亲时取得男女双方的出生年、月、日时请阴阳先生“合八字”，审查男女双方阴阳命相是否相合，有无克忌，生肖是否犯冲，民间有“白马怕青牛，兔龙泪交流，蛇虎如刀错，猪狗不到头”一类的俗语，这项内容相当于六礼中的“问名”。

【换帖】

男女双方八字相合后，两家即互换庚帖，男女方分别写明各自的姓名、生辰、籍贯以及曾祖父母、祖父母、父母三代姓氏，至此，亲事才算初步定下来。

陕北地区，在换帖时，男方还要赠送女方金银首饰、衣料钱物等礼品。换帖这一婚俗相当于六礼中“纳吉”的前一部分内容，来源相当久远。《东京梦华录·娶妇》载：“凡娶妇者，先起草帖子，两家允许，然后起细帖子，序三代名讳，议亲人有服亲田产官职之类。”帖子按照男左女右的格式，写下男女姓名、出生年月、出生地、三代祖先姓名，可见古人对婚姻文书的重视。南宋吴自牧在其《梦粱录·嫁娶》中对这一婚俗也做了详细记述，当时称这种婚俗为“过细贴”或“过定贴”。尽管数百年过去了，但是大部分内容还保留在“换庚”的婚姻程序中。

【看家】

在具备订婚条件的情况下，男女方两家还要“相亲”，又叫“相门户”“看家”，即男女两家由媒人从中联系，约定见面时间，议定婚事成否。一般是媒人带女方去男方家里，意在看一下男方经济实力、家庭条件。

【裹亲布】

定亲时男方向女方所赠的布匹，为彩礼的一部分，取意缠在一起，永不分离。张俊谊《榆林风情录·人生礼仪篇》：“所谓一份礼，清末是 24 块银元，现在是 240 元人民币，四斗米麦，十丈裹亲布（或两床铺盖）。”

【对象】

古时婚姻大权掌握在双方家长手中，往往是由双方父母或者长辈根据对方门第家境、聘礼陪嫁等条件决定女儿的婚姻大事，男女当事人没有多大发言权。现在“相亲”主角早已变为男女当事人，“相亲”的意义在于双方家长互认亲家。男女双方利用“相亲”，面对面接触和交谈，进一步加深了解，看对方是否中意。男女双方初次见面时一般都由媒人引见，两人面对面而坐，互相窥视对方的外表形貌、言行举止，这就是“对象——对相”一词的由来。

陕北方言中有关婚前习俗的语汇反映了陕北人在择亲时看重门户和人品的风俗文化，这也是中华民族“门当户对”文化观念的地方性表现，看重对方人品，则说明陕北人在生活中重视责任、道德、品行的道德观和社会价值观。

二、婚礼习俗

陕北地处偏僻，人口稀少，一个村里一年也碰不上几件喜事，所以，一旦有结婚的事情，便会倾尽所有大办，这也是平时寂静落寞的小村庄难得的“红火”日子。结婚这一天的礼节、习俗、讲究也最多。

【接路】

迎亲当日，男方迎亲队伍一大早就出发，到达女方家后，无论时间早晚，都要先吃早饭，再吃午饭。吃完午饭，娶亲队伍向男方家进发，沿途遇村即吹乐，以示庆贺。轿到男方家村口，老者手端盘子，盘内放两碟菜一壶酒，在路口恭候，由媒人代表大家喝一杯酒，叫作“接路”。

【冲帐】

新婚男女入洞房前，须请吹手进去张号，即吹长号，叫“冲帐”。

【撒帐】

冲帐仪式后，开始“撒帐”。由一亲人老者，手端一碗小钱、五谷边撒边唱，“一撒东方甲乙木，二撒南方丙丁火，三撒西方庚辛金，四撒北方壬癸水，五撒中央戊己土。金谷留根长一埂，一撒来一功，二撒云儿来，再拜悬空。命里相合撮两合，喊一声惊天动地，尽在福禄中，天无忌，地无忌，姜太公在此，百无禁忌”。

【引婆姨】

《镇川志·民俗篇》：“迎亲仪式称‘引媳妇’，也叫办‘红事’极为隆重。”

在陕北方言中，“引”是一个意义非常丰富的词语，本身就可以表示迎娶。

“引”可以表示“带”的意思，例如，神木山曲《半夜哥哥引上你走达旗》：“你大你妈要不愿意，半夜里哥哥引上你走达旗。”歇后语：“引上猫儿沟里饮了——闲得来来”（把猫儿领到河里喝水，闲得慌）。

“引”还可以表示“照看”，例如，准备让婆婆过来引娃娃，个人上班呀（准备让孩子的外婆看孩子，自己去上班）。

“引”表“娶亲”，娶媳妇说“引婆姨”，迎亲的人叫“引人的”，迎亲女人叫“引人婆姨”。陕北民歌和童谣俗语中，“引”的“娶亲”意思经常出现，“引”有时候也写作“迎”，例如，《绥德文库·小寡妇上坟》：“十三上定亲十四上迎，十五上守寡到如今（十三岁订婚十四岁娶，十五岁守寡到现在）。”陕北民歌《兰花花》：“正月里说媒二月里定，三月里交大钱四月里迎（正月里说媒二月订婚，三月里交彩礼，四月里娶）。”陕北童谣：“红的绿的粉粉的，沟里下来些迎人的，迎谁家，迎马家，马家是家好人家。”

《镇川志·教育文卫篇》：“迎媳妇儿捣得埋人鼓——响声不对（娶亲打的是丧事的鼓点，节奏不对）。”《清涧县志·社会风土》：“姑不引，姨不送，姐姐引的人样俊，妗子引的黑枣棍（姑妈不能迎亲，姨妈不能送亲，姐姐迎娶的弟媳妇长得漂亮，舅妈迎娶的面色发黑如枣木棍。”）

陕北方言中“媳妇”不是指自己的妻子，而是指儿子的妻子，故“娶媳妇”“引媳妇”一般都指的是给儿子娶亲；给自己娶妻，用“引婆姨”或“娶婆姨”。陕北七十多岁的老人说过去他们那辈人把“婆姨”和“媳妇儿”分得很清楚，现在的年轻人都“乱叫开了”。“媳妇”一词，在宋代就已出现用例，最初的意思为“儿子的妻子”，如宋代孟元老《东京梦华录·娶妇》：“凡娶媳妇，先起草帖子，两家允许，然起细帖子。”陕北方言“媳妇儿”“媳妇子”即同此义。可见，陕北方言是一种比较古老的语言。

在陕北方言中，“老婆”指年老的已婚妇女；“婆姨”泛指妇女，表已婚妇女时，倾向表中年已婚妇女；“媳妇”的另外一个含义是年轻的已婚妇女。

【过事情】

陕北称宴请为“过事情”，事读 sì，意同“过事”。举办的一方叫“事主”，参加宴请的行为称“赶事情”或“行门户”。行门户的着重点在“行礼”上，即为主家送一定数额的红包钱款。

路遥《平凡的世界》第三部第十四章：“秀莲把孙玉亭策划的‘政治活动’说成了‘过事情’——就像农村办婚嫁喜事一样。”张史杰《陕北春秋》五：“谁家‘办事情’肉块大，喝醉了几个人，人们往往说‘事情’过好了。”

【帐房窑】

陕北方言中，新人结婚时的洞房叫“帐房窑”“帐房”。“帐”，本意为床帐，指围于床上方的幕帐。《释名·释床帐》：“帐，张也，张施于床上也。小帐曰斗，形如覆斗也。”据学者考证，“帐”有婚房之意当与北方匈奴婚礼的“青庐”有关，并提到汉族的“百子帐”、宋代的“登虚帐”都源于此。“青庐”，青布搭成的帐篷，古代北方民族举行婚礼时用。《玉台新咏·古诗为焦仲卿妻作》：“其日牛马嘶，新妇入青庐。”至晚唐，于屋内置帐以婚的习俗已形成，从陕北的历史发展看，将洞房称作“帐房（窑）”与古匈奴族婚俗有关。陕北婚俗中的“冲帐”“坐帐”“撒帐”等词语都是洞房作为“帐”而产生的衍生词。在陕北“坐帐”又称“背圪崂”，童谣有：“哇呜哇，咚咚擦，新媳妇回来背坐下。”“撒帐”撒的是麦叶、小钱、五谷，边撒边唱，主要是用来驱邪的。

“帐房”本已可指洞房，但因陕北当地都是穴居窑洞，故方言中又在后面加上表处所的“窑”构成新的偏正式词语“帐房窑”，同“帐房”。“帐房窑”一般都要精心打扮收拾过才好，最起码也得贴上几幅“窑顶花”和“坐帐花”，多贴“蛇盘兔”“鱼儿戏莲花”“多子葫芦”等，除了生殖崇拜还有富贵信仰，如当地信仰属相“合婚”之说，认为属蛇的和属兔的最般配，俗语：“若要富，蛇盘兔。”

【上头】【并头】【结发】

在陕北方言中，“上头”为结发之礼，在陕北民俗中是非常讲究的。首先是实施“上头”的人必须是福禄双全的人，且命相、属相等与新郎新娘相配方可，一般为引人婆姨，在有些地方为姑夫或姐夫客。一般是将新娘头发梳在新郎头上。其次是上头时，要唱“上头”歌，如《延川县志·风俗》：“一木梳青丝云遮月，二木梳两人喜结缘。三木梳夫妇常和气，四木梳四季保平安。新女婿好像杨宗保，新媳妇好像穆桂英。荞麦根儿，玉米芯儿，一个看见一个亲。养小子，要好的，穿长衫子戴顶子；养女子，要巧的，石榴牡丹冒铰的。双双核桃双双枣，双双儿女满炕跑。天作良缘配好的，夫妻恩爱一辈子。”

在靖边、横山一带，“上头”又叫“并头”。“并”，本指并排，早在五代时就已经产生，字面意思是头挨着头，比喻男女好合，如前蜀的牛峤《菩萨蛮》词之二：“赢得一场愁，鸳衾谁并头?”在今陕北方言中，“并头”即指在婚礼中男女并排坐，将头发梳并在一起的结发仪式。《靖边县志·风俗宗教志》：“女傧将新郎新娘的头发并在一起梳理，叫‘并头’。”在神木、榆林一带，“上头”已经被“结发”取代。《神木县志·社会志》：“抵家之先，‘龙头’须提前返回报讯（俗称‘打前站’），及彩轿进门，香案已设庭院正方。先由新郎拜祭天地，次请新娘‘握宝’（将裹有银元或首饰之类的红布包递于新娘手中），然后由新郎婶、嫂相搀下轿扶至洞房炕隅（亦有送戚兄长直接背、抱者），揭去红绫盖头，将男女发辫搭于一处执梳三通，名之‘结发’（一些地方在门槛处进行，俗称‘拦门上头’），最后面向吉方炕桌灯斗背坐，称‘背灯斗’。”《榆林市志·社会风俗志》：“随后新郎用插在米斗上系五色线、绸的箭挑去新娘‘盖头’，新娘开箱取梳妆品，与新郎背靠背而坐，再由一‘守新人’老妇将新娘发辫搭新郎肩上，用木梳为双方梳理，谓‘结发’。”

【压四角】

“压四角”是陕北婚俗，也称“踩四角”，联姻的人在交拜后，引人婆姨和送人婆姨进洞房把事先准备好的红枣、花生、桂圆、莲子压在四个炕角，寓意“早生贵子”，这一仪式称作“压四角”。有的地区是婆婆反穿皮袄拄擀杖，在洞房内炕角处置放枣、花生、桂圆、瓜子等果脯，口中还朗朗上口念着吉庆话：“双双花生双双枣，双双儿女满炕跑；养小子要好的，穿蟒袍戴顶子；养女子是巧的，石榴牡丹冒铰的：五男二女也不少，七子团圆更加好。”新人新婚夜将这些有象征意义的食物吃掉，寓意早生贵子。

【坐席】

坐席不是席地而坐，而是大家坐在一起吃宴席。出嫁女子娶媳妇被称为是红事，是喜事，老人寿终正寝也是喜事，所以白事也会办得像红事一样热闹，红白喜事上客人们都要坐席。

坐席是一件很隆重的事情，陕北人过事情，不管要持续几天，要在一起吃几顿饭，其中只有一顿饭需要坐席，就是新娘子刚刚引回到婆家的这一段饭，是喜事的高潮，也是坐席的开始。主事的早有安排，上什么菜喝什么酒，哪个客人坐哪一个席面，都有专人招呼。具体到每一个席面，自然是老人坐主位，年轻人坐陪席。坐席一般吃八碗或者十三花（十三种花样菜），四四席（每道四个菜，共上十六个菜）。最隆重的是吃添席，即八碗过后，再加上一碗炖猪肉，让爱吃肥肉的客人吃个够。添席是一件费钱的事情，一般没有，除非光景极好又好名声的人才会过添席，当然，添席之后，主人的名声绝对远近闻名，连吃过添席的客人都会觉得无比荣幸。

坐席总是让人向往和留恋的，因为不管添不添席，热闹的气氛都不会少。百十号人坐在五六孔窑洞中或者一大处窑院里，吹手鼓乐声阵阵高亢，划拳猜令声此起彼伏，庄户人辛苦劳作一辈子，钟鸣鼎食有几回？所以，陕北高原上的人们没有不喜欢坐席的。

陕北方言中有关婚礼仪式等的专用语汇，是古代婚姻“六礼”礼俗的体现和规范，陕北人通过婚姻大事，加强亲属间联合增进社会关系的功能，也凸显出陕北长期以来在婚俗上受游牧民族影响的地域文化特色。

三、婚后习俗

【回门】

新娘从娘家嫁到婆家，称为“进门”；由婆家再回娘家，则叫作“回门”。回门的时间一般在婚后的第二天。回门时，由男方女方一起回岳父母家。男方用回箱羊、小白馍、肉方等回赠女方，两块“离母糕”必不可少。离母糕每块长约2尺，宽约1尺，厚1寸，四个角和中央皆放一颗红枣，两块离母糕至少得用5公斤糕面。旧俗嫁女之日一般女方不吃糕，男方要吃糕。回门后，女方将离母糕，切成小片用油炸后招待亲朋好友。

回门时，男方要酬谢媒人，一般送一颗大猪头，女方也要酬谢媒人，一般送一件羊胛子，所以俗语有“好了猪头羊胛子，不好了磨棍碾夹子”之说。

“回门”时，女方派一长者引着新女婿，逐户拜访女方亲族的长辈及平辈，为以后的交往打下基础。回门的婚俗，对于出嫁后的女儿来说，意味着婚后不会忘记父母的养育之恩。对于女婿来说，除了感谢岳父母，还有会见女方亲友的交际意义，也就是认亲。

回门第二日，小两口返回家里。此后，新娘就得参与家务，成了家庭的一员。

【对七对八】

女子新婚后，先在婆家住上八天，之后，娘家便派人请女儿回娘家，住满七天之后，方才回去，俗称“对七对八”。民间流传新婚讲究“对七对八，富了娘家富婆家”。

【知生】

婚后新娘的第一个生日，岳母特地赶来为新娘庆贺，这叫知生。一说是娘家为了让婆家知晓，女儿在娘家时生日是怎么过的，以后让婆家的人好照此做。知生时双方亲家畅叙儿女幼年小事。男方需要给岳母一件衣服酬谢知生之劳。清涧知生时娘家须赠蒸面篮一对，面鱼12个。洛川叫“记生”，还要带一只红公鸡，否则，据说女儿的灵魂一辈子都在娘家。

婚后的“回门”和“对七对八”习俗展现了陕北人“永远不忘父母恩”的孝文化观念和实际行动表达。

第四节 陕北方言丧俗词与丧葬习俗

丧葬是生者向死者表达哀思的方式。黄河流域的远古先民，很早就相信灵魂的存在与不灭，认为人死后即过渡到另一个世界，因此，丧葬成为社会生活中的要事。在丧葬方面，陕北有“轻生重死”的倾向，即使是再穷的人家，都会很讲究坟地和葬礼，逐渐形成了形形色色、神秘隆重的仪式和完整的葬制，相当一部分传统流传至今，产生了很大一批与丧葬有关的具有地方特色的方言词语，可以大致窥出当地的丧葬礼俗。

一、陕北方言语汇与“死亡”忌语

禁忌是任何民族都有的一种文化现象，它导致各种文化心理，体现在语言交际中，形成禁忌语言。“死”字作为死亡的总称，产生于殷商时期，出现在甲骨文中。就一个人生命的开始和结束而言，无论他是谁，无论他的社会地位如何，只要他的生命结束了，理论上应该可以用“死亡”指称。但是，作为文化的载体，语言绝不是一条平静的河流，任何一种文化观念都会掀起语言河流的波澜，从而产生丰富的语言文化表达。这种语言现象是基于文化中的避忌心理所产生的，鲜明地体现了汉民族文化的特质——人文性。

亲朋好友去世后，陕北也忌讳在与死者有亲密关系的人面前，直接用“死”谈论死者，而是用一些禁忌语去指称，用别的词语委婉表达去世的含义，以下是常见几例。

【老瞌】【老克】【老去】

这组词都是指老年人去世的，发音也都发 lǎo kè 。“老”在陕北方言中不仅可以指年龄大、肉或食物等熟过度，还可用作老年人“死”的婉称，这一意义在魏晋时就产生了，并一直沿用至今。汉乐府《古诗为焦仲卿妻作》：“今若遣此妇，终老不复取。”如唐·子兰《城上吟》：“古冢密于草，新坟侵官道。城外无闲地，城中人又老。”“老去”中的“去”在陕北方音中读入声“ke”，故又写成“老客”“老刻”“老克”“老磕”“老瞌”等，如《延安市志·风俗志》：“老客，义死了。”《靖边县志·方言志》：“老克，享尽天年而卒。”《横山县志·社会志》：“老磕了，也说‘殁了’，指人死了。”《志丹县志·社会志》：“老瞌了，老人去世。”甘泉、吴堡县志中也写作“老瞌”。其实，这些字实际上都是“去”的同音替代字。乔建中先生在《国乐今说·陕西榆林丧仪活动琐忆》中说道：“榆林把人死了叫‘老瞌’，意思是永远地睡了；另一种意思是‘老去’（榆林方言“去”为“ke”声），即‘老去了’。”结合历史文献的用例情况来看，本书同意乔建中先生的第二种解释，即“老去”为本词。据文献记载，早在元代时，“老去”就可以婉称死亡，如元代房皞《思隐》：“情知老去无多日，且向闲中过几年。”

“老去”和“老”都是婉称，指老人去世，但就词语的感情意义而言，二者不同：“老去”有戏谑的成分在。“老”更多时候含有庄重悲凉的感情。

【殁下了】

陕北方言中有关“死”的说法有很多种，有讳称，也有詈语。最常用的通行词是“殁”。这是一个非常古老的词，早在先秦时候就有用例，如《国语·方言》：“管仲殁矣，多谗在侧。”《史记·屈原贾生列传》：“伯乐既殁兮，骥将焉程兮?”这种用法一直延续到近代汉语中，今陕北方言中“殁”的意义同上述例句。陕北人更多称去世为“人殁下（ha）了”。

【没包起】【没抱起】【没裹起】

这一组词都是讳称婴儿夭折的词语，指的是小孩一生下来就没有成活。“包”和“裹”“抱”同义。“裹”，是接生小儿的动作，“没裹起”即指小孩儿生下来就没成活。

二、陕北方言丧俗词与丧葬习俗

陕北丧葬礼仪大致分为丧、殡、葬、祭四个阶段。其中“丧”是哀悼死者的礼仪，殡是停放灵柩，葬是处理死者遗体的方式，祭是对死者的追悼。葬，就是掩埋死者的遗体，即棺木入土。各地的葬仪大同小异，陕北地区普遍的葬式是木棺土葬，但依据死者的年龄、死因不同也有其他葬法。过去一般情况下，五岁以下幼儿夭折，不掩埋，只请一年长老者用干草裹之送到荒野，类似“天葬”。人们认为人在未满十二岁之前“魂魄”不全，因此不举行葬礼。而年满十二岁的未婚男子不幸死亡后需要举行阴婚，即先暂掩埋，称“便埋”，等到某一未婚女子也不幸夭亡后，一块合葬，举行“冥婚仪式”，若最终没有等到冥婚对象，就用一个银人或一把香代替进行合葬。相应的未婚女子亡后也不设女坟，而是请他人进行冥婚埋葬，当然，根据科学的眼光看，这是一种陋习，现在这一习俗已经不多见。年老之人寿终正寝，称为“顺心老人”，隆重埋葬。埋葬时又有单埋和合并之分。单埋就是夫妇双方亡故一人或有其他原因不能合葬，暂时厝埋，一般不入老坟；合并是夫妇双亡，同葬一穴，取其生而同床，死而同穴之义。本地群众重视合并，认为把“老人扶上山”（即埋葬了）还未了结心事，只有将亡父母合葬一处，才算完成做人子的义务。

可见陕北丧葬礼仪是有严格规定的。本书把丧、殡、葬三个阶段统称为丧葬习俗，和祭仪文化分别加以阐述。陕北丧葬文化比起其他地方更加程序繁杂，礼仪众多，这些习俗均留存于陕北方言词语之中。

【贺材】

贺材，庆贺老人寿材制就。陕北当地有“贺材”的习俗，一般是给高寿的老人准备的，按照当地风俗讲是“棺材做成了，以示庆贺”。《志丹县志》：“贺材，也叫站材。是指老人寿木（棺材）做成，主家备酒席，请亲邻庆贺，酬谢匠人。”一般会选在老人 70 岁或者 80 岁大寿的当天，由儿女或者后辈为老人提前准备好棺材，并让其老人亲眼细看。陕北说书艺术家张俊功老先生过寿时就有寿贺材的情景。棺材是张俊功的几十个徒弟集资合买的，拉来的时候棺材上盖着大红的丝绸背面，很是喜庆。没有人忌讳这是死人要用的东西，老人们还都羡慕张俊功的好福气。贺材的民俗现象体现了陕北人乐观豁达的生死观。

【木头】【寿材】【寿头】

在陕北方言中，“木头”的意义不同于普通话，这里的“头”不读轻声读阳平，指的是棺材。普通话的“木头”，陕北方言用“木植”来表示。陕北方言中“木头”保留有“木”，是最古老的意义，即“棺椁”义，后缀“头”的添加并没有改变“木”指“棺椁”的古义。“木”指棺材，早在先秦时候就有用例。《礼记·檀弓下》：“原壤登木曰：‘久矣予之不托于音也。’”郑玄注：“木，椁材也。”《左传·僖公二十三年》：“如是而嫁，则就木焉。”其中的“就木”是“死”的婉称，“木”指的就是棺材。成语“行将就木”中的“木”即为此义。陕北方言中“木”的“棺材”意思一直保留，故加上名词后缀“头”后仍然表棺材。

除“木头”外，陕北有些地方还称棺材为“寿材”“寿木”或“寿头”。

死者棺材也颇讲究。俗话说“活者要床好铺盖，死者要有好棺材”。寿木多为杜梨木、柳、杨等木，柏木、松木为上，不用椿木，少用榆木。讲究者多将棺材漆画。

【老衣】

老人病危时，儿女亲人们要准备好“老衣”，即“寿衣”。儿女要在老人身边守护，在老人咽气前将寿衣穿好，一方面，是由于担心死者去世后身体僵硬不便更换寿衣；另一方面，亲人们认为如果没穿寿衣就死，是光身子上路的，会觉得内心遗憾和愧疚，这是陕北人风俗礼仪中的讲究。寿衣料子宜用绸子，谐音“稠子”，忌用缎子（断子）缎子。寿衣的颜色宜用鲜艳的大红、大紫之色，忌黑色和灰色，意为后世红红火火，老衣件数用单数忌用双数，唯恐死亡的凶祸再次降临。老衣有褥、被、袄、裤，也有袍子，重铺不重盖，被子只能一床，褥子不限。

【口含钱】

口含钱，也叫“盛含”，是殡葬前置于死者口中的银元、铜钱或硬币等金属货币，有的地方衔金、衔银、衔玉，是传统“饭含礼”的遗留。为死者口中放钱物，目的是不让死者空嘴离去。司马光在《书仪》中说：“古者饭用贝，弗忍虚也。今用钱，犹古用贝也。钱多既不足贵，又口所不容，朱玉则更为盗贼之招，故但用三钱而已。”

【岁数纸】【倒头纸】

死者去世当天，家属会在门口的墙上挂一摞订好的与死者年龄相同的麻纸，叫“岁数纸”或“倒头纸”。《陕北文化概览》曾记载：“人死后由邻居老妪用白麻纸剪成条条，每条代表一岁，扎成一撮挂在门上叫岁数纸。”

【指明路】

指明路，即为死者指明去向道路。《清涧县志·社会风土》载：“孝子着孝服，女儿手执系镜之尺为前导，长子端水碗举火把紧跟，其他随行，朝墓地方向嚎哭，百步之外，焚香烧纸，倒水扔火把，止哭而归，称之送终或指明路。”这一风俗的目的是引导逝者归于新的安身之处，为其指明去墓穴的道路，以免沦为孤魂野鬼。有的地方孝子用一碗凉水，碗上放点燃的一炷香，到坡上顺大路烧黄表纸，边泼水，边呼叫亡者的名字：“走明路，别走黑路，顺顺走，别回头!”

【打狗饼】

亡人刚去世时，由孝子捏十个生面饼，面棒数个，用麻线串为两串，分别系在亡人两手腕上。也叫打狗饼或打狗棒。据说，死者进入阴曹地府时，必须用打狗饼来分散守门人的注意力，才能安全地进入冥界。

【拜路】

拜路是丧礼过程中，娘家人在前来吊丧或丧毕归去之时，孝子跪在马路两旁迎接舅舅的习俗。陕北人普遍认为娘舅地位尊贵，在家族事宜中具有无上权威，俗语有“吃水不忘挖井人，叩头行礼接娘亲”“娘舅大于天”等。

【入殓】

入殓意思是将死者装入棺材。又叫“入棺”“入木”“落材”，入殓又有大殓、小敛之分。小敛是为亡者穿衣，大殓是将亡者入棺，为了“以俟其生”，先举行小敛仪式后进行大殓。大殓时棺底铺白纸、黄纸，并摆北斗七星图案、撒柏树叶等，也有的地方放入七枚铜钱代替北斗七星。孝子、娘舅家为死者整衣冠，头、手脚、穿戴都得一一摆正，然后用丝麻、棉花填实。儿女瞻仰遗容，阴阳在棺内置镇物用来“防邪避妖”，用罗盘吊线后订上棺盖。

【灵棚】

灵棚是为停放棺材而建的棚屋。传说灵魂怕光，灵柩忌讳置于日光底下，所以要建灵棚。灵棚的大小取决于院子的大小。灵棚两侧有楹联，正中放置死者的灵位，上面刻有死者的逝世时间、挂有死者生前照片，写有孝子名字等。灵棚里摆设各种祭品，点长明灯。孝子招呼来吊孝者，每遇到亲朋来祭吊，孝子均要跪守灵棚，孝子定时焚香烧纸，祭奠亡者，晚上需整夜守灵。

【吊唁】

吊唁是对死者歌功颂德、抒后人怀念之情的仪式。

开吊前一天，约客。这天总管、办事人员、礼生、远路客人都已到位。开吊日，亲戚朋友、近族本家陆续携带香纸祭礼和献品前来吊唁亡者。吊唁者到灵前为亡者烧纸、叩头，孝子陪伴，有司仪给吊唁者各敬一方孝布。礼生大多由二至四名见过世面的老者担任，个个肃穆庄严，按部就班，指导孝男孝女叩头、烧香、哭灵、祭奠，行三跪九叩之大礼。其中一圪礼生负责宣读祭文。

【哭丧】

哭丧贯穿于整个丧葬仪式的始终，是陕北丧葬礼仪的必要环节。民间习俗认为，孝子孝女丧事上必须痛哭，否则便是不孝之举。哭丧者会根据自己身份和与死者的关系，唱哭丧歌，以表达对死者的思念，哭唱者多为女性亲属。前来参加葬礼的邻居乡亲，会暗地里对哭丧一事在背后评论。现在的陕北农村，有一种专业哭丧人，被孝顺的儿孙们花钱请去，这些专业哭丧人，声泪俱下，边哭边诉，往往会引得在场观看的人悄然落泪。

【上话】

“上话”在出殡前一日晚上举行。“上话”前，孝男孝女全部跪于娘舅面前，由其中一人陈述死者死因及葬礼情况，交代死者所用棺材质地好坏、是否及时穿寿衣、有无遗嘱等情况。娘舅中的长者对孝子孝女的丧礼行为进行评价。如果娘舅家人认为葬礼合格，孝子孝顺，就会对此事进行表扬夸赞。如果认为有失礼节，或对孝子的行为不满，就会严厉训斥，叫“抖亏欠”。孝男孝女们得恭恭敬敬地听，有时甚至多次叩头，连连哀告，请求娘舅家谅解。上话是对孝子的夸赞和不孝之子鞭挞的机会，是尊重娘舅的表现，所以不孝之子非常害怕上话。

【打殃单】

人亡后，要到阴阳先生家中去打殃单。所谓殃单是阴阳先生根据死者的年龄、死亡的时辰等，决定埋葬的日期或所需的镇物等，另外还要查看“山空”与否，只有“山空”，死者才能直接进老坟，“恸哭声”，如若不空，就要先找其他处暂埋，等“山空”有位置时重新安葬。打殃单回来时禁忌带上殃单乱走串，必须迅速带回家，盖在亡人脸上。请阴阳先生的过程相当严肃庄重，来人见阴阳先生先行磕头大礼（整个丧事过程中，每次见阴阳先生，孝子都要磕头）。在陕北丧礼中，阴阳起着重要的作用，所有的禁忌和重要的程序，都要由阴阳来安排，他是整个事件的“指挥者”，扮演着不可或缺的“导演”角色。

【顺灵】

顺灵一般在上话后举行。在吹鼓手张号的同时，有人把亡人的牌位掀动一下，意思是告知亡魂，一切祭仪均已完成，明日起即可出殡。

【撒路灯】

撒路灯仪式于出殡前一天晚上举行，家属在通往墓地的道路两旁为死者散布灯火。过去，路灯是玉米芯蘸油或用麻纸球泡油做成。每隔七八步放置几个灯，一个人手拿火把依次点亮前面的人沿途放置的灯。孝子在吹手的引导下，有条不紊地边撒边向坟茔走去，一路上灯光闪烁，烟雾袅袅，哭声幽咽，给人以凄凉悲哀之感。这一丧俗又被称作“过金桥”，意为使亡人在归阴途中，不迷路，并一直走于金桥之上。

【引魂幡】

引魂杆也叫引魂幡，迎幡，幡上有一长弓，弓上置鹤头，下有璎珞，璎珞是各色花纸，由阴阳先生手工制作。出殡途中孝子或孝孙拿举，持杖者必须是长子或长孙，这是丧礼仪式中最醒目的象征。引魂幡由纸鹤头和彩色纸幡组成。仙鹤被看作是死者去天堂的坐骑，引魂幡的作用是将死者的灵魂从世间引向仙界，实现生命的延续。在丧葬习俗中，引魂幡体现了陕北大众认为灵魂不死的生命意识和希望死者永生的美好愿望。

【纸火】

纸火是民间纸扎艺人用高粱秆等做骨架，糊上纸，然后染画而成的工艺品。纸火多为一院窑洞，有院，有墙，有碾，有磨，有大门，有小门，有金童玉女，有金斗银斗，俨然是一户人家。有大院、小院之分。大院五孔窑洞，还可有厢房，小院只有三孔窑洞。这是民间艺人的杰作，做工细致，绘画精巧。人们多烧此物祭奠亡灵，纸火式样很多，也有做引路菩萨和开路小鬼的。近年来，还有烧纸扎电冰箱、电视机、洗衣机、小汽车的。纸火做好后，孝男孝女们如同迎幡一样，把纸火迎到灵前，给亡人祭奠，供活人欣赏。

【出殡】

出殡是送棺材去墓地的过程。

出殡时，先是长子（或长孙）扛着引魂幡在前面走，接着是亡人的牌位、棺木，而后是鼓乐、纸火，孝男孝女排成两行，拄着哭丧棒，扯着一条长长的白布，哭哭啼啼缓缓而行。这块白布是拴在棺材上的，是古代“执绋之礼”的遗存。此时，灵棚已拆掉，硷畔上打一堆篝火，烧掉岁数纸和亡人生前的枕头穰子，所过之处，家家户户都燃一堆篝火，一缕缕青烟，袅袅上升，村庄里笼罩着一片悲哀肃穆的气氛。点篝火之意是为死者送一片光明，让其灵魂尽快升天；为生者禳灾祛害，求平平安安。

【起殃】

埋葬前，灵棚上的楹联、纸吊都要撕掉并焚烧，祭祀所用五谷贡品需提前装篮，和阴阳先生写有字的墓砖、瓦片等一起拿到墓地。时辰一到，开始“起殃”，阴阳先生根据死者的生辰八字和死亡时间来判断“殃”的方向。除了阴阳先生之外，其他人都逆向而行，避免灾祸。“遭殃”一词的由来应该与此习俗有关。

有的地方起殃时，人畜均要离开院子，室内撒上石灰，避过一定的时辰，然后才能回家。其目的是为了避邪，实则可以起到消毒的作用。

【炝葬】【下葬】

下葬前，阴阳先生在坟山上，用铁勺盛少许油，用篝火烧热后放两块油糕进行煎炸，并手拿铁勺在墓内走一圈，这一动作称作“炝葬”。

然后把棺材抬入渗坑（即墓道），推入墓窑，阴阳用罗盘定方位，把棺木放正。然后放置墓砖、墓瓦、祭食罐（罐内装小米饭，由孝子每人装一勺而盛满）、万年灯、五谷、五星石、竹弓、柳箭、柏橛、桃木橛等镇物，安排就绪后，用干草把脚印扫净，盖上基石。这时将引魂幡的杆子插在墓石中间空隙处，一人持引魂幡，不停转动，其余人将墓用土填住，最后填土起堆。坟堆起好后，阴阳先生手摇铜铃，口唱招魂曲，用石板或砖块在坟头安放供桌。至此，下葬仪式完成。

【收头】

出殡前祭奠后，举行收头仪式。孝子夫妇跪在灵前，由孝子岳父为其“抬眼”，即揭开遮挡于眼前的孝帽，然后将一条黑色的手帕搭在他们的肩上。这是因为过去办丧事时，孝子披头散发，极端悲哀，所以，在丧事快要结束时，由岳父家收头，劝其节哀。并将其头上的孝布收裹，以示安慰。

有的地方“收头”意味着“结孝”，表示死者已经入土为安，丧葬仪式已经结束，参加葬礼的所有孝子及宾客可以脱去孝衣孝帽，收藏起来。

【洒扫】

死者入土为安后的第三日或者当日傍晚，阴阳先生要到死者生前的家里来举行“洒扫”。这是一个古老的驱鬼仪式，因为丧葬是一个阴阳交汇的过程，其间家里的各种活动，都与死亡有关，只有把阴气尽除，才能恢复正常。“洒扫”是阴阳先生在整个丧事过程中的最后一个步骤，他带领家人，手摇铜铃，口诵经文，持生铁五谷，在屋内转悠，家属们跟从其后，手持菜刀或斧头，提着水壶，在经过的每一个门槛上象征性地砍一下，对丧葬用品制作或供奉的地方、身穿孝服去过的地方进行洒扫。以此驱除鬼神，确保家人健康平安，这样一套程序完毕，意即窑洞里、庭院里恢复正常。

丧葬文化是中华民族几千年文化文明的一部分，涵盖了儒、道、佛三教的思想。在中华民族漫长的历史长河中涌现、演化和积累的丧葬习俗，不仅形式复杂多样，而且蕴含着深厚的历史文化内涵。围绕死者进行的各种丧葬活动直接或间接地反映了社会的方方面面，与人们的生死观、伦理观、民族观和生活方式紧密相连。在陕北人的观念当中，葬礼的隆重程度能够反映孝子孝顺程度，可以说是人们各种生活礼仪活动中最隆重、最烦琐的仪式。陕北民间重视丧葬礼仪，体现了浓厚的孝道思想；也反映了陕北人追求灵魂不朽的生命意识。陕北丧葬礼仪也很好地体现了中国传统的“孝”文化，也显现出陕北人对生命的重视和尊重。

三、陕北方言语汇与祭仪文化

陕北祭祀礼仪分为葬礼期间的祭祀和安葬之后的追思祭祀两个阶段。

【侑食】

侑食，又称“游食”，即劝食，是生者对死者进行的食祭仪式，在开吊的第二日举行。早期，“侑食”的意思是就是劝食。《周礼·天官·膳夫》：“以乐侑食，膳夫授祭。”汉代郑玄注：“侑，犹劝也。”后来，这个词更多地用于祭祀——给神祖供食。侑食时，孝子等亲属按照长幼亲疏顺序依次跪在灵柩面前，由吹鼓手在前方引路，其后跟随一个巫婆之类的人，一手扶举托盘，一手拿着绢扇，在亲属人群中边走边舞。其所走路线不是随意无章，而是有规律讲究的。时而走“天地牌子”步调，时而走“四门斗底”“十二镰刀”舞步，简单的步调就是走辫蒜辫，这类舞蹈类似秧歌步伐，是一种灵前秧歌舞。

侑食的祭品种类繁多，可达七八十种，包含茶三盏、酒三盅、瓜果、糕点、肉食等。祭品不仅种类多，而且构思巧妙，制作精细，既是食品，又是工艺品。横山祭品主要是用白面做就，瓜果蔬菜，色彩鲜艳，鲜嫩逼真。

“侑食”这个词儿，在普通话里，已被弃入语言冷宫。它早就含有的“祭仪”词义，也被忽略不计。但是，它始终活跃在民间，至今不衰。陕北的“侑食”，就是给死去的长辈献上丰盛的食物。对于黄土高原上的死者来说，这最后一顿“饭”，才是他这一辈子最美的一顿饭。

【摆灯山】

于出殡前一日晚上举行摆灯山仪式。用一个高桌子当底座，上面依次放上方斗和升子、合升等器具，形成宝塔状，再将萝卜制成的灯放在每层的四个角上，或用蜡烛为灯。点着灯后，和尚正襟危坐，诵读经卷，木鱼声声，佛鼓人耳，超度亡魂。

【复三】

殡葬后第三日，孝男孝女上坟山，先把哭丧棒插到坟上安好祭桌，然后烧香焚纸，予以祭奠，这叫“复三”。俗话说：“若要富，雨洒墓。”殡葬后，恰好下了雨，那是富贵的预兆。如果未下雨，复三时得向墓洒水，以求吉利。

【烧七】

也叫烧七数纸。死者亡后每一个七日，孝子都要上坟祭奠，七七四十九天，方才结束。有的地方要过十个七。其中一七称“头七”，三七又称“散七”，过“五七”较为隆重，前一天晚上要在河滩烧夜纸，近亲亲属当天都要上坟祭祀。最后一个七日，也叫“尽七”“满七”。

【周年】

死者亡后整一年，称“周年”。俗有“长周年，短百日”的说法，即周年长一点，过了忌日再祭奠；百日短一点，九十七八天就可以祭奠。

“复三”“烧七日”“周年”相继过后，不再有特殊的忌日，对死者的祭奠也改为每年固定节日的上坟，大概一年三次，分别在清明时节举新火时；农历七月十五尝新谷时；农历十月一日送寒衣时。除此之外，元旦和冬至又常常有人进行祭奠。如此这样，家人与死者，隔着坟墓，通过祭祀长期保持“联系”，寄托着他们无尽的哀思。

在自古以来就是礼仪之邦的中国，孝悌观念是中华传统文化中各种道德的基础，也是伦理模式的体现和道德价值的要求。衡量“孝道”的普遍标准之一就是子女对父母的“养葬”态度。无论生前是否孝顺父母，民俗对葬礼都有严格的要求，礼孝观念贯穿于丧礼的全过程。纵观陕北的丧葬习俗，孝悌观念主要有两个方面的体现：一是表达子女失去亲人的悲痛。二是表现子女对父母来世的关爱。

作为地方性非物质文化遗产的方言，处于文化的底层，“因此它在表现和承载地方民俗文化方面具有得天独厚的优势”①。总之，在陕北地区的各类生活习俗中，丧葬礼俗表现得最为复杂和隆重，“从葬礼程序上看，仪式内涵丰富、形式多样，礼节周全严谨，人情的浓郁是其他任何活动都无法相比的，体现着一种崇尚文化的葬礼习俗”②。通过这些用陕北方言词汇描述的程序，我们也可以深刻感受到陕北人孝道观念的传承和发展，以及贯穿在丧葬礼仪始终的“慎终追远”的思想。

---

① 赵顶灵. 方言中的民俗文化——以桂林方言为例［J］. 群文天地，2011（6）.

② 吕静. 陕北文化研究［M］. 上海：学林出版社，2005：92.

第五章　陕北方言语汇与精神文化习俗

第一节　陕北方言与民间信仰

人类的文化生态系统与自然界中的法则相同，生态系统的平衡依靠的是生物的多样性，同理，健康的文化生态也应由不同的文化类型组成。多元文化在一个文化生态中共生共存，相互影响，彼此制约，共同维护文化生态的稳定发展。人们日常生活中的民间信仰是一种“草根”文化，是人们认识世界的一种愿景，在文化生态这个大系统中，民间信仰随处可见其踪迹，中国民俗学家吴炳安先生认为，在已认定的所有非物质文化遗产中，“世界上三分之二左右的项目都与巫术及民间信仰有关”①，民间信仰是传统文化不可或缺的组成部分。在陕北黄土高原，人们“敬鬼神而远之”，相信存在“鬼神”等另外一个世界在监视人类的言行，故而约定俗成了许多生活禁忌，以起到规范言行的作用，产生了一系列与民间信仰有关的术语和活动，反映着人们趋吉避凶的心理和对大自然天地神灵的崇拜。

一、民间信仰活动主体

【阴阳】

陕北民间信仰之风较盛，民国《佳县志·风俗》载“民俗迷信鬼神，惑于巫觋，许愿祈福，习以为常”②。由于陕北盛行土葬，阴阳作为一种职业有巨大的生存空间。阴阳，也被称为“平士”，是沟通生者与死者的中间人。出于敬畏和尊重，陕北人在称呼阴阳时通常在姓后加“师”字，称他们为“X 师”，如

---

① 乌丙安. 中国民间信仰［M］. 上海：上海人民出版社，1995：28.

② 佳县地方志. 佳县志［M］. 西安：陕西旅游出版社，2008：401.

“李师”“张师”等。阴阳虽然表面被人尊重和抬举，但是背后却被人看不起，尤其是在谈婚论嫁时，人们通常不愿意与阴阳的后代结亲，在“门当户对”的理念下，阴阳被算在下九流之中，普遍由于“门头”不高而遭嫌弃。

很多阴阳都是家族传承，学做阴阳要具备三种特质。第一就是要识字，俗话说“秀才学阴阳，一拨拉就转”，意即若有一定的文化基础，学起阴阳的知识来可以说易如反掌。第二个特质就是手要灵巧，掌握一些基本的纸扎技术纸扎活，因为在丧葬活动中，阴阳需要制作引魂幡、纸吊子等手工活。第三方面是要胆大，不能面对死者自己先吓破胆。阴阳虽是家族代传，但从事这一行业一般不超过三代，原因是有民间俗语流传“走在人前吃在后，十个龟子九个臭。阴阳先生定风水，不过三代断了后”。阴阳家族自己为了避讳这一点，三代之后大多数后人不再做阴阳，而是转行做别的事情。

【书匠】

陕北人称说书艺人为“书匠”，书匠平时走街串巷说书谋生之余，从事的第二职业便是“保锁、算卦、请神还愿”等。在第二职业范围内，书匠充当着和阴阳类似的角色，那就是沟通人神。

书匠在庙会上举行请神安神仪式时，会遵循传统默念《请神经》。在过去，只有会“请神”的书匠才会被认为是好书匠。《请神经》由师徒间口耳相传，忌讳外传，因此书匠请神时通常是闭口默念，旁人无法听清，更不能记录。

人们在丧葬大事上请阴阳，在还口愿这种小事中不会去找阴阳，而是请书匠举行谢神仪式。所以，阴阳和书匠的分工职责是非常明确的。

二、民间信仰活动仪式

“中国民间信仰主要是指俗神信仰，就是说，是非宗教信仰。这种信仰在中国具有悠久的历史，而且比佛教信仰和道德信仰更具有民间的特色。中国民间的俗神信仰的一个典型特征，就是把传统信仰的神灵和各种宗教的神灵进行反复筛选、淘汰、组合，构成一个杂乱的神灵信仰体系。”① 人们不问诸神本源，只要神仙“灵验”就香火兴盛，反映了中国世俗信仰的多样性和实用性。因此，中国民间信仰具有多教共存、众神崇拜的特点。

陕北民间信仰是指陕北人对神、鬼的信仰和对祖先灵魂不灭的意念，通过庙会、年祭、家祭等象征体系表现出来，在陕北民间广泛流传。这种文化现象本身具有双重性：一方面与原始巫术和万物有灵论的遗存十分相似，与人们的

---

① 乌丙安. 中国民间信仰［M］. 上海：上海人民出版社，1995：299.

世俗生活密不可分；另一方面，它们又类似宗教现象，但对于绝大多数陕北人而言，“宗教是一种助力体系而非归宿体系，不需要全然的精神皈依”①。陕北的神灵杂而多。对于黄土地上的人们而言，所信之神无所谓相互抵触，不是信一个就不能信另一个。有关民间信仰活动中的牌位上经常写着“天地三界十方万灵”“供奉天地十方秀灵之位”。此外，陕北方言中还有大量与民间信仰活动有关的专业术语，下面选取几项分别解释。

【看日子】

看日子，是根据古代黄历或者请阴阳为生活中重要的事情选定吉日。

陕北人喜欢在举办“大事”之前找人“看日子”。搬迁新居、婚丧嫁娶、修窑盖房等大事发生之前都要挑选一圪“黄道吉日”，以求好运。在建房之前的“动土”仪式上，更是要请阴阳根据宅基地坐字看山是否“空”，即太岁不在此位，可破土；如若太岁正在此位，即“山不空”，则不可动土，因为“太岁头上动土必遭大祸”。也有人通过查老黄历自己看日子，由于老黄历上对“宜做”的事情解释较多，所以俗话说：“识字不识字，专挑长行子。”此外相传“腊月二十四，阴阳家言，此后数日诸神朝天，百无禁忌，民间嫁娶甚多”。民间认为腊月二十四以后，诸神都上天汇报工作去了，百无禁忌，所以在陕北，年终的时候结婚者较多。

【谢土】【安土神】

谢土也叫献土、安土神，是陕北民间为保家宅平安而祭祀家神“土地爷”的专门仪式。

陕北人在三种情况下会请阴阳来“谢土”：第一种情况是新窑建好后感谢土神，祈求土神保佑家宅平安。第二种情况是，埋葬死者后，请求土神福佑祖先。第三则是家里有人突然生病或者晚上家里“响动”（怪声），就认为土神不在位了，需要请阴阳来家中举行“安土神”仪式。

地神虽是神格低的小神，但在陕北民间信仰中占有举足轻重的重要地位，显然是受农耕文明的影响。陕北人相信古人说的“人非土不立，非谷不食”，所以在箍窑时，专门在窑腿的位置，也就是窑门的两侧，事先挖出两个左右对称的小洞，做神龛专门用来供奉土神和天地神，讲究“西土神，东天地”，祈求家宅院落的兴旺平安。

当第三种情况家中有异响出现时，主人着手计划请阴阳来“安土神”。事先

① 张鸣. 乡土心路十八年——中国近代化过程中农民意识的变迁［M］. 西安：陕西人民出版社，2008：182.

阴阳择取吉日，晚间才来，在土神神龛位前摆放祭台、黄表纸吊子、签子等，写好乾天、坎水、艮山、震雷、巽风、离火、坤地、兑泽八个吊对，随后一边摇铃一边念《安土经》，其间不断变换语速和语调，奉请九垒高皇，土公土母土子土孙、家宅灶君、值年太岁等十方神灵等，大多是关于春保安、夏保宁、秋无祸、冬无难的祈祷。

【许口愿】【还口愿】

许口愿是求神护佑自己，使自己的心愿得以实现，而还口愿是自己的心愿实现后兑现许下的诺言，向神致谢。

陕北是个苦地方，数千年来，人们在战乱和天灾的夹缝中苦苦挣扎，医疗条件缺欠和抗灾能力差的曾经，对于天灾人祸的无奈，人们只好乞求神灵保佑和救灾恤患。陕北民歌中有一句："三天见不上哥哥的面，拉上个黑山羊许口愿。"就是一个痴情女子，怕对情哥哥的热恋成空，拉上黑山羊到神前领牲许愿，乞求神灵保佑，能够圆满地走进婚姻殿堂。

在陕北，许口愿常见于方方面面。久旱无雨，就在龙王庙内祈雨许口愿，龙王爷是专管布云司雨的神。久婚不育，就在娘娘庙内祈子许口愿。若如愿以偿，不仅贡献布施，还要拉上或猪或羊去领牲还口愿。若家人久病不愈，到药王庙内祈求灵丹妙药，并许下口愿，病好，即献牲羊还口愿。久考不中，或高考前，拉上山羊到文昌庙内焚香，叩拜，领牲，让文昌星君保佑，能够金榜题名。大龄男女，婚姻大事难以解决，也会拉上山羊到神灵前祈求、领牲，祈盼早日喜结良缘，步入婚姻殿堂。若村舍不宁，村中德高望重者合议后，到祖师或佛祖前祈求，并会用牲猪、牲羊祭祀，希望得到神的庇护，使全村老幼安居乐业。

【领牲】

领牲，是至今保存在陕北乡村的一种祭祀风俗。"牲"本意是"供祭祀用的全牛"，生是声旁。由于甲骨文中兽畜类的形旁往往可以互换，现见最早的形旁从"羊"；金文以后形旁才固定为"牛"。再后来，"牲"泛指供祭祀和食用的各种家畜。所以，领牲是用全牛全羊或全猪祭祀天地诸神、让他们领享供品的一种古老的仪式。领牲时将猪羊牵到神祇前举行领牲仪式，仪式毕，将牲猪、牲羊宰杀，将肉以户为单位分给全村人家吃。

庙会的祭祀活动称为"公祭"。祭祀所用牲羊牲猪或买或者由专人饲养。这种领牲形式是庙会上固定的祭祀仪式。还有一种不确定的领牲仪式，就是因祈雨、因求医、因祈子、因求婚等等，一个村庄或善男信女个体许下口愿，还口愿敬献牲羊、牲猪的领牲仪式。

领牲需挑选一只体形健壮的山羊羯子或牲猪，将其全身打扫干净。拉到庙内神灵前，焚香，叩拜，将奠酒浇在牲羊或牲猪的双耳、四蹄和脊梁上，边浇边许口愿，浇毕，跪等神灵领牲。若牲羊或牲猪，摇头晃脑，浑身抖动，奠酒洒落，意味着牲已经就被神灵享用，献牲人便叩头谢恩。若浇两三次奠酒牲无动于衷，献牲人便开始心情忐忑，忙加祷告直到“牲”被神领。

【家书】【会书】【平安书】

“领牲”是一种较为大型的“还口愿”，多数情况下属于集体行为，而且作为“牺牲”的猪羊等都是一笔大的开支，一般庄户人家不到万不得已或者事出有因，不会轻易个人给神灵许下领牲的口愿。绝大部分的普通百姓人家，都是给神灵许的说书。即向神灵求助时，若得神灵庇佑，达到目的，或者请求神灵帮助结束目前的灾祸及困境，就许愿给神灵说几天书。具体是几天也要看主家的经济水平，因为不仅要负责说书人的吃住，还要支付一定的费用。有的人家在家里设坛还愿，更多的人选择在附近村庄举行庙会时，到庙会上香顺便请说书人帮助“还口愿”。还口愿的场合不同，就有了“会书”和“家书”的区别。

“会书”，即庙会书，演出场所为乡村庙会。“家书”亦称“口愿书”“平安书”，通常在村民家中演唱。“会书”和“家书”是陕北说书的主体形态。

“家书”仪式与“会书”相同，但程序更为复杂。“家书”开始之前首先要设坛，用黄表纸和白麻纸折叠两个牌位，分别写上“奉请 xx 神之神位”和“奉请 x 门三代之灵位”，插入装有黄米的升子或碗内。再将黄表纸和白麻纸折叠，剪成长条插入升子或碗里，称“黄签”和“长签”。然后摆放牌位、水碗、献果等。“家书”仪式中还增加了请灵、参灵、送灵的内容，即在请神、参神、送神之后，增加参请事主三代祖宗的唱词，如“上参过往诸神灵，下参 x 门三代宗。请你请在丰都城，参你参在米粮川。虽然没有神灵位，跟上诸神受香灯”。另外，在“家书”请神、参神仪式中，通常还有叙述许愿和还愿的唱词，交代一下事情的大致经过。

【请神】

请神仪式在庙会当日或者“还口愿”仪式前举行，即请天地三界神明到祭坛接受供养。请神仪式由威望颇高的书匠主持进行。说书人怀抱三弦，在庙会会长或事主的陪同下，来至神像或神灵牌位面前，会长上表焚香，磕头倒酒，书匠单膝跪地叩拜神灵后，拨通三弦，开始说唱。请神的内容较为神秘，据说为了灵验不能为旁人听去。因此，多采用闭口式，即说书人口中喃喃自语，不演奏曲调，只伴节奏，急促连贯，听得见其声，不知其说。但也有个别例外的，下面是笔者采录的一段请神唱词：

上香上香快上香，唤过事主诚心人。上请玉帝灵有殿，童男童女在两边。王母娘娘请出宫，九天玄女随后跟。古佛请出雷音寺，释迦牟尼佛莲花洞。请动南海观世音，药王菩萨也请动。请上八百沙弥子，千千诸佛受香灯……财神爷请上聚宝盆，喜神贵神请出宫。门上请起二门神，锅台上请起李灶君。灶火请起火焰龙，炕上请起亢金龙。前灶上请起风火神，烟洞上请起玄乌龙。窗子上请起姜太公，崄畔上请起太岁神。十方万里诸神都请动，来在坛中受香灯。

请神仪式约持续 10~30 分钟，有详有略。说书人每唱一位神灵，会长不断焚表奠酒。

【参神】

请神仪式之后，举行参神仪式，之后便是说书人说唱大段文书。参神与请神不同，需要在三弦、二胡等乐器伴奏下开口演唱，唱词通常由四句构成，可反复唱。参神开始通常唱："丝弦一响展天堂，参天参地参五方。香焚在炉中蜡点在台，满堂的诸神我们请起来。"接着便按神灵神格的高低大小，一一指名参拜。参神结束时，通常唱："满把黄香炉中焚，七十二位灵神都参动。不干不净多担承，免弟子无罪论古人。"

【安神】

安神仪式在长篇大书说完之后进行，即把神灵暂时安至神位，书匠午饭或稍做休息后接着说下一场书。安神仪式通常紧接书场结束的套语，唱词较简略，如"诚心会长把香点，烧香奠酒安神灵。把大神小神都安定，香烟起来把坛围紧。到了下午用罢饭，弟子庙前再把神敬"。

【送神】

送庙会活动即将结束时举行送神仪式，送神仪式与请神仪式大致相同，都由本届庙会的会长主持仪式并代表信众燃香焚表，说书人单膝跪地，怀抱三弦闭口默唱，恳请诸神返回其本位，继续保佑天下苍生平安。

陕北本地民众的神灵系统融合了儒、释、道的成分，民众养成了见神就敬、无神不敬的泛神崇拜，对天地全神形成了依赖性的社会心理。之所以如此，乃是因为旧时生产力水平相对低下，人们的生活水平也相对低下，民众的基本生活无法得到长期、有效保障，天灾人祸时时在威胁着他们的生计，致使他们感觉世事无常、难以预料，只好借助于无形的神灵保佑以求得心灵的慰藉。

三、民间宗教节日

【庙会】

陕北自古巫风炽盛，民间宗教活动频繁，此外，自然条件恶劣，胡汉长期混居，因为民间神灵信仰具有多样化特征。清代嘉庆本《延安府志》引《通志》云："人勤稼穑，俗尚鬼神。"宋代政治中心南移，延安、榆林沦为边防重镇。战争频仍，士兵出门前祈求神灵保佑；民生困苦，百姓为祈福避灾，城乡建庙修庙之风盛行。民国时期的《横山县志》记载："俗好迷信鬼神，家人患病，动延巫跳神。境内寺庙林立。民人对于公益救济事宜吝惜不解本，独于修葺庙宇、迎佛赛会，反踊跃争先。"清代康熙《延绥镇志》云："城隍庙，在榆林卫街，镇城各营、堡俱有。岁清明、中元、下元迎祭于历坛；八蜡庙，在榆林桥南，岁以秋祀之；上帝庙，在镇城大街正中，后有玉皇阁；大马神庙，在镇城东南山岭；小马神庙，在察院西北，各营、堡俱祀……"榆林不论城镇乡村，各类庙宇星罗棋布，多不胜数。

陕北庙多，庙会也就多，庙会是固定的宗教信仰表现形式。庙会活动期间，人们呼朋引伴，蜂拥而至，庙会宛然乡村节日的盛典。其间商贾云集，贸易频繁，更增加了商品集散的性质。

【浴佛节】

四月八日浴佛节，是陕北的传统民间宗教节日。人们在这一天礼佛、许愿、结缘、祀神、赶庙会，体现了中西文化在民间的有机融合。

浴佛节，又称"浴佛会""龙华会"，俗称"洗袯会"，是我国传统的民间宗教节日，时在农历的四月初八。佛教传说，次日为佛教创始人释迦牟尼的诞辰，当他出生时，九龙吐水为他沐浴。后来每年每逢此日，僧人便有以香水灌洗佛像的仪式，称为"浴佛"，又称"灌佛"。陕北大地在这一日前后普遍举办庙会活动，最有名的规模最盛大的当属佳县的白云山庙会。白云山道观由于明万历十六年（1588 年）神宗皇帝给白云山道观颁发的一道圣旨，亲赐《道藏》4726 卷，从此名声大震。白云山庙会于农历四月初一至初八举行盛大的宗教活动，四面八方信众、商贾云集，大型文化活动纷至沓来。届时万头攒动，香烟缭绕，鼓乐喧天，旌旗翻飞，甚为热闹。游客信众前来的目的除观光旅游之外，更重要的是许愿、酬神、还愿、祈祷平安等。据说，白云山有神路，神路一头连着黄河，一头连着山巅，一行台阶势若天梯。白云山庙会在陕北很有影响，不少民间习俗同白云山庙会的活动有关系。

庙会上既有敬神、朝山等习俗，也有戏剧演出、唢呐吹奏、陕北说书等文化活动，唱小戏的，玩杂要的，紧锣密鼓，百戏杂陈；也有卖字画的，搞展览的，做宣传的五花八门，十分热闹。随着社会经济的发展，庙会已成为休闲旅游、文化娱乐、物资交流的重要平台，绝大多数人赶庙会也是赏景游玩，图个红火热闹。

【牛王会】

陕北榆林横山县每年一度的牛王会，采用了佛教的水陆法会形式，供奉的是“西天古佛”和“牛王菩萨”。

牛与中国文化关系密切，中国的牛文化也深深地渗透在节日文化中。远古的牛崇拜的种种形式，有许多流传下来，成为今天的节日，或节日的象征，或节日活动的主要内容，其中以“牛王节”最为流行。我国古代与牛相关的民间节日很多，分布也很广，与牛崇拜相关的祭祀性节日，节庆名称也各不相同，有牛王会、牛王节、牛神节、祭牛节、牛王诞等等。陕北地区称之为“牛王会”。牛王会既是庄重严肃的祭祀节日，在具体的祭祀活动中，娱乐性节目又精彩纷呈，体现出人神共娱的特点。牛王会在每年的正月十二到十五进行，以榆林市横山县东部地区无定河两岸村庄的“牛王会”为典型代表。据马坊华严寺原存碑记载，早在明朝时期马坊及周边地区的牛王会便极为兴盛。每逢元宵佳节（牛王菩萨圣诞之日），善男信女便自发云集华严寺供奉牛王，之后又逐渐演变成了包括迎神、社火、打醮、转九曲、升幡塔、放赦等一系列活动的祭祀活动。横山牛王会正式会期只有三天，每年从农历正月十三到正月十五，加上前期准备过程及会后收尾工作，大约持续一周多。正月初八到十一为会前准备阶段，当年办会的全村村民开始进行忌口（期间不能食荤腥），工作人员按事先分工进入工作状态。办会村的重要任务之一是商选会场地址，搭建临时佛堂，二是要做好其他相关方面的准备，包括筹措资金、制订活动计划、购置各种用品、准备贡品、雇请乐班吹手、排练秧歌队等。横山牛王大会规模宏大，仪程繁杂，具体多达 30 个步骤。

乌丙安先生曾在其民俗学著作《中国民间信仰》中说的“多样性、多功利性和多神秘性”是中国民间信仰的基本特征。牛王会作为陕北民间信仰，无一例外也具有这些特点。“春牛走到哪垯，哪垯就会生机勃勃。牛王会打到谁家，谁家就会兴旺发达。牛王老爷保佑，乡邻四季平安。”这是牛王会期间在陕北榆林横山马坊一带广为流传的几句话。这一活动以无定河为轴线在两岸村庄轮流举办。牛王会建会历史长，形式结构固定完整，影响较大，涵盖地域面广。

在陕北各地的民间庙宇中，同一殿堂经常供奉着佛教、道教诸神，以及龙王、牛王等掌管天地自然界的神灵。信仰活动没有固定教规仪式，乡民们敬畏一切神灵。人们认为老天是公平的，时刻在观察他们在地上所做的一切，所以不能做出昧良心的事情，否则就会受到鬼神的惩罚。这些宗教观在陕北方言中多有体现，如民歌所唱“一碗碗凉水一张张纸，谁昧良心谁先死。一碗碗凉水一炷香，谁昧良心谁先见阎王。一根干草十二节，谁坏良心谁吐黑血。谁坏良心白蛇咂，谁坏良心变驴马”。“点上一炷香，烧上那两张表，把我那男人叫狼吃了。”“哥哥走了整半年，拉上个山羊许口愿，前沟里有雨后沟里晴，我为我的哥哥许上一口牲，哥哥走了一年整，我抽签打卦问神神……”

陕北的民间信仰是陕北民间远古习俗的遗留，为陕北人们提供了精神的皈依和灵魂的指靠，是陕北文化不可分割的一部分。

第二节 陕北方言与口传文化

陕北方言作为文化负载词，承载着众多语言文化遗产，特别是口传文化中的陕北说书、榆林小曲、信天游、二人台、道情等。这些口传文化和方言相互依存，互为表里，彰显着陕北文化的精髓。现拿陕北口传文化里最具代表性的陕北说书和陕北民歌为例加以阐释。

一、陕北说书

一个地方的方言不仅是当地文化的重要媒介和载体，也是区域文化的组成部分。任何地方方言的发展演变都不可避免地镌刻着地域文化的深刻印记。使用陕北方言自弹自唱说唱结合的“陕北说书”是陕北方言鲜活的载体，更是构成该地区地域文化的重要因素。黄土高原赋予了陕北说书特殊的“音声”，这是一个地方口头传统区别于“他者”的显著标签。

说唱艺术最初还只是下层民众的文艺活动，在语言上一般都比较浅显易懂，使用陕北方言，既能让当地人听懂理解接受，又能准确表达故事情节。陕北说书离不开滋养它的黄土地，它既是陕北黄土地长期孕育、滋养出的艺术表现形式，是陕北文化的符号，又与腰鼓、民歌等其他民间艺术形式结伴共生，共同彰显着陕北文化的精神，释放着陕北人生命的日常与狂欢。陕北特殊的地理环境不仅养育、传承和保存了陕北说书，也生成了陕北说书口头传统鲜明的地方特色。

（一）陕北说书中的民俗事象

陕北说书中来源于民间劳作、农村生活的陕北方言土语是陕北地区最根本的口头文化遗产，承载着丰富的民俗事象，既是民俗现象又是民俗载体，是陕北黄土高原风土民俗的“活化石”，表现了陕北人民勤劳、朴实的民风。

刮进来一股日怪风，
直刮得小山磨得平又平。
刮的锅盖唔哇得转窑顶。
盆碰瓮，瓮碰盆，
盆盆碗碗都打净。

——《刮大风》

陕北地处中国西北部，冬季寒冷漫长，从每年十一月份黄叶落尽，陕北大地就正式进入了漫长而又寂静的冬季。由于地处偏远高原，来往出入极度不便，人们极度短缺物资。在还没有发明大棚菜之前，冬季很少能吃上蔬菜，更别说是新鲜的了。智慧的陕北人民和中国大多数北方人一样需要储存冬季的食物，腌酸菜便是最普通的日常，而腌菜的器具——“瓮”便在年年这个时候成为家家户户院子里的主角，而且家家都不止一两个瓮。瓮跟水缸一样，也是容器，可以盛水或者储藏粮食或者储存洋芋，瓮有大有小，大的有两米高，小的有几十厘米高。陕北民歌《揽工调》就有一句：“伙计打烂瓮，挨头子受背兴；掌柜打烂瓮，两头都有用。”

上香的人儿潮水涌
千人万马数不清
也有担框挑担人
推车卖菜怪死声
耍武的兵器戴一身
狮子毛猴拉一群
卖茶饭的人儿担柳盆
干炉馃馅油炸饼
火烧油糕担几盆
还有个糕鲜金裹银

——《郭新钰编〈替死记〉》

干炉、馃馅、油糕、糕鲜都是陕北方言中的地方小吃。陕北“干炉”已经有三百多年的历史了，是一种圆形的麦面烧饼，由硬面（不发酵）和制，经火鏊烘烤加工成熟，分上下两层，上层中间鼓起，饼子中间有一个红点。制作的时候把醒好的面团揪成大小均匀的剂子，包上白砂糖，放入一个模具中，倒出后成车轮形，在饼坯中间位置盖上一个红色圆点印章，然后放到火鏊上炕一下，稍后放进火塘内壁烘烤。干炉的外形和山东的“杠子头”相似，杠头子除了没有红点外，制作工艺亦不同，“杠子头”是生面兑上发面，使用杠子这一工具搅拌和匀然后制成形似陕北干炉的面食品。在陕北，“馃馅”象征着吉祥，既是祭祀祖先或者供奉神灵的供品，也是青年男女订婚时的必备品。黄土高原日照时间长，土地虽然贫瘠却特别适合谷物生长。制作陕北油糕的原料就是黄米，又叫软糜子。诗人贺敬之曾写诗“东山的糜子西山的谷，肩膀上的红旗手中的书”，油糕是以软黄米为原料，经过泡、沥、碾磨、锅蒸，油炸而成。是陕北最具代表性的特色食品之一。由于“糕”与“高”谐音，取步步高升之意。糕鲜则是由黄米面和软米面相掺发酵后，把发酵后的白面擀成大薄饼，包裹住同样擀成薄饼的黄米面，一起上锅蒸熟的，由于白面在外层，黄面在内层，所以陕北人又形象地称糕鲜为“银裹金”。

（二）以劝世化俗为主旨的民间教化思想

为了教育百姓、说服世人，陕北传统的说书书目大多含有报应思想，构成了情节发展的主线。如长篇书目《金镯玉环记》讲述的故事是主人公雷宝童被继母余氏试图谋杀，被家人救出后，前往山东永乐投靠亲戚，路上又遭人陷害，最终雷宝童在殿试中喜中状元，最后坏人被绳之以法，后母余氏畏罪自杀。该书在开场前以一首《西江月》表露了因果报应的思想：

“余妇层层定计，苦苦谋害宝童。法场之上丧残生，家人救他出京。贼子横行霸道，越礼常犯胡行。抢占二位女花童，怎知后来报应？”

陕北说书也经常在开场前的小段文书中或用书帽表达人生苦短、做人应知足常乐的老庄思想，如书帽《人活七十古来少》：“人活七十古来少，先有少年后有老。中年（的）光阴有几时，又有愁闷与烦恼。世上财多实难取，朝里官大做不了。权大有钱能几时，闪得自家白头早。”

陕北说书大多宣扬“恶有恶报，善有善报”的轮回思想和传统伦理道德观念，甚至有些作品超越了儒家功利主义的人生观，上升到看透生死、无亲无故的境界。如说书大师张俊功的经典小段叫《十不亲》，就体现出了“死生无常，万事皆休”的意味。

天道说亲不算亲，金鸡玉兔转东西。
日月如梭赶了个紧，也不知赶死世上多少人。
地道说亲才不算亲，不晓黄土吃了够多少人。

人吃黄土常常在，黄土吃人一嘴影无踪。
爹娘亲来才不算亲，生下了儿女命归阴。
不管这儿女过成过不成，他钻在墓窑里躲安稳。

《十不亲》在表达劝世意味的同时，也表现出一种看破人生的释然和豁达。陕北说书靠说、演、唱来讲书本知识。旧时的陕北农村文化人少，识字的人少，需要靠一些人把书上的内容说出来给人听。老百姓跟着说书人来获取历史知识、书本知识，所以“说书先生”过去是很受人抬举和尊敬的。

（三）潜移默化的启蒙教育功能

在曾经封闭偏僻、文化落后的陕北大地上，作为口头文学一种特殊形式，说书弥补了区域空间语言文字流动不畅的不足，填补了偏僻闭塞的文明死角，像一个“传道者”，起到了传承历史、文化和民族精神的作用。这一口口相传的艺术，将民族文化、历史典故、传统审美以及生活常识等用形象逼真、惟妙惟肖的口语表述方式展现于人们面前，使人们既获得艺术的享受，又接受了“中国历史、文化、风俗、礼仪、道德和传统知识的教育，同时也教化了底层民众，濡染文明世风，宣扬英雄业绩，传授语言文化，接受中华民族传统道德的洗礼”①。

斗大黄金印，
天高白玉堂，
不读万卷书，
焉能奉君王？

过去，在以农业为主的封建社会，农民们虽然大门不出、大字不识，但是四大名著中的故事和人物却妇幼皆知，说起“岳母刺字”“桃园结义”“大闹天宫”“煮酒论英雄”等故事头头是道，如数家珍。“这种民族认同感、历史荣誉感在民众的潜意识中，构建了一个鲜明的意识：我是中国人，而团结在一起的中国人是一个英雄的民族。”② 那种从骨子里散发出来的根深蒂固的民族精神和盘根错节的民族情结，不得不说有说书人的功劳，尤其是那些走街串巷的书匠

① 孙一，闫雨声．即将消失的艺术——评书［M］．北京：清华大学出版社，2018：225.
② 孙一，闫雨声．即将消失的艺术——评书［M］．北京：清华大学出版社，2018：110.

的功劳。“对存在的感应、对生命繁衍的领悟是艺术的本质。”① 陕北说书虽然形式简陋，却也淳厚质朴，能够折射出人类心底的本真性体验。无论是庙会书场还是乡间院落或者农家炕头，说书人或伶牙俐齿、口若悬河，或歌声苍凉、感情悲伤，总能带人仿佛跨越时间隧道来到那鲜活的历史场景中……

费孝通认为，“中国传统乡土社会基本上是一个有语言而无‘文字’甚至几乎不需要‘文字’的社会。”② 陕北说书某种意义上是“无字文化”的传承③。正如张鸣所说“真正对乡下人的世界观起构架作用的应该是乡间戏曲和故事、传说，包括各种舞台戏、地摊戏、说唱艺术及民歌谣、故事、传说、民间宗教的各色宝卷等等”④。陕北说书，千百年来不仅慰藉着陕北人的苦焦、孤寂的心灵，最重要的是这一民间说唱艺术，还造就了陕北人独特的秉性，耿直、豪爽、讲义气，陕北说书艺人们在用这一民间艺术娱乐人们的同时，也教导了人们，使陕北人有了独特的价值观、是非观，有了鲜明的带有狭义或英雄主义色彩的个性以及敢作敢为、坦率直爽和想象力丰富等特点。

二、陕北民歌

在陕北随处可以听到顺风飘来的陕北民歌“信天游”，俗话说“女人忧愁哭鼻子，男人忧愁唱曲子”。陕北民歌是陕北人的第二语言。陕北民歌是一种典型的“黄土文化”，有着鲜明的地域特征：土气、大气、美气。人们用民歌的形式来表达他们的喜怒哀乐，传递他们的黄土情怀，以信天游、小调、酒曲、榆林小曲等不同曲种展示着民歌与陕北方言互为表里的关系。

千年的老根黄土里埋。
冬天长夏苦不停，世上苦不过受苦人。
高高山上一圪堵蒜，谁也甭想把我俩搅散。
白格生生眉眼太阳晒，巧格溜溜手儿挖苦菜。
走头头的骡子三盏盏的灯，戴上了的个铃铃儿哇哇的声。
想你想得吹不灭灯，灯花花落下多半升。

---

① ［德］格罗塞. 艺术的起源［M］. 蔡慕时，译. 北京：商务印书馆，1984：29.
② 费孝通. 乡土中国［M］. 北京：北京出版社，2005：63.
③ 徐新建. 民族文化与多元传承：黄土文明的人类学考察［M］. 北京：中国社会科学出版社，2016：9.
④ 张鸣. 乡土心路八十年［M］. 上海：上海三联出版社，1997：190.

只有用陕北方言唱出来的陕北民歌，才称得上地道，也才会具有独特的黄土高原风味。陕北人生活困苦时唱“小米钱钱洋芋蛋，酒盅量米吃焖饭”，过上好日子了就唱“早起馍馍晌午糕，黑地拿起切面刀”，这些朴实无华的唱词简洁直白却又无比生动地勾画出劳苦大众“民以食为天”的生活场景。

（一）陕北民歌抒发个人情感

无论何时，爱情这一话题永不过时，与男情女爱有关的陕北民歌流传甚广，数不胜数。从古至今，情歌都反映了人们对爱情的美好期待与追求，陕北民歌有关爱情的内容丰富多彩，无论是互诉衷肠、赞美爱情还是抵制封建婚姻，这些爱情故事编成民歌后广为流传，反映了陕北人对婚姻自由的迫切期望和对美好爱情的无比向往之情。如陕北民歌《泪蛋蛋抛在沙蒿蒿林》就是讲一对苦命恋人的悲情故事：

羊啦肚子手巾呦三道道蓝，
咱们见个面面容易哎呀拉话话的难，
一个在那山上呦一个在那沟，
咱们拉不上个话话哎呀招一招呀手。
瞭见那村村呦瞭不见个人，
我泪格蛋蛋抛在哎呀沙蒿蒿林。

“十年九不收，男人走口外，女人挖野菜。”陕北土地贫瘠，自然环境恶劣，许多陕北男子为了生存不得不背井离乡，外出谋生，陕北民歌真实地记录了历史上陕北生活的真实图景。留守在家的妇女不仅要继续面对艰苦的生活，还要承受思念丈夫的痛苦。在互相等待守望的日子里，陕北民歌成为倾诉内心焦苦和思念的方式。

远远听见马蹄子响，
扫炕铺毡换衣裳。
听见哥哥唱着来，
热身子扑在冰窗台。
听见哥哥脚步响，
一舌头舔烂两块窗。

滚烫的语言不加任何修辞，这就是爱的华章。

三天没见哥哥的面，
崄畔上画着你眉眼。
三天没见上哥哥的面，
大路上行人都问遍。

说下日子你不来，
崄畔上跑烂我十双鞋。
有朝一日见了你的面，
知心的话儿要拉遍。

朴实的话语，夸张的道白，把一个盼着情哥哥早日回家的陕北妹子大胆、热烈、赤裸的爱表现得淋漓尽致。陕北高原偏僻落后，生活在那里的女人却像怒放的山丹丹花一样热烈奔放。

（二）陕北民歌反映社会变迁

部分陕北民歌反映了社会的变迁，时代的变化，如封建社会青年男女被迫婚姻包办，大多婚姻不幸，他们只好用歌声来抒发对婚姻的不满和对恋爱自由、婚姻自主的向往追求。

倒灶鬼媒人好吃糕，
把奴家搬在乡圪崂，
痴脑鬼公公糊脑孙汉，
水牛角婆婆在门上站。

这首民歌用了四个具有强烈贬义色彩的方言词汇“倒灶鬼”“痴脑鬼”“糊脑孙”“水牛角”，生动地描绘了贪图财物的媒人、窝囊胆小的公公、糊涂不明事理的丈夫和刁钻厉害的婆婆的形象，深刻地表达了旧社会妇女对婚姻的不满。

昔日，陕北劳动人民备受压迫和剥削。在繁重的劳动结束后，他们用歌曲来抒发胸臆。民歌独特的韵律与劳动的节奏相结合，成为独特的消遣方式，体现了陕北劳动人民的生活特点。如旧时为了养家糊口，陕北许多成年男子远走外省揽工干活，创作了《揽工歌》。

揽工人儿难，
正月里上工十月里满，
受的牛马苦
吃的是猪狗饭。

还有曾经的陕北人远走蒙古经商，走西口的艰辛与悲凉，都在陕北民歌里承载着时代的记忆。

哥哥你走西口，
小妹妹我苦在心头，
这一走要去多少时候，
盼你也要白了头。

在过去的陕北，大多数人住窑洞睡土炕，毛毡是炕上不可缺少的生活必需品，制作毛毡的毡匠也一度是人们敬仰和羡慕的职业，甚至有“大弓一响，黄金万两”的夸张形容。但是，随着生产力发展，很多传统手工业受到大机器生产的强力冲击走向没落或者退出历史舞台，毛毡行业同样难逃此运。当炕被木床代替，毛毡被“席梦思”床垫或“拉舍尔”工业毯代替，工匠们不得不放弃他们曾经拿手骄傲的技能，投身于打工大潮，只有那悠悠的民歌里还在回味以往生活的古朴美。

一孔孔的窑洞哟，
一张张的炕。
一张张的炕上哟，
一条条的毡。
睡在铺毡的炕上哟，
那是一个舒服……

陕北民歌是劳动人民精神、思想、感情的结晶，唱出了陕北人的悲欢离合，在一定程度上反映了陕北的社会生活和历史变迁。随着社会制度的变化，民歌的内容和形式也随之改变，主要体现在反映新的社会生活和歌颂新的人物形象上，这种变化使民歌这一体裁被时代赋予了新的意义。歌词也从旧社会控诉剥削和压迫，变为赞美新时代的美好生活，再到唱响新中国歌颂革命，这些变化充分体现在陕北民歌革命歌曲中。如革命歌曲《山丹丹花开红艳艳》所唱：

千家万户（哎咳哎咳哟）
把门儿开（哎咳哎咳哟）
快把那亲人迎进来
一杆杆的那个红旗哟
一杆杆枪
咱们的队伍呀势力壮

（三）陕北民歌的语言特点

用方言演唱民歌，拉近了音乐与生活的距离，陕北方言是陕北民歌中的重要元素，无可替代，不可或缺。陕北民歌语言朴实、感情真挚，广泛运用比兴手法，如：

鸡蛋壳壳点灯半炕炕明，
烧酒盅盅舀米也不嫌你穷。
半碗黑豆半碗米，
端起碗来想起你。

陕北民歌中形容词叠字化最多，这是日常生活口语的化用，既使歌曲具有节奏美和韵律美，又反映了陕北方言的语言特色，感情表达得更地道和贴切。如：

清水水的玻璃隔着窗子照，
满口口白牙牙对着哥哥笑，
双扇扇的门来哟单扇扇的开，
叫一声哥哥哟你快回来。

陕北民歌的歌词取材于民间方言词，朴实自然，形象生动，幽默诙谐。地方特色的口语运用，使民歌所描绘的人物形象更加生动具体，情感饱满，感情抒发也更为淋漓尽致。另外，陕北民歌的演唱风格和音调也受陕北方言特殊发音的影响，但正是因为陕北方言的加入和使用，才有了相得益彰、悦耳动听、特色鲜明的陕北民歌。

陕北民歌不仅反映了陕北人的民俗生活和民间风貌，而且与民俗文化融为一体，密不可分。

晒坏了，晒坏了，
五谷田苗子晒干了。
龙王老人家哟，救万民！
晒坏了，晒坏了，
南瓜蔓蔓晒的不会结蛋蛋，
拦羊娃娃晒的上不了山。
龙王老家哟，救万民！
刮北风，调南风，
玉皇老家把雨送。
玉皇老家哟，救万民！
水神娘娘把门开，
二位神灵送水来。
龙王老家哟，救万民！

这是陕北祈雨时唱的《祈雨调》，陕北经常连年大旱，农民眼看就要颗粒无收，伏天里不见雨，庄稼晒的就要绝收了，这时候，乡民们跪在庙门前，一边用干柴燃着烈火，一边真真正正是在无奈地哭着唱着，无奈恳求神灵保佑苍生！

语言就像一座历史博物馆，里面陈列了各个历史阶段留下来的文物①。陕北说书作为民间艺术文化形态，具有重要的文化意义和文化功能，是民间说唱文学的“活化石”②。陕北独特的环境形成了当地特色鲜明的生活风俗，这些习俗，我们经常会在陕北说书、陕北民歌等语言艺术类的民间文艺表达中有所耳闻，展示给我们一幅黄土高原百态的画卷。陕北说书、信天游等口传文化体现了陕北方言作为民俗负载词所承载的文化的无限魅力，以及在人们生活中的重要地位。“如此丰厚的语言文化资源，如果有一天消失了，毫无疑问将是中华文化的重大损失。”③

---

① 贾晞儒. 语言·民族与民族文化［J］. 青海民族研究，2007（1）.
② 孙鸿亮. 先秦“瞽矇文化”与陕北说书［J］. 社科纵横，2008年（8）.
③ 邢向东. 陕北方言的文化传承［J］. 光明日报，2016-10-30.

第六章　称谓语及地名与陕北民俗文化

第一节　称谓语与民俗文化

称谓语是人们可以互相称呼的有关名称。“一种语言的亲属称谓系统的构成和使用特点反映着该语言使用民族的社会文化特点，体现着语言和文化的关系。”① 称谓语可以侧面反映中华民族的血缘观念、家庭构成、社会关系和文化渊源。从古至今，汉语的称谓语系统丰富多彩又繁芜丛杂，这与中国几千年的文明史有关，更与中国曾经是一个宗法制的国家有密切关系。

不同时代的宗法制度、社会制度和道德观念可以通过研究称谓语得以部分体现。陕北地区曾在历史上是多个民族、多种宗教、多元文化的交汇之地，语言接触的结果会在语义系统中表现出来，研究其称谓语系统，有助于揭示陕北地区各种关系称谓语所包含的文化内涵，意义深远。陕北方言中的称谓语充分体现出了陕北高原独特的地域民俗文化特点。

一、亲属称谓

【大】 dá

中国人对于“父亲”这一角色的称呼很多，汉族人有称爸爸、爹爹、伯伯的，在陕北、甘肃、宁夏，以及青海部分地区，人们呼父亲或父辈为“大”（dá）。据考这一称谓与历史上的少数民族羌族、鲜卑、契丹等呼其部落首领为“部大”“酋大”有密切关系。

羌族是我国西北地区一个古老的民族，秦汉之际，主要分布青海南部与甘肃南部交界的地区，东汉时陆续内迁，至南北朝时，已聚居于关中渭北、陕北

---

① 魏萍. 陕西方言中亲属称谓词的特点解析［J］. 职业时空，2011（5）.

大部分地区。在羌族部落中，称呼其首领为“大”“大人”“部大”“酋大”。《北史》《宋史》中都说：“羌之酋豪曰大。”羌族入居陕甘和关中渭北地区数百年之久，对这里的文化和民族构成发生了深刻的影响，以他们的姓氏命名的村落流传至今，如蒲城的钤铒、罕井、富县的钳铒（今讹为钳二）、曲南、杜甫居住过并留下《羌村三首》《北征》等不朽诗篇的羌村等。正是因为羌人称呼其主持部族事务的首领为“大”“大人”“部大”，渐渐地居住在陕甘、关中、渭北的百姓和后来迁居这里的鲜卑、契丹等族也将主持部族、家族和家庭事务的男性称为“大”或“阿达”，取代了父亲这一称谓。

也有的研究者从音韵训诂的角度，考证了“大”“阿大”称谓演变的情况。据有关文献记载，称父亲为“多多”（即达达），始见于南北朝时期的佛经。而这些佛经的传译者，又多为西域僧人，他们最先接触的便是羌族文化。音韵学研究的结果表明，在中古时代，“阿摩”“奄婆”的读音与阿妈相近，“多”的读音与“搭”相近，称父亲为“多多”，听上去就是“搭搭”。后来，南方有些地方在“多”字的读音中间加了个介音“i”，发展成 dia，北方则在“多”字上加了个“父”字，演变成了爹。宋《广韵》曾用这个字记羌族称呼：“爹，羌人呼父也。”元代时称：“‘搭搭’，始写作‘大’。”如今，陕、甘、宁、晋的民众呼父曰大，曰爹，呼夫家之母曰婆婆；吴堡、佳县一带群众呼父曰 dia，都源出羌语，后又经历了漫长的演变过程。这是呼父曰大的源与流，也是羌、汉民族融合的语言学佐证。

陕北人称呼自己的叔伯，不论是父亲的哥哥还是弟弟，都统一按年龄大小排序分别称作是“大大、二大、三大……”以此类推。

【婆姨】

在陕北方言中的“婆姨”具有两重含义，一是指妻子，二是泛指已婚妇女，如在政府部门当干部的已婚女人，叫“公家婆姨”；已婚的女军人，叫“解放军婆姨”，这都是曾经一个时代的称呼，现在已经很少用了。

据学者研究，“婆姨”不是汉语词汇，而是一个外来词，来自印度梵文，本为宗教用语，是表示佛教女居士的梵语“优婆夷”的音译。唐《敦煌变文集·金刚般若波罗蜜经讲经文》曰：“‘优婆塞者’，近佛男也；‘优婆夷’者，近佛女也。”

佛教在东汉末年（公元 1 世纪初）传入中国，公元 5 世纪的魏晋南北朝时在北方已蔚然成风。佛教初入中土的一段时期内，女居士均被称作“优婆夷”。梵语 upasika 被音译为“优婆夷”或译“阿夷”或“阿姨”。佛教典籍经丝绸之路传入中国，首先在西北地区扎根，由于北朝统治者的大力提倡和扶持，开窟造像与修塔建寺之风大盛。据近来的考古调查证实，从甘肃庆阳到山西大同一线，是佛教传播的重要通道。陕北位于佛教传播的主要通道，黄陵、富县、安塞等地有北魏至西魏时期所开凿的佛教寺，洛川县也发现了十余通北魏至隋初的造像碑。可以想见，佛教盛行之初，人人信佛，家家有“优婆夷”，而除自己的妻子外，其他妇女也称“优婆夷”，后简称为“婆夷”。随着佛教淡出，“婆夷”这一称呼的宗教意义淡化，成为一种日常口语，书写时便多了个“女”字旁，成了“婆姨”。至于称呼老年女人为老婆，则是唐代的事了。如今，人们对妻子的称呼众多，老婆、太太、夫人都满世界叫开的时候，陕北黄土高原上依然保留着“婆姨”这一古老的词汇。另外，“阿姨”一词，也源出佛教用语，但已没有对女居士尊称的原始意义，而成为对非亲属长辈女性的尊称了。

另一种说法认为“优婆夷”变“婆姨”与历史上发生的两件大事有关，一个武则天称帝，二是唐武宗灭佛。

武则天大肆兴建佛教庙宇，是导致“优婆夷”增多的结果。相传武则天称帝之心已久，载初元年（690年），魏国寺僧法明等撰《大云经》四卷，上表说武后是弥勒佛下世，当代唐执政，以迎合武则天。特别是经文“此女既承正威伏天下”，让武则天心花怒放，于是有预谋、有步骤地分别在长安、洛阳修大云寺、讲《大云经》，大造舆论，以造声势，武则天终于借佛登基。由于上行下效，导致几乎全民信佛，大多男的都是“优婆塞”，女的多是“优婆夷”。后来陕北方言为了适应汉语单音语素双音节化的特征，简化为“婆夷”，在长期的演变过程中，又加了女字旁以强调“婆夷”的性别。到了武宗年代，由于佛教寺院土地不缴课税，僧侣免除赋役，生产力要素过度集中于佛界并影响到皇权，唐武宗李炎推行灭佛，严格限制僧侣人数，大批僧侣、尼姑被迫还俗，这就是史上有名的“会昌法难”。经此打击，绝大多数“婆夷”还俗归家，“婆姨”一词在大多数地区已经销声匿迹，无人知晓，唯有陕北地区由于方言环境的封闭性，保留了“婆姨”一词的用法。

不管是那种说法，其有两点是一致的，一是“优婆夷”是个外来音译词，二是这个词和历史上一段时期佛教兴盛有极大的关系。透过“婆姨”这一称谓语的形成过程，可以看到佛教在中国的传播和兴衰过程。

【女子】

陕北人说“女子”也有两层意思。一是指未婚的婴幼年至青年女性，一旦结了婚就不是“女子”了，就成了“婆姨”。发音时“女子”中的“子”读轻声。

“女子”的另一个词义，就是指女儿。指称女儿时，无论年龄大小，是否结婚。部分古籍中的“女子”中“子”读轻声，便可得到等同今陕北的女儿词义。

“婆姨女子”则是一个把已婚和未婚女性全都包括进去的统称。

【儿】

陕北人称儿子，不说“儿子”，说“儿”，没有那个“子”字尾。如：“老李家那个儿可儿了。”

这句话里第一个“儿”，不是儿化音，是指儿子，第二个“儿”是形容词，指调皮捣蛋、坏。

“儿”是古代的用法，指男孩、儿子。宋代普济《五灯会元》卷七《玄泉山区禅师》：“师曰：张家三个儿。”今天陕北口语跟宋代语言的用法一样，如：“老张家四个儿，三个这庄生着。”普通话则说：“老张有四个儿子，有三个都在这个村庄住着。”

【小子】

陕北话对于儿子又称“小子”。如：“她这次养下的是小子还是女子?”

“小子”在陕北话中也泛指小男孩。如：“小子娃娃们胡耍哩，你不要见怪。”《红楼梦》四十九回：“偏他只爱打扮成个小子样儿，原比他打扮女儿更俏丽了些。”这里的“小子”也是指男孩儿。说明陕北话里的“小子”有可能是古语。

【娘儿】

语言中的部分词汇会随着社会的变化而发生词义变化。作为语言中的特殊词汇，称谓语也会受社会文化背景、社会习俗、语言演变等外部因素的影响，其内涵会变。某一时期，“娘”有可能是与母亲同辈的所有女性的代表名词，王应龙在其论文《陕西乾县方言亲属称谓》中指出：“当地对叔母的称谓是‘娘娘’。”① 这一现象符合称谓语的含义在最初指称对象时具有意义宽泛的规律。此时，没有形成对父亲姐妹的固定称谓，所以这一时期人们可能用“娘”来指代这种亲属关系。当这个意思不受语言历史变迁的影响，而以“母亲”或其他女性亲属的称谓固定为其他词时，“娘”的意思可能只剩下特指“姑姑”这一种亲属关系。

【老汉】

“老汉”在陕北方言中有三层意思，一是指老年男子。《十国春秋》：“末帝怒曰：‘憨老汉不足与语。’”陕北方言一般发儿化音，即老汉儿，或老汉汉，

---

① 王应龙. 陕西乾县方言亲属称谓［J］. 社会科学论坛，2009（9）.

其中“老汉汉”有复指意，意为两个或者两个以上老汉儿。另外一个意思是“丈夫”的背称和他称。另外“老汉”还可以用于老年男人的自称。明代吴承恩《西游记》第五九回：“长老勿罪。我老汉一时眼花，不识尊颜。”清代吴敬梓《儒林外史》第一回：“我老汉每日两餐小菜饭是不少的。”

【挑担】

陕北方言把“连襟”关系叫作“挑担”。《米脂县志》：“两婿相谓为挑担。”路遥《平凡的世界》：“常有林是上门女婿，就是丈人有心帮扶他们，挑担会不会从中作梗？”对于“挑担”一词，乔全生、张美宏《山西方言中“连襟”的称谓》一文认为：“‘挑担’‘担子’‘挑川’本来都是挑着东西，后来指挑着的东西之间的关系，进而引申为一种两婿关系，是一种俗称。”“挑担”本指挑着担子，属动宾词组，在方言中动宾词组化为名词，指具有连襟关系的两个或几个男子。“挑担”是通过隐喻的认知方式而发生语义内涵的变化。扁担的两端只有重量相等才能平衡，挑担人才能稳步前进，类比到人的称谓关系中，就是具有连襟关系的两位或几位男子，因为所娶女子相互之间的血缘关系建立了亲属关系，而这样的亲属关系并非血亲，只是姻情互联，几个具有血缘关系的姐妹犹如起连接作用的扁担，将没有血缘关系的几位男性联系在一起。而这几位男性在女方家的地位犹如担上之物，不分尊卑，不分地位高下，只有先后次序，排行第一的为“大挑担”，排行第二的为“二挑担”，依次类推。

【先后】

陕北方言中把“妯娌”，也就是嫂子与弟媳妇的关系，称作“先后”。个别县区在“先后”后加词缀，如吴堡称“先后子”，延川称“先后家”①。“先后”意即先后嫁入某家的女子。陕北方言“先后”中“先”读去声，“后”读轻声。在与陕北相关的文学作品中，有该词的使用记录，如“弟兄齐心金不换，先后齐心家不散”②。（张俊谊《西北风》）

“先后”本来没有任何表示亲属的意思。它们在方言中指两个没有血缘关系的女子与同一家的儿子结婚，因结婚的时间先后顺序不同，“先”指先结婚的媳妇，“后”指后结婚的媳妇，故称“先后”。“先后”一词从表示时间次第的词引申而成为表达亲属称谓的语义内涵，反映了汉民族的传统伦理次第。“先后”在词汇化过程中又隐含了去语义化的过程，去掉了与媳妇相关的语义，只表次

---

① 姬慧. 陕北方言“先后”“挑担”构词理据及文化内涵［J］. 咸阳师范学院学报，2002（5）.

② 张俊谊. 西北风——陕北民间歌谣、谚语集萃［M］. 西安：陕西旅游出版社，2000：128.

序。“先后”指前后结婚的媳妇，蕴含着传统宗族观念中长幼有序的文化内涵。陕北方言亲属称谓词沿用了这一古语词，体现了其方言的古老性和深厚文化底蕴。

称谓语是相对静态的词汇现象，具有系统性、稳定性和语义通用性。通过陕北方言的特殊称谓，可以看到中国古代文化的发展轨迹，看到古代汉语在陕北方言中的遗留痕迹，以及多民族融合对陕北地区亲属称谓的影响和涵化。

二、职事称谓

【阴阳】

指风水先生。（详见第五章第一节）

【匠人】

匠人就是手艺人、技工，是陕北的日常用语。如毡匠、木匠、石匠、画匠、铁匠、骟匠等。

古语中“匠人”即是指“技工”。《墨子·天志》上：“譬若轮人之有规，匠人之有矩。”此中匠人指木工。

在陕北，对铁匠、木匠、油匠、毡匠等人的称谓也是很有讲究的，旧社会匠人社会地位低下，往往被人看不起，所以，人们一般不当面叫匠人为李铁匠或李木匠，只是向外人介绍时才称匠人，面称时一般是在姓氏后面加一个“师”，类似于“x 师傅”的简称。社会上年轻人对年龄大的手艺人不能当面叫人家“某某匠”，一般称叔、老哥等，既表示亲热，也是对匠人的尊重。

【皮匠】

在陕北长期的半农半牧的社会里，除了石匠、木匠、铁匠等之外还活跃着一部分人，那就是“皮匠”。皮匠是专门用牛、羊、狗、狐等动物的毛皮制作衣帽的匠人，陕北人生活必需的皮袄就是出自皮匠之手，俗语说“一个皮匠半个裁缝”。陕北是农牧并重的区域，皮毛资源丰富，加之，凛冽西风、冰天雪地的严冬，千万年来人们保留着穿皮袄皮裤皮坎肩，和铺皮褥子的生活习惯，催生了一大批从事皮毛加工的专业匠人和手工作坊，二十世纪二三十年代的榆林城街面皮坊林立，其生产的皮货产品除供本省区外，更远销内蒙、山西、东北等省区。榆林地处蒙、汉交界，历史以来蒙、汉民族交往密切，而蒙古族人民喜爱穿皮靴、皮袍，并且驻守榆林长城沿线的将士穿的皮靴、皮带，战马用的缰绳、挽具、鞍鞴、兵器束袋等都由当时的皮匠供应。现在虽然皮匠这一职业消失了，但是这个称谓却反映出，历史上榆林畜牧业兴旺发达，盛产皮、毛、绒的历史。

【牙子】

在交易双方之间帮助谈判，以促成交易的第三者，叫“牙子”“牙行”。陕北旧时的牲口交易市场，有专门从事“牙子”的工作者，对牲口通过看长相、皮毛、牙口等，就断定其老小、歪好、价值多少的行家，也就是买卖的中间人。如今，已经没有牙行，这个词在普通话中基本消失了。唐代，牙子叫“牙人”。《敦煌变文·庐山远公话》：“相公问牙人：此个厮儿，要多少来钱卖。”

【毛毛匠】

擀毡，是一门手艺，会这门手艺的人，称作毡匠，也被戏称为“毛毛匠”，意为与羊毛、驼毛打交道的匠人。

因为陕北生活中需要羊毛毡，所以催生了与之相适应的职业——毡匠。曾有俗语说“一坐官，二打铁，三弹毛，四擀毡”，这一俗语反映出擀毡这门手艺，在农牧兼容的区域曾相当吃香。陕北人形容年轻人不踏实干事、好高骛远，说“黑夜想到天上，醒来还睡在毡上！”可见，山羊皮袄和毛毡曾是陕北人生活乃至生存不可或缺的标配。相传，擀毡技术在宋末元初时从蒙古游牧部落传入内地。昔日陕北是蒙古、回、汉共同生活的多民族地区。当时，蒙古人住在毡堡里，用毡做床垫，有的居民便向蒙古人学习了擀毡技术。另外，陕北养羊众多，羊毛随手可得，从此，擀毡技艺在陕北生根发芽，逐步壮大，“毛毛匠”曾经非常受欢迎，是个颇受人尊敬的行业。

【受苦人】

整个陕北地区，都把“农民”叫“受苦人”。陕北民歌有“崖畔上开花崖畔上红，受苦人过得好光景”。“鸡爪黄连苦豆梗，尘世上苦不过受苦人。”“棉蓬沙蓬一搭搭搅，受苦人看见受苦人好。”可见，“受苦人”在陕北方言中的使用频率极高，以至于成为民歌中一个常用意象。从构词来看，“受苦人”是偏正结构，其中的“受苦”并非经受苦难，而是指“干活”。其中的“苦”，在陕北方言中除了作形容词外，还可以作名词，指“干活的能力”，如“好苦”指的是“干活的能力强”，“那人好苦”指那个人干活的能力强，同样的意思也可以说“有苦”，如“那人可有苦了”，指的是那个人可能干了。因此，这里“受苦”中的“苦”也是名词，“受苦”指的就是“干活”。

【脚户】

陕北说“脚（jiě）户”，专指赶牲灵的人。赶牲灵的人自称“赶脚人”。脚户同“脚夫”“脚力”一样，指在交通原始时期以骡马为运输工具跑运输的人。脚户又分两种，一种是赶自己的牲畜为商户跑运输；另一种是只出人力，为老板赶牲畜。他们的收入叫作“脚钱”或“脚价”，这个职业现在已经没有了。

古代把递运货物的差役或者民丁称“脚力”“脚夫”。“脚户”会不会是“脚夫”的音变，还有待查证。

【龟兹】

在陕北，龟兹一词有两种意思：一是指吹鼓手，乐人；二是指骂人的话，意为门第不高，门风不好，叫“龟兹兹”“龟子子”或者“龟兹孙”“龟兹傚”。陕北俗语：“忙得跟腊月二十四龟兹一样。”这些口语渗透着一段久远的历史。

考察“龟兹”这个词的本源，当与汉代龟兹人迁居陕北有关。

龟兹的正确发音为 qiu ci，本是西域古国之一，其故地在今新疆阿克苏地区一带。大约在西汉宣帝元康元年（公元前65年）起，龟兹王绛宾携夫人弟史入朝。以后又数来朝贺，后因受到匈奴或周边其他民族的压迫而请求内迁，西汉王朝把龟兹国数万民众安置在榆林市北部的陕蒙交界之地，置龟兹县，并设龟兹属国都尉进行管理。《汉书·地理志》记载：“‘上郡’条下有‘龟兹县’。”唐代颜师古注曰：“龟兹国人来降附者，处之于此，故以名云。”龟兹古城在今榆林城北牛家梁镇古城滩，其城垣轮廓尚存。

龟兹人能歌善舞，尤以吹奏唢呐等管乐见长，为西域音乐的代表。龟兹乐器和乐师进入中原也最多。龟兹人初入陕北时，主要以吹拉弹唱为主，他们远迁异地，以此谋生，而在古代传统农业社会，伎乐人始终是处于社会底层的，为人所不齿，再加上这些人又是外来的胡人，故更遭本地人的歧视，以“龟兹”“龟兹兹”“龟兹傚”骂人。当地人不知龟兹（qiu ci）的正确发音，便把他们称为龟子（guizi），以致后来把乐人吹鼓手也一并称之。洛川直至今日仍然把这些吹奏乐器的民间艺人称作“龟兹”。在办红白喜事时，请这些人来演奏，但是吃饭的时候却不让他们入席，给他们单独安排一桌子饭，也不愿意让儿女与这些“龟兹”人的儿女通婚。又因为龟兹人为外来户，为当地人所排斥，加之从事乐人这一职业，也为当地人所鄙视，或是有什么坏事，也认为是龟兹人所为，久而久之，龟子或是龟子子，便演变为一句骂人的话，如：“你这个龟兹兹，就不干个正事。”

三、其他称谓

【外路人】

陕北方言中的“外路人”就是指现代汉语中的外地人。外路人指外乡人、异地之人。《儒林外史》第五四回：“有个陈和甫，他是外路人。”《二十年目睹之怪现状》第一六回：“朱博如当下被承辉布置的计谋所窘，看着龙光又是赫赫官威，自己又是个外路人……如何不急。”

鲁迅《彷徨·肥皂》:“她大概是‘外路人’，我不懂她的话，她也不懂我的话，不知道她究竟是哪里人。”这样看来，外路人也是古语词在陕北方言中的遗留。

【老儿家】

“老儿家”在陕北口语中，儿要发儿化音，读快时听起来是“老家”，是陕北对于老人的尊称、敬称，意思是“老人家”。比如:“毛主席他老儿家在延安待了好多年。”

“老儿”这个敬称，是古人口语。明代吴承恩《西游记》中，通篇“老儿”，无论嬉笑怒骂，其实都是尊称。但是在电视剧中，孙悟空却叫出个“玉帝老儿”的非儿化音，令人以为是“老的儿子”之意，是个非常不礼貌的称呼，并且通过电视媒介，流布全国，是人们搞错了古人用词的意思，应当予以纠正。

【XX 家】

家（jie）作为方言称谓语词缀，有四重含义。

1. 附在称谓语或其组合后，专指某一类人。如:赫连城家，婆姨女子家、男子汉家、后生家。2. 附加在男人人名或者姓后，表示“某某的妻子”。《红楼梦》里把赖大的媳妇叫作“赖大家的”就是此用法。明清时期，“家的”加在男子名字后面表示该人的妻子，多用于民间和（或）对下人的称呼。《红楼梦》第九十七回:“这里李纨和林之孝家的道:‘你来得正好，快出去瞄瞄去，告诉管家预备林姑娘的后事。’”3. 附加在亲属称谓后面，指“某门亲属”，如“舅舅家”“外爷家”。4. 附加在姓氏或人名后面，指“某家人”，如“张家”。

在陕北，通常情况娘家的长辈或父母哥哥嫂子，在公开公众场合下，叫已经出嫁的女子，嫁给谁家叫谁家，如嫁给王家人就叫“王家”，嫁给李家就叫“李家”。非公开公众场合，长辈和同辈年龄较大的可以叫已经出嫁女子的小名。由此看出，陕北人传统讲的“嫁出去的女子泼出去的水”有其社会含义，女子出嫁了就是男方家的人，具有极强的夫权文化思想。婆家人对已嫁过来女子的称谓，也具有极为深厚的夫权思想。长辈或同辈其年龄比被叫妇人大的，通常叫该妇人“男人名字+家的”，或者叫其“小孩名字+娘的”。比如，长辈叫张三的婆姨，一般叫“张三家的”；如张三的孩子小名叫“宝蛋”，那么也可以叫“宝蛋娘的”。这两种情况反映出两种文化:叫“张三家的”，不叫其妇人名字，而把其当作男人家的，具有男尊女卑，夫权至上的思想。而叫“宝蛋娘的”，体现了“孝”的思想文化，孩子不管是谁，叫什么名字，一定体现了母亲的主导地位，尊敬母亲。这也是已婚妇女自尊自信的一种体现。黄土高原、黄河流域农耕为主的生活环境，多一些人口就增添了家族和家庭抵御自然灾害的能力。

所以，在陕北，多子多孙是已婚女人即陕北婆姨的重要功绩。被叫的婆姨听见别人叫自己“宝蛋娘的”“山虎娘的”，心里美滋滋的。

【麻胡】

麻胡，指陕北人吓唬小孩说的“爱吃人肉，而且专吃小孩儿”的怪物。

陕北人在小孩哭闹不止的无奈下，经常吓唬道：“不要哭，一声住了！你再哭麻胡（音若猫乎儿）就来了。”孩子的哭闹声立刻戛然而止。这一幕，是许多稍有年纪的陕北人都经历过的。麻胡是个什么东西，居然有这么大的震慑力，有人说“麻胡就是狼”，母亲吓唬小孩的这句话，等于就是说“你再哭狼就来了”！其实不然。麻胡这个吓人的词，从十六国时期就有了，距今已 1600 多年。麻胡本是一个人，名叫麻秋，为南匈奴羌部落后裔，史称羯人，又称羯胡。公元 319 年羯人石勒建立后赵政权，占有包括陕、甘、蒙、晋、冀、豫和淮水以北的大部分地区。麻秋为后赵的征东将军，以残暴著称，杀人如麻，令人胆寒。久而久之，麻秋成了杀人恶魔的代名词，因他是胡人，故称麻胡，真实姓名渐渐不被人知。这个俗语历代相传，流传到现在，活在老百姓的口语中。又据《列仙全传》记载，残暴将军麻秋经常驱赶民夫服劳役，“筑城严酷，昼夜不止，唯鸡鸣少息”。麻秋有个女儿人称麻姑，十分同情民夫，常常学鸡叫，引得群鸡齐鸣，民夫便能早点休息。后来，麻秋知道了，要找女儿算账，麻姑便逃走，“入仙姑洞学道，后来得道成仙”，便是民间广泛流传的“麻姑献寿”中的著名女寿仙，受到百姓的敬仰。可见民众的爱憎何等分明。

四、称谓语体现的民俗文化内涵

称谓语俗是一种民俗语言学现象，其民俗语言学特征体现在民族性、地方性、变异性、社会性四个方面。称谓的民俗性是很鲜明的。民俗和语言都是民族文化的主要形态，是民族心理和民族文化的意识反映，民俗语言尤其如此。称谓语俗的民族性，即指在民族的政治、经济、文化、语言及生活方式等方面表现出来的民族性特点。美国著名的文化人类学家罗杰 · M · 基辛在其著作《当代文化人类学概要》一书认为，亲属称谓制度即一个民族将各种亲属归类的方法。通过研究亲属称谓可以发现一个民族的社会秩序网络。

称谓语俗作为一种民俗语言现象，无可例外地具有民俗事象所具备的特征，其中之一就是人类的共通性。“掌柜的”，是汉民族民间对旧时商业、手工业作坊中主持人的俗称，是职事称谓。“当家的”，是旧时对家庭主事人（户主、家长）的俗称，后来，“当家的”这个称谓被用作某些民间结社、商业团体或商业、企业管事人的俗称，从家庭称谓变成了职事称谓。这个称谓同样也被陕北已婚妇女用来称呼自己的丈夫。

陕北人的称谓与外地人相比，既有同一性，如长幼有别、男女有别、官民有别等，但因陕北地区是多民族融合发展而来的，其名字的称谓又具有多样性、差异性、地域性。陕北地区对于男尊女卑的观念在亲属称谓中有所反映。在农村“过事情”记礼钱的礼单上，都是以男人的名字为主，很少出现女人的名字，要出现也是以“某某家的”形式出现。这个某某就是这个女人的丈夫的大名。陕北的称谓用语绝大部分与普通话相通，但仍有很大一部分具有独特的地域特色。无论是亲属之间的称呼，还是社会活动中的一些称呼，都不可避免地继承了这片土地的古老文化色彩，从中可以窥见陕北深厚的文化底蕴。

第二节　陕北地名的地域文化特征

人是社会性的，人类各种社会生活都是在特定的地理环境中展开的，社会和文化的形成与演变经常都打上了这种环境的深刻烙印。一般情况下，某类地名只出现在某一地区，在其他地区较少见到。因此，地名的地域特征揭示出了文化史上的一些重要内涵。陕北方言词语中，地名词占量相当大，是陕北人日常生活不可或缺的重要组成部分。

一、地名反映陕北地貌特征

陕北在地理上属于黄土高原丘陵沟壑区，地势西北高，东南低，长年的流水侵蚀，致使黄土高原形成了复杂多样的地形地貌，沟壑纵横，峁梁交错。陕北人便依地形为这些地貌冠以“崖”“坬”“畔”“坪”“沟”“岔”等通名，种类之多，不胜枚举。这些通名直观地反映了陕北独特的地理地貌特征。笔者根据中国行政区划网站 2021 年提供的最新数据，对榆林市辖区的 1 区 11 县 、176 个乡镇、7 个街道办事处、5474 个行政村的地名做了大数据分析，发现榆林地区用地形地貌命名的地名多达 3800 个，占总行政村的 70%以上。

【沟】

沟，有山沟、水沟之意，陕北沟壑众多，以“沟”命名的地名有很多，村名中含有“沟”的共有 1024 个。横山有石窟沟、麒麟沟，子洲有宋家沟、曹家沟，神木有西沟、神树沟，府谷有野芦沟，定边有红柳沟，延安有大砭沟、安塞有梨树沟，等等。陕北地名中含有“沟”这个词素的有 1000 多个，几乎占了全部地名的五分之一。

【塬】

塬，陕北方言读［va］，在历代文献中又写作“窊”“洼”等，指山坡，也指山坡向下平缓至平坦地的过渡带。

《米脂县志·风俗志》：“塬，音蛙，山之陡坡也。”在陕北方言中人们也默认“塬”和“洼”同音同义，“洼”在陕北地名中使用时没有“小水坑或者低凹、低下的地方”之意。而且，“塬”在陕北方言中仅在地名中出现。《清涧县志·建置志》：“高家塬洪流滩，县东九十里，四、九日集。”《清涧县志·地理志》：“［隆庆］三年，黄土窊二山崩裂成湫。”塬是榆林地区最常用到的地名，由于“塬”在现代汉语中不常见，仅作为地名才被人认知，所以在书写的过程中，大多误写成了“洼”。榆阳区有朱家塬、谢家塬、王家塬；佳县有赤牛塬；横山有石码塬、大李家塬、小李家塬；绥德有杨家塬；子洲有枣林塬、好地塬；神木有王前塬、枣树塬、刘家塬、阮家塬；府谷有流沙塬、王家塬、柳塬等。榆林12个县区每一个辖区内都有大量带有“塬”的地名，据统计榆林市行政村含“塬”的包括乡镇和行政村的地名就有275个。

【峁】

峁，是顶部浑圆，斜坡较陡、周围斜下的黄土小丘。陕北方言常用词有山峁、沙峁、黄土峁。陕北梁峁纵横，以此命名的地形颇多，榆林行政村名中含有“峁”的共有299个，如靖边的拓家峁，神木的沙峁，横山的大嘴峁，府谷的柏树峁，绥德的碌碡峁等。

【畔】

畔，是指河、路、山石、田地等的旁边或附近。陕北方言常用词有河畔、沟畔、石畔、山畔之分。榆林行政村名中含有“畔”的共有261个，如神木的河畔、雷石畔，横山的杨石畔、万家畔，清涧的那家畔，米脂的郝家畔，靖边的张家畔，等等。

【坪】

坪，指河流或川地间平坦之地、黄土丘陵或山区中的平地。榆林行政村名中含有“坪”的共有229个，如子洲的苗家坪、高家坪，神木的杨家坪、许家坪、石窑坪，府谷的油房坪、刘家坪、付家坪、沙坪，延安的王家坪、兰家坪等。

【梁】

梁，是山体之间凸起的高地，也指斜坡的山地。陕北方言常用词有沙梁、山梁、圪梁等。榆林行政村名中含有“梁”的共有204个，如子洲的红花梁、庙梁，榆阳区的李家梁，府谷的海红梁，定边的柳树梁，等等。

【崖】

崖（nái），是指山石或高地的陡立的侧面。因特殊的地貌与水土原因，在陕北形成了很多山崖、土崖等，陕北便多有以“崖”称呼的地名，榆林行政村名中含有“崖”的共有106个，如神木的花石崖，横山的肖崖，子洲的汪家崖，绥德的李家崖，等等。

【岔】

岔，是道路分岔的地方、旱沟或河沟的交汇处或分叉处。有山岔、沟岔或河岔。榆林行政村名中含有“岔”的共有145个，如靖边有青阳岔，吴起有大岔，子长有南沟岔，横山有韩岔，子洲有槐树岔，神木有孙家岔等。

【坡】

坡，是指地形倾斜的地方。陕北山多，坡自然就多，以此为名的地方也多，榆林行政村名中含有“坡”的共有42个，如：枣林坡、姚家坡，等等。

【台】

台，是指山间一些平整的高地。榆林行政村名中含有“台”的共有56个，如安塞的枣树台、志丹的槐树台等。另外，陕北古代历史上有军队在“台”上演习兵马，吴起等地便有“走马台”“马官台”等地名，

【墕】

墕，是指两山相连处，背风向阳山地一侧的地方。榆林行政村名中含有“墕”的共有22个，陕北方言常用词有圪料墕、墕口、沙墕。如横山的屈墕，子洲的米家墕、佟家墕，府谷的王家墕，清涧的郝家墕，鱼河的沙墕。

【川】

川，指河岸比较宽阔、平坦的地方。榆林行政村名中含有“川”的共有76个，如贺家川、王家川。

【圪崂】

圪崂，是因水土流失、雨水冲拉形成的山间角落处，可避风，也指山间的避风处。榆林行政村名中含有“圪崂”的共有45个，如周家圪崂，王家圪崂、史家圪崂等。

【圪坨】

圪坨，有的地方写作“圪凸”，是指山向前突出、前部独立的地方。榆林行政村名中含有“圪坨”的共有13个，如师家圪凸、樊家圪凸、卢圪凸等。定边有牛圈圪坨、神木的贺圪坨、府谷的沙圪坨、绥德的马家圪坨、阳圪坨、崔家圪坨。

【崾岘】

崾岘，是指连接两个黄土峁（塬）之间的一条狭窄地段，为黄土高原的一种特殊地貌，亦为陕北地名中的常见词，榆林行政村名中含有“崾岘”的共有17个，如靖边的沙崾岘、曹崾岘、张崾岘，定边的白马崾岘、郭崾岘、冯崾岘、左崾岘、孙崾岘、柳崾岘等。

【石磕】

石磕，指高出地面尚未开采的石头。榆林行政村名中含有“石磕”的共有12个，如横山有大石磕，二石磕，清涧有李家石磕。

【咀】

咀，是指三面环沟的地方或村庄。榆林行政村名中含有“咀”的共有39个，如绥德的鱼家咀，吴起的白石咀，清涧的石咀驿镇等。

还有些地貌较少见，所以被小范围独立命名。比如，把河流冲刷过的平坦地形称作“掌”或“沟掌”，如吴起县的胡掌、王掌、三合掌等地名。以地质命名的，如府谷县的黑石岩、红胶泥寨、沙梁，榆阳区的红石峡、红石桥乡。

陕北的地貌复杂多样，朴实的陕北人民世居于此，陕北绝大部分的地名都是以这些独特的地理地貌命名的。这些听起来奇异，却是最直观贴切地表达。多样全面地体现了陕北这一区域特殊的地理地貌。其实，在陕北人的口语中，也处处体现着陕北独特的地貌特征。陕北人说洪水是“山水”，概因陕北水土流失严重，洪水自山而下的缘故。将“墙壁上”又直接说成“崖上”，而如“圪梁”“圪峁”“圪嘴”“山峁峁”“跌水哨”“崖洼洼”等词，更是明显地体现了陕北的地貌特色。陕北沟壑多，口语中便有“隔沟架梁”“架沟”“沟掌”“沟湾”等词汇，陕北民歌中就有“白面馍馍乱点点，架沟瞭见个俊脸脸”的唱词；陕北的谚语民谣中也有许多体现了陕北的地貌，如陕北农民常说的“秃岭陡坡种柠条，避风湾湾栽红枣”“圪捞里种的好麻子，丑婆姨生的好娃子”等。再如“隔山不算远，隔河走一天”等，这些都反映陕北地理特有的地貌。

二、陕北地名的构词理据

“地名是地理实体或区域的一种语言文字代号。”① 地名是词汇系统中的专有名词，一般由通名加专名共同构成，这些通名和专名并不是随意组合，而是有一定的构词理据。

---

① 游汝杰. 中国文化语言学引论［M］. 北京：高等教育出版社，1993：94.

（一）通名的构词理据

通名即通用名称，是同一类事物中不同分子的名称，侧重于事物的范畴属性。它反映了人们对自然地理环境的认识，记录了人类利用自然改变生活的各种创造性活动，充分展示了人类的智慧。陕北地名的通名构词理据可分为以下两类：

1. 以地形特征为通名理据。陕北地名中的沟、峁、梁、坬、墕、崾岘等表地形地貌类的通名，即是以地形特征为通名的范例。

2. 以水域特征为通名理据。如海、河、畔等

（二）专名的构词理据

专名是专用名称的简称，专指某个单独事物的名称，是人们心理状态、思维方式的反映，从中可以窥探当地的地域文化特征和当地居民的认知水平。陕北地名专名的构词理据有以下四种：

1. 以姓氏为专用词命名

据统计，在陕北地名中，以姓氏为专名是较普遍存在的现象，这种地名的格式一般为“姓氏+家+地形地貌”，如李家坬、杨家坪、孙家岔等。

2. 以人名为专用词命名

以人名命名某地名，主要是将历史上重要的地方人物的名字直接作为地名使用。在陕北地名中，以人名作为地名的主要有子洲县、子长县、志丹县、吴起县等。这些人皆为陕北本地的历史人物，为地方革命或发展做出过突出的贡献。人名作地名的格式一般是“人名+通名”，口语中有时简化或省略通名，如：“志丹县”在口语中直接称作“志丹”。

3. 以军事设施专用词命名

陕北地区过去多军事重镇，因而屯兵驻扎于长城沿线，建“寨”“堡”“城”“营”“伙场”“伙盘”等军事设施。如：榆阳区的白城台、鱼河堡、刘官寨、郭家伙场、孙家园则，府谷县的大校场、军寨山、营盘梁等。这类地名有300个左右，占总数的0.5%。

【墩】

墩，本是专指长城上的烽火台，明朝时因隔长城与瓦剌、鞑靼对垒，在整修长城时明确把长城上的烽火台叫“烟墩”。墩间距五百米、一千米不等。陕北有“一里墩”“十里墩”“十八墩”的地名均是以此为方位物命名的地名。“墩”前面加数字，不但一听就明白在哪个方位，而且也大体告知了距离。

【堡】

堡，指历史上设堡的地方，堡间距一般为四千米。地名有“吴堡”“瓦窑

堡”等。

【寨】

寨，是指四面土墙，为躲避战争、土匪或更好地攻击入侵的敌人以备不时之需的军事基地。如郝家寨、刘官寨等。

【坊】

坊，本指放养军马的地方。如横山县党岔乡的马坊村，就曾是宋军养马的地方。

【驿】【站】【铺】

驿、站、铺均为古代道路上设置的，为行政、军事邮递的人而建的临时歇息或换马的场所，属“驿站”范畴。唐代时大多采用“驿”这一名称，榆林地名中清涧县的石咀驿即为古代驿站。宋代称驿站为“铺”，多用来传递文书，元代时发展为较为系统的“急递铺制度”，专递军事文书。元代《经世大典·急递铺总序》中记载，“十里或十五里或二十里设一急递铺。十铺设一邮长，铺卒五人。文书至……卒腰革带，带悬铃……贵文书以行，夜则持炬火焉。”明清时期继续沿用了“铺”的名称。绥德有十里铺、三十里铺和四十里铺等地名均源于此。“站赤”是蒙古语 amui 的音译，元代的驿传制度称为“站赤”，明清以后略称为“站”，后来的车站之意即源于此。地名中米脂县有李家站。

三、陕北地名透射出的古代少数民族遗音

我国著名语言学家罗常培先生曾指出：“被征服民族的文化借字遗留在征服者的语言里的，大部分是地名。”① 地名可以说是最顽固的词汇，也是少数民族维护生存权的最后堡垒。“进而文化的地域性和民族性渐渐消磨去其棱角，甚至不同的语言也产生融合现象，但是地名的变化却相对较慢，它的顽强延续性和稳定性较好地保存了文化史的某些本来面目。”② 陕北方言词中，尤其是陕北地名词中，仍然保留着少量古老的西北少数民族语言文化。这些地名见证了历史上汉族与少数民族交往的史实，也是历史文化的语言反映。从陕北的这些地名可以看出，汉族与少数民族在历史上曾经共同生活、相互融合。

（一）地名中的音译外来词

陕北有许多地名是音译外来词。以榆阳区为例，巴拉素镇辖区的行政村中有大顺店村、大旭吕村、忽惊兔村、马家兔村、三场村、讨忽兔村、讨讨滩村、

---

① 罗常培. 语言与文化［M］. 北京：北京出版社，2004：87.

② 周振鹤，游汝杰. 方言与中国文化［M］. 上海：上海人民出版社，1986：165.

小旭吕村、新庙滩村、元大滩村。牛家梁镇辖区的行政村种有高家伙场、大伙场、什拉滩、城大圪堵。补浪河乡辖区的行政村有巴什豪村、点连素村、点石村、蒿老兔村、纳林村、那泥滩村，省不扣村、昌汗敖包村等。马合镇辖区的行政村有补浪村、补兔村、达拉什村、郝家伙场、脑昌海则等。岔河则乡辖区的行政村有排则湾村、什它汗村等。孟家湾镇辖区的行政村有波直汗、大海则湾、圪求河、书肯壕、野目盖、恍忽免等村。芹河乡辖区的行政村有思家海则、天鹅海子、长海则、阿达许等村。小壕兔乡辖区的行政村有巴汗采当、乌素采当、刀免、东奔滩、耳林、海代、忽缠户、贾拉滩、贾明采当、沙则汗、史不扣、公合等村。小纪汗乡辖区的行政村有大海子、牙世兔、阿拉卜、敖包，奔滩、波罗滩、昌汗界、大纪汗、小纪汗、井克梁等村。这些村名几乎全是音译词加上通行名“村”组成。

（二）少数民族词语拟音变音词

陕北佳县与神木交界处的“秃尾河”，被佳县人叫作“退河”，乡民误解为：“河流弯弯曲曲，有时候看到河水像是在退着流。”《葭州志》一书中把“秃尾河”记作“吐浑河”。后晋刘桌等撰的《旧唐书·吐谷浑传》中记载：“今俗多谓之退浑，盖语急而然。”宋代欧阳修的《新五代史》则直接把“吐谷浑”称为“吐浑”。根据古代以居住该地的氏族名为命名理据的规律，可以推测这里曾经是吐谷浑族的栖息地，只不过后来此民族消失了。据史书记载，唐朝初，迁吐谷浑部众于河西，公元 671 年，又再迁灵州。从此以后，今陕北及内蒙古一带多有其遗族。历史上亦称吐浑、退浑。吐谷浑的“谷”字念作［y］，而“尾巴”的“尾”在佳县方言中念［i］。［i］与［y］发音相似，容易混淆。“秃”与“吐”同音，所以当地人对“吐谷”这两个抽象的字很难理解，就用了具体形象的“秃尾”来代替了，又因为“吐谷浑”在语速快的时候念成“退浑”，所以，自然的“秃尾河”又被叫作“退河”，这跟河流倒不倒退没有任何联系，只是因为这个地方曾经居住着吐谷浑这个少数民族。

富县有一个乡叫钳二乡，“钳二”是“钳铒”的谐音。钳铒，出于西羌虔人种，后改姓王氏，今钳二乡王姓居多。

宜川有秋林乡，秋林疑为“丘林”之讹。丘林，匈奴族姓氏。《汉书·匈奴传》曰：“单于姓虚连，异性有呼衍，丘林氏。”

洛川县朱牛乡有上乞佛、下乞佛。“上、下”是汉语的方位词，“乞弗”原为鲜卑部落名，后演变为鲜卑氏。“北魏有并州刺史乞佛成龙。”（《魏书·文成帝》），“西秦乞伏国仁，本陇西鲜单乞伏部酋帅，因以为姓。”（《通志·氏族略》）“乞伏”亦作“乞佛”“乞扶”。鲜卑族在魏晋南北朝时有慕容、乞伏、秃发、拓跋等部落先后在今华北、西北建立了政权，后实行汉化政策后渐与汉同。《洛川县志》载：“北魏以至周，洛川亦为鲜卑族统治，其部族聚居村落为数众多，今朱牛乡有乞佛村，是乞弗之讹。”

（三）蒙古语词的影响

陕北毗邻内蒙古，许多地名受蒙古语影响，有的甚至直接源自蒙古语。神木县窟野河上游的西河叫乌兰木仑河，古称“紫水”。“乌兰木仑”在蒙古语中指红色。紫色与红色，色调类同，所以汉语意译词为“紫河”。在神木县城的西北新区，有一座大桥叫作五龙口大桥。五龙口原名“乌芦格”，是蒙古语“主顾”的意思。明朝政府在陕北长城沿线地区设了一些“互市”或“边市”，供蒙汉进行边境贸易。神木县的互市就设在了今天的五龙口。蒙古人把来这里交易、做买卖的主顾叫作“乌芦格”，久而久之，这个地方的地名就叫乌芦格了。由于乌芦格和陕北方言的“五龙口”谐音，于是后来人们就把这个地方改说为更加顺口、更符合汉民族文化心理的“五龙口”。

陕北地名中的“兔”，本是蒙古语中表形容意思的字母 t 的音译字。该后缀没有实在意义，表示“有……的”，用于地名表示“有……的地方”。如包头：有鹿的地方。阿勒塔图：有黄金的地方。活力害兔：有小偷的地方。阿包图：有敖包的地方。活鸡儿兔：出碱土的地方。哈达兔：有石块的地方。作为后缀的“兔”是蒙古语音译字，所以有时也被写作同音字“图”或“头”。据统计，仅榆林地区就有含有“兔”或“图”的地名 30 多处。如榆林的尔林兔：容易使人迷路的地方，类似的地名还有小壕兔。

“采当”是蒙古语的音译词，多译为“柴达木”，指盐碱度很高的草地，即碱地。例如，窝兔采当：长形的碱地。摆言采当：富的碱地。朱吓采当：第六个碱地。巴吓采当：小碱地。纳林采当：细长的碱地。

还有如神木的地名中的“大保当”“乌素”等都是由蒙古语而来的，“保当”在蒙古语中指“灌木丛”“草滩”，“乌素”在蒙古语中表示“水”。另有地名中的“伙盘”，意为古时屯垦戍边的军事组织。清康熙年间，内地汉民与蒙古人合伙开垦“伙盘地”，今日陕北地名中有“杨家伙盘”等。明代长城穿过榆林市榆阳区的中部，榆阳区中北部以及往北的广大陕北地区都深受影响，随着民族的融合，人口的迁徙，民族界限已经不是很清晰了，但是从蒙古语中译介过来的地域名称被以陕北方言的形式完好地保留了下来。

陕北地名中较多的附加了“兔”“滩”“伙场”“海子”“海则”“汗”“昌

汗”“纪汗”“采当”“敖包”等。其中，多数完全从蒙古语中译介而来，如巴汗采当、乌素采当、刀兔、耳林、海代、忽缠户、大海子、牙世兔、阿拉卜、昌汗界、大纪汗、小纪汗等。它们都是直接译介过来的。还有，少数地名为部分译介而来，如奔滩、波罗滩、讨讨滩村、高家伙场、新庙滩、井克梁、贾拉滩、巴什豪村、点连素村、点石村、蒿老兔村、纳林村、讨忽兔村、大旭吕村、忽惊兔村、马家兔村。它们是音译加汉语语素的，即音译之后再加上汉语表示意义类别的语素，如滩、梁、村等。

“不同民族或者不同的地域文化，最初大都是因相互隔离而各具特色的。随着历史发展，隔离状态逐渐被打破，不同文化发生接触并进行了交流，便使其自身带上其他文化的色彩，进而文化的地域性和民族性渐渐磨去棱角，甚至不同的语言也产生融合现象。但是地名的变化却相对较慢，它的顽强的延续性和稳定性较好地保存了文化史的某些本来面目。”① “地名的研究实在是语言学家最引人入胜的事业之一，因为他们时常供给重要的证据，可以补充和证实历史家和考古学家的话。”②

陕北历来是兵家必争的军事要地，汉族与各少数民族的拉锯战从未间断。从商周时代起，有犬戎、狁狁、稽胡、鬼方、白狄、义渠、匈奴、鲜卑、氐、党项、突厥、蒙古、女真等少数民族与陕北汉族人民融合杂居、交流交往，为陕北文化注入了丰富而独特的文化内涵。中华民族是一个多民族的族群，各族人民长期以来相互交流，交往交融，取长补短，汇成一个大家庭。在民族融合的过程中，汉族往往由于其先进的生产力、发达的科技和进步的文化成为其他民族学习模仿的对象，在历史的车轮下，许多曾经的少数民族被同化直至消亡。这些被同化的少数民族的语言状况如何，我们便无从得知。所以，残存于方言中的极少数民族词语具有一定的史学价值，有望为解决民族史上悬而未解的问题提供语言学佐证。

---

① 周振鹤，游汝杰. 方言与中国文化［M］. 上海：上海人民出版社，2006：95.

② 罗常培. 语言与文化［M］. 北京：北京出版社，2004：130.

第七章　熟语与陕北民俗文化

熟语是方言中的一种较为特殊的语言现象，也是人们生活中经常使用的、富有生命力的语言材料。“熟语作为人们认识的结晶，语言的精华，涵义丰厚深刻，构形短小精悍，生命力强。它用最简洁的语码承载着最丰富的信息。”① 关于熟语的专著《熟语文化论》认为“熟语是伴随着语言史发展的脚步和语用跳动的脉搏，由使用该语言的整个社会力量对语言财富进行创造性劳动的成果，是汉民族语言的精华”②。

为避免混淆，本章需要先对“熟语”与“俗语”这一概念进行解释和界定。

俗语早在先秦典籍中就有记载，当时称作“谚”“鄙谚”“鄙语”“野语”“民语”“言”等。“俗语”一词是在西汉前期出现的。刘向《说苑·贵德》记载，“俗语云：‘画地为狱，议不可入；刻木为吏，期不可对。’此皆疾吏之风，悲痛之辞也。”由此可知，“俗语”一词在两千年前就出现了。“俗语”一词出现虽早，但长期以来人们对其所属范围有多种不同的见解。有人认为广义俗语应包括谚语、歇后语、常用语、惯用语以及方言土语等；有人认为俗语应包括谚语、格言、警句和俚语中成句的部分；绝大多数人认为俗语是与谚语、歇后语、惯用语等并列的一种独立的语类，它们之间既有区别又有交叉。近年来，随着民俗语言研究的深入，俗语的范围得到了基本界定。“熟语”替代了“广义俗语”的概念，它包括俗语、谚语、歇后语、惯用语、成语、吉祥语、方言俚语、格言、民谣语、警句、典故等。本书研究的“俗语”是熟语属下的狭义俗语。为便于叙述，简称“俗语”。从语言形式上看，熟语是定型的语句，而不是词。熟语的字数不固定，少者三四字，多者十余字。本书把三四字俗语作为三字格惯用语、四字格惯用语单独进行分析。

---

① 向光忠．成语概说［M］．武汉：湖北教育出版社，1985

② 姚锡远．熟语文化论［J］．河北大学学报（哲学社会科学版），1994（3）．

第一节 三字格惯用语

在人们口语中三字格惯用语的使用频率相当高，而且在表意结构功能上独具特色，本节以陕北方言中的三字格惯用语为考察对象，对其中的民俗现象进行考察，并探讨其作为俗语反映民俗现象的特点。“惯用语是一种定型词组，它从意义到结构都是完整的、统一的……在语言结构上，多数是三个音节的动宾结构词组。”①

一、三字格惯用语中反映的民俗文化

陕北方言中的三字格源于民间，由劳动人民口头创造，并固化沿用，反映了他们的思想认识和用语习惯。

（一）反映生活习俗

三字格惯用语是人们日常生活中经常使用的口头熟语，几乎贯穿于人们生产生活的方方面面，有部分三字格惯用语里面所涉及的事物或者习惯现在已经不复存在了，但是作为口头惯用语已经深深烙进了陕北人的语言记忆里，反而能通过这些熟语，看到社会的变迁及民间风俗的变化。下面列举一些反映陕北地区衣食住行、日常生活等方面民俗的三字格惯用语。

1. 反映饮食习俗

羊闶阆：指的是宰杀后清除过羊内脏杂物的整只羊。闶阆，陕北也叫闶阆子。本指空壳儿，建筑物中空的部分，空腔。引申为凡是大点容器的“空”处，如车闶阆，空窑洞叫窑闶阆。

羊油饦：养羊是陕北的优势产业，民间多有将羊油炼熟后放入各种器皿冷凝成饦备用的传统，而羊油密实无缝，人们用“羊油饦”借喻人不开窍。

二米饭：小米与大米混合蒸熟的米饭，也有小米与玉米或高粱等制作的。

垫面补：本指陕北人在做各种面食时，擀面防粘连而撒的面粉，比喻打水漂，无关大局的无效投入。

倒饥荒：饥荒是一个时代的人们对于极度缺乏食物的描述，为了熬过去，人们想方设法做一点吃的度过灾荒的行为称为“倒饥荒”，后比喻想方设法、变通、做手脚。

---

① 高歌东，马国凡. 惯用语［M］. 呼和浩特：内蒙古人民出版社，1982：119.

水杂面：因杂面容易消化不耐饱，百姓习惯称杂面为水杂面。

过水面：形容为人牵线搭桥从中获得的好处。

恶水罐：本指盛放泔水的罐子，借以形容什么也得应承、出力不讨好的差事。

打平伙：旧式的 AA 制聚餐。有带不同食料开伙的，有凑钱统一买料开伙的。后统称一切平均主义的行为。

2. 反映其他生活习俗

燎烟囱：本指野外举饮，形容居无定所，无处栖身。

盐湾家：榆阳区盐湾镇自古以产盐闻名，借指“咸（闲）人”。

单边墙：也称单边边墙，不连不靠的一面墙体，形容在群体里或社会上势单力薄，无依无靠。

背圪崂：偏僻角落。

抬杆秤：在地磅未发明前，大分量货物靠人抬衡量，这种人抬衡量的秤叫抬杆秤。俗语“狗肉不上抬杆”，借指贬损人上不了场合。

补皮裤：本指取此之材补彼损失，借喻为他人作嫁衣裳，或承担、弥补损失。

蛋婆婆：产蛋母鸡。

做庄稼：农田中春种、夏锄、秋收、冬藏之类的活。

臭盆子：莫须有的罪名，多指凭空捏造，诬陷中伤他人，目的使人信誉受损、行为受挫。

合龙口：修建窑洞时安放顶上最后一块石料，一般择吉日举行仪式，谓合龙口，借指所有事情了结。

辟裂子：本指物体开裂，引申变通、破例，网开一面。

打草蛋：本指毛驴齿龄一大，牙齿的嚼力就差了，往往会将未嚼碎的草团吐在槽内，此谓“打草蛋”。有人就戏骂年老者不再尚饭，吃饭速度明显减慢为“打草蛋”。

（二）反映陕北社会生活的各个方面

1. 婚丧嫁娶的习俗

择日子：请人看时辰选吉日叫“择日子”，根据事由需先开八字，根据不同人的生辰八字与婚丧乔迁等不同活动具体确定时日。一年中除要知晓黄道吉日，更要规避几个百事不利的日子：农历正月三十、二月十一、三月初九、四月初七、五月初五、六月初三、七月初一、七月二十九、八月二十七、九月二十五、十月二十三、十一月二十、腊月十九。

长明灯：陕北除夕晚上或者新婚夜，灯要一直亮着不能灭。

儿女婿：上门女婿，入赘。

干碟子：招待人的糕点、果盘、干果类食品。

引婆姨：指结婚，为自己娶老婆。

引媳妇：指结婚办事情，为自己儿子娶媳妇。

嫁女子：女儿出嫁在娘家举办的仪式。

吃亲事：参加结婚时举办的宴请活动。

合八字：婚俗中是比较重要的一步，如若二人八字不合，婚配也不会成功。根据双方出生年、月、日、时和属相推算，查其是否相生相克，谓之合八字。

白喜事：指寿高福满的老人正常死去后举办的丧事。

账房窑：指结婚新人的洞房。

行门户：参加举行的婚事、丧事及一切庆贺活动等都称为“行门户”，主要是为“行礼”。

过事情：举行红白喜事。

赶事情：又叫“赶喜事”，“吃亲事”，“寻门户”或“行礼”。

2. 反映其他社会习俗

本不字：综合分析形成的基本判断，也指需要或已经掌握的证据。

定橛子：明确地界、施工放线时定橛明码，引申为最后做决断。

二卜溜：不大不小。

害娃娃：指妇女怀孕。

跌饥荒：入不敷出，债台高筑。

鼓上家：唢呐班。

老生生：子女中排行最小的，也称老生儿、老生女。

打露水：局外人跑前跑后的外围工作。

犟板筋：爱抬杠、固执、倔强、难与沟通之人。

道奇话：讲笑话。

齐茬子：断茬，引申为说话不留回旋余地。

倒塌样：不是具体的“垮塌”，而是一种破败、衰落趋向。

囔儿话 ：说低级下流的话，开荤色玩笑。

（三）反映精神生活

1. 宗教信仰

吃坟会：赶坟会吃祭品。坟会，祭祖仪式，就是同族宗亲要在一定的时间到祖茔上去上香祭祖，到时族人大都前往，礼毕分食祭品。

灵神神：本指灵验之神，比喻人反应过度、过敏。

扣娃娃：陕北民间巫术，孩童高烧呓语被认为是妖魔附体，家人会请巫师或说书匠，焚香发咒，用麻辫、刀子、火草将妖魔驱赶入碗或者罗筛下，并划出一道妖魔逃生的线路，为驱邪法术。

倒吊驴：旧时陕北农村人认为睡觉时梦驴便是梦鬼，故小儿夜哭不止，家人就会画一倒吊驴儿，写一段“天皇皇，地黄黄，我家有个夜哭郎……”的咒语，贴在柳树干上。

扫天晴：陕北止雨求晴民间巫术，若遇连天阴雨，久不放晴，乡民们便剪个扫帚人（扫天媳妇），挂在院中高粱秆上，让未婚女子们到碾子青龙神位上香烧纸，用扫帚边扫边念：“扫天晴、扫地晴，家里家外圪里圪崂直扫尽，先扫阴，后的晴，一扫扫的雨水停，二扫扫的天放晴，三扫扫的太阳满天红。”

跌莲花：金口玉言，形容一言堂下，权威的表态、最终的决议。寺庙里的菩萨、佛祖等众神都是坐在莲花宝座上，可见莲花与佛教的关系十分密切，可以说“莲花”就是“佛”的象征。所以，“跌莲花”就如同佛祖发话，极具权威性。

天大大：天老爷、天呀。陕北人感叹时常用之语，像通用语里呼“妈”一样普遍。

白眉神：比喻强词夺理的顽劣之辈，通常形容不讲道理的人。

打醋炭：是在铁勺上放一块烧红的煤炭，再浇上醋。是为驱邪禳灾。

丧门星：用来比喻带来灾祸或者晦气的人。

上布施：在寺庙上捐献财物，多为敬神或者还愿目的。

转九曲：又叫转灯，陕北正月里人人都会参与。借此祈求“转九曲，消灾驱病，人活九十九”。

2. 民间游艺

钓股股：不上场赌博，但在一人名下投注，同输同赢，也称钓鱼。

扳水船：以彩船为道具，少女坐船，艄公扳船，边舞边唱：“你演坐船姑，我俩扳水船。”

闹秧歌：陕北地区把扭秧歌称作“闹秧歌”。元宵佳节时各村的秧歌队在“伞头”的带领下，进行群舞跑“大场”或者在过程中表演双人、三人舞，即演“小场”，一般按照顺序依次到各家表演，称作“沿门子秧歌”。以此庆祝新年，祈求年年兴旺。

二、三字格惯用语反映的社会变迁

“捏码子”，是旧时交易中的一种议价方式，互相用手指搞价，主要在进行贩卖牲畜交易时用。陕北俗称“五指转乾坤”。奓食指表示 1、10、100；奓食指、中指表示 2、10、200；伸食指、中指、无名指表示 3、30、300；压下拇指，伸出四指表示 4、40、400；五指合拢表示 5、50、500；拇小二指奓起，其余三指屈缩表示 6、60、600；拇、食、中三指相靠，无名指、小指屈缩表示 7、70、700；拇食二指撇开其余三指屈缩表示 8、80、800；食指成钩状，其余四指合抱表示 9 、90、900。五指中食指用得最多，捏码子不用零，是劳动人民发明的一种无声数字。

陕北旧时的牲口交易市场，有专门的“中介”，被称为“牙子”或“牙行”。这类人在当地有威望、有信誉，能说会道，是挑牲口的行家，能打出合适的价钱。捏码子的目的是为了在生意场上避开旁人耳目，如果叫明价钱，生意怕被人搅黄，所以捏码子只在买卖双方和牙子三人暗箱操作中进行。先商定宗（整数钱、大钱），再捏零，牙子先和卖主在顺顺（陕北地方口语，即背的布袋）下捏好要价，转身再和买家在手巾或襟下捏出还价，买卖双方如把宗搞定，这时牙子周旋于买卖双方，零相差不大，牙子出面砍价，喊出中间价，称为“叫价”，表示相断成功，买卖双方一手交钱一手交物，双方给牙子缴纳约定的辛劳费，叫“打牙钱”。民间还流传着“戏子不怕挨刀，牙子不怕讨价”的俗语。如今随着农业的现代化和农村人口的流失，牲口在农村所扮演的绝对生产资料的角色，几近成为历史，买卖牲口已不多见，只有在少数偏远的农村，还偶尔存在这种现象。

走西口：长城由东北向西南贯穿府谷、神木、榆阳、横山、靖边、定边六县，绵延 700 多公里，长城在内外交通皆需要通过各个关口，河套之于长城属于口外，长城又在陕北的近南北走向，所以走河套必得向西出长城关口。走西口是在河套一带逃荒、打工的陕北人的一部辛酸史。

驮炭驴：指干活最苦的人们。在陕北方言里，有一句嘲笑人的话叫“驮炭驴”，指的是干活最苦最重的人。因为“驮炭”是驴最苦的活儿。驴背上的木驮架一边放一块炭，每块足有一百多斤，不论再陡的坡、再冷的天，它都必须要奋力上坡，毫无怨言。

黑窑子：旧时对挖煤工的蔑称。

定盘星：老式衡量器秤杆上零界标志，引申喻指必须把握、恪守的度。

吃八碗：旧时人们把参加宴请称为“吃八碗”。陕北二十世纪六七十年代，由于物质匮乏，宴请时只提供“八碗”（四碗肉菜，四碗素菜）。

毛野人：陕北民间广泛流行的传说。传说毛野人身长八丈，浑身长毛，眼似铜铃，口如血盆，指甲尖利，力大无比，经常出来吃人，是过去陕北人家吓唬孩子早点睡觉或者不要乱跑常说的故事。

语言是在特定的社会环境中形成的，语言和社会之间有着复杂，紧密的联系，语言与社会又都不是静止的。人类社会总是在不停的发展变迁，这是历史发展的规律，语言也在变化，不同的社会发展和变迁会影响语言的发展，同时语言又是社会生活变化的写照，记录着社会生活方方面面的变迁，语言和社会相互影响。一些语言里面反映的民俗事象或许早已不再出现在人们的生活当中，但是留下来的方言语汇却作为记录这些历史民俗事象的载体，保留着人们的记忆。

三、三字格惯用语的社会性

陕北部分三字格惯用语幽默、诙谐，对社会阴暗面和人性恶习进行生动描述，反映了当地劳动人民的思想认识以及爱憎分明的情感。例如：

溜光锤：泛指泼皮无赖，也形容人流里流气、不务正业、狡猾奸诈等。

爬床鬼：贬损语，指不能自食其力之人。

红毛蛋：不讲道理，无理取闹之人。

老骚胡：种公羊，多用于贬称好色之徒。

生小瓜：贬称不通人情世故的人。

骷髅子：脑袋的贬称。

屎不顶：指啥事业指望不上，办不了事。

搅矛棍：老式厕所为防溅污而放置的木棍。常用来形容瞎掺和反而起到坏作用之人。

溜勾子（货）：喜欢阿谀奉承、溜须拍马之人。

顺毛驴：指喜欢听恭维话和奉承话，不喜欢听批评话的人。

挨打毛：欠揍，欠打之徒。

油炸鬼：油里油气，油滑之人。

圪搅神：乱伦之人。

溜达鬼：二流子。

浅皮子：轻佻，阿谀奉承之徒。

糊脑松：指脑子不精明的人。

懵道驴：驴虽为力畜，但智商较骡马差，人们就把一些反应迟钝、行动不灵活的人戏称为“懵道驴”。

第二节 四字格惯用语

四字格惯用语作为一种常见的熟语形式，从形式到内容都包含深厚的历史文化内涵，更具有民族性。它反映着几千年来中华民族历史文化、社会生活等各方面的情况，保留了深厚的民俗文化的痕迹。陕北口语中的四字格惯用语异常活跃，本节主要考察的是口语性四字格惯用语中所包含的民俗文化成分。

一、反映自然地貌的四字格惯用语

自然地理环境与当地人的生活息息相关，无论地形地貌，还是气候、水文都对当地人影响颇深，不同的自然地理环境中造就不同的风土人情，并体现于当地方言语汇中。陕北方言四字格惯用语中就有部分是反映自然地理环境的，如：

崖塌水推：本指山洪、滑坡等自然灾害造成的破坏之状；形容事情一败涂地、损失惨重。

崖头圪塄：悬崖峭壁，形容山行地势险峻。

崖窑古寨：据险而扎、饱经风霜的窑洞村落，比喻偏僻、老旧、衰败的村舍。

圪塄半百：本指地形地势高低不一，断层。比喻把事摆不平或者办事不公。

圪崂连岔：黄土高原丘陵沟壑区的沟壑，水土流失形成的支沟。

儿马黄风：沙尘暴，形容昏天暗地，几乎没有能见度的大风扬沙天气。儿马：公马，种公马。

冰倒擦滑：冰天雪地，光滑难行。

旮里旮旯：指屋子里或院子里的角落，陕北方言指一切角落。

圪里圪崂：勾和拐弯处，狭窄、偏僻地方、幽暗处。

满山二坬：满山都是土堆土坡。

二、反映民俗文化的四字格惯用语

陕北方言中有很多反映饮食习俗、婚姻观念、社会关系习俗等的四字格惯用语，例如：陕北方言用“亲戚六人”一词，泛指关系紧密的亲人。对于“六人”一说，笔者查阅了资料，现大致罗列如下：1.“六人”为“父子、兄弟、姑姐（父亲的姐妹）、甥舅、婚媾（妻的家属）及姻娅”。这样的划分标准，是出自《左传·昭公》记载：“（六亲）为父子、兄弟、姊姑、甥舅、昏媾、姻娅，以象天明。”“昏媾”是妻子的父亲，“姻娅”指的是女婿的父亲，就是现代所谓的姻亲。2. 以父子、兄弟、夫妇为六亲。这样的划分标准，是出自《老子》。《老子》中有这样一段论述：“大道废，有仁义；智慧出，有大伪；六亲不和，有孝慈；国家昏乱，有忠臣。”王弼注：“六亲，父子、兄弟、夫妇也。”3. 以父、母、兄、弟、妻、子为六亲，这样的划分标准，是出自《汉书·贾谊传》：“建久安之势，成长治之业，以承祖庙，以奉六亲，至孝也。”这里的六亲是指父母、兄弟、妻子。综合各家之言，六亲实际上是血亲和姻亲的泛指，不只是指六种亲属关系。所以“亲戚六人”就是指和自己有血缘、婚姻关系的人。陕北方言“亲戚六人”也是古语词在方言中的遗存之证。

（一）反映饮食习俗

糜糜麻麻：由于麻糜外观相似，不容易区分，借以指事情不用搞太清楚，表面上过得去即可。

捞稠澄稀：吃饭挑挑拣拣，引申为形容人自私、挑剔。

摆汤弄水：十分讲究地勾兑烹饪、奢侈地准备餐饮。

突汤漏水：本指饭菜油水少，调料少，形容因为不留神而泄露机密。

半生不熟：饭菜将熟未熟的状况，借指对人、对事还不太熟悉，对所从事的业务、技术还不熟练。

粗罗细捭：加工米、面时按程序通过粗、细不同的罗子过滤出粉。形容做工细致投入。引申为形容严格筛选。

八米二糠：好的谷物经加工能得八成米、二成糠，借指说事的理由特别充分，入情入理，很动听。

俭口待客：形容主观不舍或者客观难耐，节俭待客或薄己而厚客。

秕麻扬扬：没有成熟的、不饱满的麻子上扬，形容说话、陈述空洞乏味，缺乏实质性和有意义的或有用的内容。

春困三月：陈粮消费殆尽，新的食物还不能食用，形容青黄不接之季。

饱肠鳖肚：不加节制地进餐进食，造成肚饱食滞。

（二）反映社会习俗

长袍短褂：指衣服没有穿好，在身上胡乱搭配。

走州过县：形容走的地方多，到过许多州县。比喻阅历很广，意同“走三省四码头”。

高骡大马：健壮的骡马，引申为骡马队伍，也形容豪华阵仗。

檐山邻家：隔山相邻而居，引申为不分彼此，难分伯仲，五十步笑百步。

薄行烂李：行李少旧且不值钱。

擦脂抹粉：浓妆艳抹，形容不得体的过分装扮。

半月二十：十五天到二十天左右的大约表述。

迟三过五：三天至五天的时间概念，多用于表达时间不会过长。

薄溜忽天：物器口大体轻，引申轻佻不检点，献媚讨好。

半死落活：生命垂危、死活难卜的状态。一般形容人病入膏肓或者自嘲身体不佳。

病死怜天：疾病缠身、身体不支、精神不佳。多用于对久病之人的描述，也可用于对自我身体状况的描述。

干驴皮塬：地力贫薄的地块。

掐瓜点豆：在农田种瓜种豆，泛指一般性的耕种农活。

闇门闭窗：将门窗关严实，泛指采取保护措施防止干扰。也作“闇门闭户”。

熬油点灯：用植物油或石油点灯照明。比喻不分昼夜、不辞辛劳的超长付出。

爱好人家：十分注重荣誉、讲究礼仪的家庭。泛指有信誉的体面人家。

半土不洋：想学洋气又难脱土气。

倒问骨血：陕北人认为表亲结婚凸显亲上加亲，但姑表结婚，女到舅家为倒问骨血，属禁忌。所以用“倒问骨血”形容本末倒置、逆序操作。

大相不合：多指适婚男女的属相不匹配。

借子还孙：陕北婚俗的一种。女婿入赘，生下第一个孩子须随女家姓，第二个以下孩子允许随男家姓。

伯叔弟兄：父辈为胞亲的堂兄弟，也称伯叔兄弟、叔伯兄弟，类姐妹则称叔伯姐妹。

孙男娣女：二十世纪五六十年代的老一辈人对隔辈人的统称，有对隔辈人表达格外关怀和家人温馨的感情之意。

棺材瓤子：比喻行将就木之人。

棺木老衣：专指白事土葬用的基本丧用物件。

现码现过：现场交易，一手交钱一手交货。指当面质对，当面付清。

头头点点：指钱数整数后面的零头。

长退短补：短在陕北方言中意“少”。多了退款，少了补足。

三打两扣：指多方面克扣。

拆房卖地：形容为逞一时之快而不计成本、后果，不惜血本变现。

斗二八升：一斗左右的数量，形容相对数量时用。

贵籴贱粜：高价进低价出，形容生意失算，得不偿失。籴：古代指买进粮食，演绎为整批、批发买进的意思。粜：古指卖出粮食。

（三）反映民间信仰

陕北熟语里面有两个有意思的四字惯用语，“鬼说六道”和“胡说八道”，都用来形容没有根据或没有道理地瞎说。这里面的“六”和“八”不能换作其他数字，其实是有来历的。“鬼说六道”源于佛教的“六道轮回”。六道是指“三善道”（人道、阿修罗道、天道）和“三恶道”（地狱道、饿鬼道、畜生道）。因这六道是指阴间因善恶流转轮回的六项称谓，所以称“鬼说”。人们常把不负责任地乱说一气，称为“胡说八道”。胡是古代人们对西北等地少数民族的统称。胡人说话中原人听不懂，因此，中原人把他们的话叫“胡说”。八道即八圣道，为佛教三十七道品中的一类。它主要讲通向涅槃的八种方法和途径。而听不懂佛法，又看不懂佛文的人，把胡人讲解佛经说成是“胡说八道”。

陕北熟语中有大量源于佛教道教的惯用语、源于天命信仰的惯用语、源于对鬼神敬畏的惯用语。这与陕北人民朴素的神灵崇拜、鬼神崇拜有关，从另一个侧面反映了陕北人的精神生活需求和万物有灵的思想观念。

安神谢土：求神拜佛等民间祭祀、祈福活动。

抖神打卦：装腔作势，用于形容可以抖威风的样子。

不合神道：出言、办事有悖清规戒律，形容做事不合常规。

过路财神：形容虽自己直接经手，但并不能享用的可观钱财。

大王降鳖：本指传说中天兵天将轻易降服妖鳖，比喻无所顾忌训教、训服人。

三、反映历史典故的四字格惯用语

陕北方言用“岑彭马武”指用拳头说话、动粗逞强，也形容张牙舞爪、虚张声势的样子，也指欲尽力施展自己的能耐，不适时宜的示强。“岑彭”和“马武”，是指东汉刘秀的两位开国将领，为光武帝刘秀重兴汉室江山立下过不朽功勋。传说岑彭和马武二将总是争来斗去不和气。至今，河北太行山一带民间依然上演着《岑彭马武夺状元》的剧目，京剧也有《马武收岑彭》等与他们有关的戏剧剧目。最迟从明代起，岑彭、马武的名字就被广泛连用了，《三国演义》

第二十三回曹操说许褚、张辽、李典、乐进，“勇不可当，虽岑彭、马武不及”，这说明早在汉末三国时代，岑彭、马武就成为武功高强的楷模。明代谢诏编集的《东汉演义》里，有“岑彭马武对花刀”的故事。陕北绥德民歌《夺状元》（改编自民间故事《珍珠卷帘》）曲目中也有歌唱：“正月里来是新年，岑彭马武夺状元，岑彭箭射金钱眼，马武刀劈九连环。”由于岑彭和马武经常在一起比武，陕北人把“岑彭马武”两位武将的名字合起来形容非文而武的样子。

焦赞孟良：泛指忠良之臣，可信且能干的部属。焦赞孟良为北宋时抵抗契丹的将军，戏曲中为杨延昭的左膀右臂。

成古化年：榆林（榆阳）建置较晚，明成化七年（1471 年），开始从米脂分设出军事建置榆林卫，成化九年（1473 年）成为“九边重镇”的延绥镇治所，当地百姓据此以成化年为记事重要时段标志。引申为过时、超时，表历史久远。

赫连倒阵：也说“赫连阵倒”，原来指匈奴王赫连勃勃用兵布阵的快速利落，后用来形容快速、利索或做事干净利落。

四、生动传神的特殊四字格惯用语

（一）形容外貌长相、面部神情

笔者搜集到的有关陕北人形容一个人的外貌长相的四字格惯用语，从中可以领会陕北方言形象生动、幽默传神的语言风格。

搐鼻囔丧：形容一个沮丧落魄的样子。

鼻渣涎水：眼泪、鼻涕不能自禁，面容污秽，多形容面目不洁。

呆眉怵眼：形容眼睛发瓷，目光呆滞，一脸憨相。

鬼眉怪眼：形容面容丑陋，相貌奇特。

蚕眉凤眼：形容长相眉清目秀、漂亮精神。

碜眉刮眼：形容表情冷酷、态度严厉。

变眉失眼：面部表情晴转阴，尽显内心之不满、不悦或者不齿。

肿眉膀眼：指眼睛红肿。

豁牙露齿：相貌丑陋状。

立眉竖眼：眼睛眉毛都竖起来了，形容一个人生气的表情。

瓷眉瞪眼：形容目不转睛、表情呆滞。

搐眉怪眼：形容不高兴、耍小脾气的样子。

碎眉碎眼：多指小孩子长得好看。

痴眉呆眼：形容目光呆滞、反应慢。

少眉没眼：形容一个人没有眼色，不会办事。

贼眉溜眼：形容两眼贼光、鼠目四顾的样子。

低眉垂眼：形容羞羞答答、脉脉含情的样子。

（二）评判行为、品格

陕北人在生活中性格耿直，爱憎分明，所以在形容一个人的道德品格或行为规范时，常常用词生动传神，入木三分，如立眼前，使听的人无需多问，简简单单四个字便对此人的品行一清二楚。例如：

日鬼剜三：指这个人有小聪明，鬼点子，含有褒义。

昏三葫芦：形容比较晕，摸不着头脑的状态。

毛拈拾掇：形容一个人举止比较轻浮的样子。

鬼古兰谈：形容一个人做事神神秘秘。

嘴尖毛长：指戳是非，捣闲话的人。

躲奸溜滑：指偷懒，不愿出力的人。

胡吹冒撂：指胡言乱语，信口吹牛。

日毛古怪：形容经常出人意料。

疯魔二道：惊惊怪怪，形容人行为反常、失常，或精神不正常。

风跑溜杠：到处忽悠、风流成性的人。

赖溜赤踏：形容不讲个人为生，不注意个人形象，污秽难忍。

拐溜失切：说话做人不直爽，喜欢拐弯抹角的人。

捣鬼溜气：不诚实，暗中玩弄诡计进行搅扰或破坏的人。

虚说溜道：经常说谎，满嘴没有实话的人。

半憨不精：本指智力智障或弱智之人，通常用于自嘲或讥笑他人。

肿头日脑：没有脑子。

鬼眉三道：形容面色诡异，行动诡秘。

搅屎棍棍：对喜欢惹是生非、挑起事端的人称呼。

贼不溜溜：形容行为鬼鬼祟祟。

摆手掌柜：分内之事靠众人，而不是亲自过问、亲自动手。

告状老婆：爱在人背后打小报告、告状的人。

然然乎乎：指人做事不干脆、不利落。

丝丝瓢瓢：多指蔬菜没有切断而连在一起，也形容人做事不干脆利落。

偷奸耍滑：故意躲避干活或工作。

（三）动词、副词性四字格惯用语

陕北方言熟语中作为副词的惯用语，不仅仅生动形象、描述传神，而且节奏感强，平仄分明，增加了语言的韵味魅力，用词形象，也体现了陕北人不拘小节、豪爽仗义的性格特点。例如：

成龙变虎：形容人有出息，向好的方向发展变化，有时候用贬义。

吃风屙屁：比喻穷得没什么可吃的东西。

抽筋剥皮：比喻对人最残酷的肉刑。

倒手换脚：手忙脚乱。

打滚卜敛：因疼痛难忍，四肢乱挥乱舞，地上打滚。

吹皮打鼓：旧时对唢呐班子的贬称，也泛指唢呐艺人的行艺活动。

佯佯巫巫：装疯卖傻，精神失常的样子，引申为不谨慎。

朝天摭舞：不专心听，不专心干，心不在焉。

嘶声嘹哇：大声喊叫。

醉打麻糊：喝酒后醉醺醺的样子。

没黑没明：废寝忘食，夜以继日。

能踢能打：形容一个人身体壮，有力气。

圪清解载：形容干活做事快速有序。

紧要三关：节骨眼，关键时刻。

戳三捣四：挑拨离间，制造矛盾。

挣死亡命：做事非常努力、卖力气。

日急忙慌：慌慌张张的样子。

猛格啦察：突然、猛然的意思。

（四）形容词性四字格惯用语

普通话形容一个人专心致志干某事，用“一心一意”，在陕北方言里形容一个人不专心，精力不集中、东张西望却对关键东西视而不见的行为称“二眉二眼”，和“一心一意”异曲同工，不得不佩服劳动人民的智慧。类似的表达传神、生动贴切的陕北方言形容词性四字格固定语俯首皆是。

黑天打动：形容天很黑，黑得很。

雪明瓦亮：很亮，很干净。

冰巴瓦凉：指物体很凉，或态度非常冷淡。

稀汤寡水：指饭菜没有油水，同时很稀。

扛扛硬硬：指人坚强有力、有能力；指东西质量较好；指技术过硬。

二流打卦：自由散漫、不务正业。

使性绊气：给人使性子、发脾气。

骚情麻焉：巴结、逢迎他人。

满打满算：总的算在一起并留有余地。

然麻古董：办事不干脆、不利索。

三扒两咽：吃饭动作很快。

圪抖打闪：指人因为年纪大或生病的缘故走路摇摇晃晃的样子。

胡吹乱溜：形容说话天花乱坠，吹牛不着边际。

黑抹古董：因天色暗或光线不好而看不清。

灰不搐搐：形容沮丧或消沉的神态。

第三节　陕北歇后语与民俗文化

歇后语，“由两个部分组成的一句话，前一部分像谜面，后一部分像谜底，通常只说前一部分，而本意在后一部分。”① 陕北方言里的歇后语是陕北群众喜闻乐见的一种口语性语句，是广大群众在生产、生活实践中创作出来的。因而，它反映了社会生产、生活的习俗，保留着民俗文化的痕迹。歇后语反映出来的民俗文化现象十分广泛，涉及社会生活的各个方面。本小节试着对陕北熟语中的歇后语做一考察和分析。

一、歇后语反映的饮食文化习俗

衣食住行是人们日常生活最基本的构成要素。不少歇后语反映了人们衣食住行的习俗。有些歇后语反映了食品或炊具的特点、食物的制作方式以及与饮食有关的习俗。由于“民以食为天”的传统思想，所以，“吃”在人们的日常生活中扮演着最重要的角色，有关饮食的民间熟语也就十分常见且常用，下面选取几例加以分析。

吃挂面不调盐——有言（盐）在先，陕北人们在制作挂面时提前加入盐，这样既能增加面的韧性，增加味道，还能存放长久，同时在煮挂面时就不用再放盐了，所以在此基础上产生了歇后语。

---

① 中国社会科学语言研究所. 现代汉语词典（第7版）［M］. 北京：商务印书馆，2016：1448.

陕北小吃“搅团”，其制作过程就是一边往开水锅里倒进提前和好的荞麦糊糊，一边快速搅动，以免搅团成块而不熟，这是一个技术活，所以很多人如果技术不精，做出来的搅团就会夹生，就是外表看起来是熟的，其实里面的还没有熟透，所以，就有了“熟食的搅团——生着的”一说。

旧时陕北人揽工人走西口，赶牲灵上长路，士兵上战场，都带干粮。为了携带方面且抗饥耐饱，人们便将米、麦等炒熟后磨成粉状，然后制成一种干粮，这就是“麨面”。现在已经不多见，年轻人早已不喜欢吃，只有老一辈的陕北人偶尔做来尝鲜，麨面最早源于匈奴人、蒙古人等少数民族，古代征战和边塞军卫在边塞文化上的反映。麨面捏的个人——熟人。

其他的诸如“裹脚布”是古代妇女缠足的旧俗，现在早已废除，但是这种现象产生的俗语依然活跃在人们的口语中，如“大风里抖裹脚布——臭名远扬”。

有关衣食住行的民俗熟语不胜枚举。下面就罗列一部分常见的歇后语。

茓条梁的麻花——另外拐了几拐。

拦羊打酸枣——捎带。

吃包子蘸醋——不想算（蒜）。

一碗水倒在地上——揽不回来了。

麦皮打糨子——自不然（粘）。

萝卜拌豆芽——粗细不匀。

淘来筛子做锅盖——眼睛太稠（心眼太多）。

冰糖调黄瓜——干干脆脆。

墙上挂帘子——没门。

二、歇后语反映的社会文化习俗

婚姻反映人类文明的进步。婚姻礼俗不仅能反映婚姻制度的变化和风俗的形成，也反映了当时的社会生活。“送人的听门——丢了一圪截的人”，这个歇后语反映了陕北结婚时的两个婚俗。一是陕北人称结婚时迎接新娘子去男方家的女人叫“引人婆姨”或“引人的”，称女方陪伴新娘子去男方家里的女人叫“送人的”。另外就是“听门”的习俗，指新婚之夜暗中偷听新婚夫妇的谈话和动静。在旧时候，农村的业余文化生活比较匮乏，如果赶上村里有年轻人结婚，前前后后整个村子都要热闹好几天。尤其结婚当天的晚上，闹洞房，“听门”便是年轻人积极性颇高的娱乐活动。“听门”一般是年轻的小伙子们，但也不缺乏新婚不久的小媳妇。“听门”是年轻人与年轻人之间的趣事，“送人的”一般是新娘子的长辈或者嫂子，如果因好奇也偷偷去听门，被人发现了是很丢人、羞人的事情。

陕北旧时经济落后，卫生医疗条件均差，小儿夭折现象常出，所以小孩子刚出生的礼节特别多，除了过周岁，抓周外，生下来满三天要请客吃拼三鲜；做满月也要请客，有的人家会大事操办。做满月杀骆驼——大闹哩，这是民间习俗在语言中的反映。

还有反映陕北丧葬习俗的一些俗语。

迎媳妇儿捣得埋人鼓——响声不对。

背锅锅（驼背）睡在墓圪堆上——不知脚手高低。

上坟不带烧纸——惹你祖宗生气了。

上坟烧报纸——糊弄鬼了。

外甥哭妗子——记起一阵子。

一年有多个节日，每个节日都有很多习俗。陕北在腊月二十三这天要举行“祭灶”祭祀仪式。陕北方言把灶神叫作“灶马爷”，这天，传说灶马爷要去天庭汇报人间的工作，人们希望灶马爷在玉帝面前多说自己家好话，所以各地以不同的方式进行“送灶马”的仪式。因“灶马爷”关乎着一家人的福祸，所以民众在敬拜的同时也有畏惧，故产生了一系列相关的俗语、歇后语，如“腊月二十三的送灶马——只说好的不说坏”；

若某人闯祸了或者某家人遭殃了，则说“灶马爷拉稀——坏事了”。其他如：

爆竹脾气——一点就响。

财神爷敲门——福从天降。

外舅打灯笼——照舅（旧）。

门神老了——不捉鬼。

这些俗语反映了陕北人在春节时要燃放爆竹，贴门神，给财神爷上贡品，正月十五闹花灯，小孩子们每人提一个红灯笼出门游玩等节日习俗。

陕北方言把从事某一个行业的专业人员称为“匠人”，这样就产生了铁匠、木匠、书匠、泥瓦匠、剃头匠等。反映行业特点的歇后语有：

木匠的斧子——一面砍。

木匠带枷——自作自受。

枣核子改板——没两锯（句）。

铁匠的驴儿——驮锤货。

卖豆芽不拿称——冒抓。

歪嘴吹喇叭——嘴邪（斜）气。

关公面前耍大刀——不自量力。

孔夫子搬家——尽是输（书）。

抱着黄莲做生意——苦心经营。

陕北人认为人死后有灵魂，与现实人的世界对应的有一个鬼的世界，即“阴曹地府”。里面有阎王爷主管，和人间生活一样，甚至有“发告示”的行为。如：

阎王爷贴告示——鬼话连篇。

宋川的毛鬼神——好请难发。

泥菩萨过河——自身难保。

抱着香炉打瞌睡——碰了一鼻子灰。

出于对神鬼的敬畏和崇拜，陕北人在生活中提到神灵一般都是很严肃、虔诚的态度，很少用充满戏谑味道的歇后语说神，这几条是鲜有的几条，从中也看出了陕北人的信仰：有香炉、有菩萨、有土地爷等。其中土地爷是每家供奉在自家大门口神龛里的，由于买来的土地神像一般是没穿衣服的泥胎，所以，人们一般自己动手用黄布做一个袍子给土地爷加身，这便有了“土地爷穿黄袍——由人做造”的说法。

三、动物意象歇后语

（一）驴文化

瞎子推磨——由驴转。

驴啃脖子——工变工。

瞎子拉驴——没松手的空儿。

磨道上的驴——转不完的圈儿。

毛驴套在磨道里——就地转圈。

千里马拉磨———当驴使唤。

铁匠的驴儿——驮锤货。

驴粪蛋儿——面面光。

三张麻纸画的个驴脑（头）——好大的面子。

三张纸画了个驴头——好大的脸面。

骑驴看唱本——走着瞧。

羊圈里的驴粪蛋——大家伙。

毛驴驮不上金鞍子——不受抬举。

毛驴儿耳朵——够长的。

毛驴吃石灰——一张白嘴。

拍马屁遇上撅毛驴——挨踢了。

骑驴找驴——昏头。

骑着毛驴追飞机——不知高低。

胖婆姨骑了个瘦驴——全凭背拉着走。

搐鼻骡子卖了个驴价钱——吃了嘴上的亏。

笔者在整理歇后语的时候，发现一个奇特的现象，就是陕北的歇后语中有相当多的一部分，在剔除掉重复的、相似的、粗俗的、低级趣味的等一些不能采用的语料外，笔者保留了近200条拿来分析。这里面涵盖了衣食住行、宗教信仰、伦理道德等各方面。发现以动物来起兴做比的歇后语，有55条之多，占了整个歇后语语料库的四分之一还多。这是一个有趣的现象。笔者认为这至少说明了在陕北，动物与人的联系紧密、和谐相处。尤其是“驴”这个意象多达20条，占动物类歇后语的40%。这绝对是陕北特有的“驴文化”。下面选出两例加以分析。

搐鼻骡子卖了个驴价钱——吃了嘴上的亏。

在陕北牛、马、驴、骡被称为大牲畜，是作为役使型动物饲养的，耕地和驮运是它们的活儿，各有侧重。牛主要是耕地和拉车，驮运则显太慢。骡子力气很大，可耕地，也可跑长途驮运，但耗草料太多，一般小庄户人家不养。马主要是拉车。驴性情温和，好使唤，省草省料，什么活儿也能做，是陕北人民养的最多的牲畜。其中驴和马可以互相交配，出生的后代叫骡子。公马与母驴生的骡子叫马骡，其力量比马和驴都大，是长途驮运的主要畜力。公驴与母马生的骡子叫驴骡，力量也不小，但使用起来各方面都不如马骡。驴骡很容易生成有生理缺陷的搐鼻骡子。一般骡子是上嘴唇长，下嘴唇短，称“天包地”；搐鼻骡子是下嘴唇长，上嘴唇短，称“地包天”。这种骡子力气也很大，但因吃不进草料，耐力不持久，在牲畜交易市场上与驴价差不多，所以俗语说“搐鼻骡子卖了个驴价钱”。陕北人说这句话，指有些人不会办事，常常出力不讨好。

陕北人把骑驴当成是一种家常便饭。年轻女人只有在两种情况下骑驴：一是出嫁的时候，二是回娘家的时候。陕北方言称结了婚的女人为“婆姨”。旧时的陕北，正式地嫁娶，男家迎亲，女家送女，必须用毛驴。两家迎送队伍的毛驴排成一串，驴头上戴着堆花，脖子上套着串铃，迎送双方的男女骑在驴背上，拥戴着红袄袄红裤裤红盖头骑在驴背上的新媳妇，一字排开，在呜哩哇啦的唢呐声导引下在山道上徐徐前进。所以“胖婆姨骑了个瘦驴 —— 全凭背拉着走”体现的正是陕北古朴的民风旧俗。

（二）“贬狗”现象

笔者还发现了一个有趣的问题，那就是“狗”在陕北歇后语中的使用频率仅次于“驴。”狗在人类生活中尽管有忠诚、勇敢、敏锐等优秀品质，但是在歇后语中却几乎都是贬义的。“狗”参见《现代汉语词典》解释如下：“哺乳动物，种类很多，嗅觉和听觉都很灵敏，毛有黄、白、黑等颜色。是一种家畜，有的可以训练成警犬，有的用来帮助打猎、牧羊等。”① 这是对“狗”的一种公正评价，那为什么在歇后语中就没有一个好名声呢？经过查资料，发现这并不是陕北一个地方的现象，据说“通过书籍、报刊、民间、网络等途径共搜集到包含‘狗’的歇后语409条，其中‘贬狗’类歇后语347条，占包含‘狗’的歇后语总量的84.8%”②。这样看来，这不仅仅反映了陕北的民俗现象，更是全国或者汉族人的语言文化现象。这是源于狗本身存在的固有的恶习，使人对其产生厌恶感，并且把这种不良品质累及到人的品质问题上。以下是笔者搜集到的关于“狗”的陕北歇后语。

白狗长着黑爪爪——丧家犬。

狗咬吕洞宾——不识好人心。

狗看星宿——不识个稠稀。

狗掀门帘——全凭一张嘴。

哈巴戴串铃——假充大牲灵。

狗舔碾子——没大的油水。

狗逮老鼠——多管闲事。

（三）其他动物意象

除了“驴”和“狗”，陕北人还用了老鼠、蛤蟆、骆驼等比喻意象。

骆驼推磨——转的是大圈子。

做满月杀骆驼——大闹哩。

骑着骆驼赶着鸡——高的高来低的低。

值得注意的是，以“骆驼”为意象的歇后语只在榆林附近地方流传，别的地方并不说。笔者推测这可能与榆林市“驼城”这个名字有关。榆林又称驼城，

① 中国社会科学语言研究所．现代汉语词典（第7版）［M］．北京：商务印书馆，2016：461.

② 肖军．歇后语中“贬狗”现象及其文化成因分析［J］．榆林学院学报，2020（1）.

有人解释说是因古城地貌东西走向酷似两座驼峰而得名。其实，笔者认为，这或许只是其中一个原因，另一个原因可能是由于骆驼本身。榆林市古代是边塞重镇，承担着重要的军事防御战略任务，榆林又地处毛乌素沙漠边缘，骆驼这种沙漠之舟更是起着重要的作用。无论是从历史记载中，还是老一辈人的描述当中，都是有骆驼这种物种在榆林长期存在过的。只是后来随着榆林经济的飞速发展，骆驼才彻底退出了历史舞台。

其他动物的歇后语都是人们熟知的动物，在此只罗列，不做分析。

老鼠的尾巴——肿了也粗不了。

老鼠拉木锨——大头在后边。

老鼠跌到面囤里——翻白眼咧。

一枪打得个苍蝇——不够火药钱。

苍蝇跌在尿罐里——还当漂洋过海哩。

蚂蚁脑上害毒疮——脓水不大。

蛤蟆支桌子——全凭一张嘴。

三个钱买的个蛤蟆——越看越鳖。

蛤蟆上了花椒树——麻蹄蹄麻爪爪。

马跑哩，兔窜哩——各有各的打算哩。

烟雾地里撵狼——冒吼喊。

精勾子撵狼——胆大不识羞。

猫咬猪尿脬——空喜一场。

蚂蚱蚱吃大腿——自吃自。

蚂蚁尿在书本——识（湿）不了几个字。

狐子戴毡帽——假装善人。

黑老鸦啄簸箕——罢罢罢（叭）。

粪爬牛搬家——滚蛋。

三十天不出鸡——坏蛋。

雀头炒碟子——尽嘴没肉。

老虎屁股——摸不得。

瓮中捉鳖——手到拿来。

引上猫儿沟里饮了——闲得来来。

四、反映其他社会现象的歇后语

以下是各类反映陕北地区人情风貌、价值观念等的歇后语，蕴含着陕北地区大量的方言土语词，如“皮袄”“烧酒”“饸饹”“马勺”“圪塄”“漾打”等。歇后语在古书中又称“鄙语”“鄙谚”“俗谚”“俗语”等。“歇后语”之所以流行并且经久不衰，主要是因为歇后语具有极强的口语性，并且从各个方面反映了人们日常生产、生活及思想观念，因而与民俗关系十分密切，其反映的民俗文化更为丰富、广泛、多样。

花椒喂牲口——不是好料。

雨后送伞——空头子人情。

头顶害疮脚底流脓——坏透了。

梁担顶门——大材（才）小用。

鼻涕朝嘴里流——顺理。

珍珠没眼眼——瞎宝贝。

穿着皮袄喝烧酒——里外发热。

红萝卜挨刀子——干红不出血。

十五只吊桶打水——七上八下。

笔杆子吞进肚——胸有成竹。

碌碡砸碾盘——实打实（石）。

石老婆打石老汉——石（实）打石（实）。

秤锤碰碌碡——硬对硬。

闭着眼睛跳舞——盲目乐观。

踏着银桥上金桥——越走越亮堂。

二百五脑（杠）棒棒——疙兴兴打晃晃。

投灶里打喷嚏——寻灰哩。

脬打人不疼——臊气难闻。

扫帚顶门——叉叉多。

麻袋绣花——底子太差。

淘米筛子做锅盖——眼眼太多。

棒槌挑牙——不嫌夯口。

脱裤放屁——多费一层手续。

六月挽黑豆——凑空哩。

黄连树上挂苦胆——苦得没法说。

一家十五口——七嘴八舌。

箍桶打得环——还是个还（环）（指努力白费，状况没改变）。

碗大汤宽——捞不住一根面。

拦羊的打酸枣——捎带活。

拦羊拾柴——捎带事。

新挖的茅坑——香三天。

枣核子上解板哩——不够一锯（句）。

戏场的婆姨——有主哩。

柳木锯牛角——一物降一物哩。

鞋帮子做帽沿——高升了。

膝盖上钉掌——离题（蹄）太远。

西瓜掉在油缸里——油头滑脑。

羊油滴的石板上——冷咧。

月尽看黄历——没日子啦。

石匠断磨——实打实铲。

三岁卖饸饹，九岁卖灌肠——久惯捞长。

鸡爪爪烩豆腐——没大油水。

正月十五贴门神——迟了半个月。

三张纸画得个驴——好大的脸面。

六月天吃冰棍——凉在心上了。

拦羊娃娃吃豆豆——这是我的熟路路。

马勺没把子——瓢脑子。

精死的婆姨——灰着哩。

怵嘴吹喇叭——偏偏遇了个端端。

站在山顶挡飞机——瞎漾打。

巧嘴吃红豆——硬曾。

对面洼的冰溜子——凉棒。

猴娃娃跳圪塄——吓唬大人了。

第四节 陕北谚语与民俗文化

谚语是人们生产经验和生活感受的总结，它反映着社会生产生活的习俗，保留着民俗文化的痕迹。谚语的内容，包罗万象，丰富多彩。上自日月星辰，风云雷雨等天文；下至山川湖海，乡土风物等地理；中及生产活动，社会实践等人事。所有来自这大千世界各个角落的认识和经验，无不反映到相应的谚语中来。“谚语是在民间流传的固定语句，用简单通俗的话反映出深刻的道理。”①谚语与民俗生活密切相关。

一、谚语中的农业生产活动习俗

陕北具有悠久的农业历史，在长期的农业生产实践和生活中，劳动人民不断总结经验，提高认识，并用农业实践来验证和提炼已有的经验，然后用朴实无华、生动形象的语言表达出来，便是“农谚”。有关农业生产活动习俗的谚语，我们称之为“农谚”。陕北农谚产生在自己区域的“受苦人”口中，又在切身使用的群体中多次证实可靠有用，被人们相传沿用，它体现于农业生产的全过程，包括天象、节气、农业生产、经营、收获、储藏等。可以说是一本反映自然科学规律、指导人们进行农业生产实际的实用百科全书。

（一）预测天象的农谚

天气变化与农业生产有着密切而重要的关系。农作物随时可能遭受旱、涝、狂风、冰雹等自然灾害，给农民的辛勤劳动和生产活动带来巨大损失。通过长期的探索和不断的观察，农民们逐渐摸清了“老天爷”部分周期性脾气。在自然灾害到来之前，一些防范自然灾害的准备工作和有力措施，无疑会对农业增收增产起到一定的作用。

农谚说：“天变一时长。”说明天气的变化非常快。过去，陕北没有气象台、电视台等现代的科学措施预报天气，农民在长期的生产生活实践中锻炼出了“看云识天气”的本领，他们经过长期仔细观察天象、感知大气流动等自然界的细微变化，以及自己的感知和在生活中的实证，逐渐形成了口语化的农业谚语。

1. 预测天晴的农谚：

早烧不出门，晚烧晒死人。

天上有瓦瓦云，地上热死人。

天上鱼斑麟，明日晒谷不用翻。

天旱不望疙瘩云，女穷不望娘家人。

2. 预测将雨的农谚：

今晚蚊子恶，明天有雨落。

乌云接爷（太阳），等不到半夜。

---

① 中国社会科学语言研究所. 现代汉语词典（第 7 版）[M]. 北京：商务印书馆，2016：1513.

瓮穿裙，雨淋淋。

燕子低飞有雨意，蛇过道有雨来。

3. 预测起风的农谚：

早起刮风黑里住，黑里不住刮倒树。

风不过午，过午连夜吼。

（二）遵从节令的农谚

先民们在长期的农业生产活动中，在节气变化、时令转换方面积累了丰富的经验。根据一年的气候变化，分为春、夏、秋、冬四个季节，二十四节气蕴含其中。二十四节气始创于春秋时期，后通过农业生产实践逐渐丰富和完善，至秦汉时期全面确立。二十四节气设立的依据是黄河流域中下游的气候变化和农业生产情况。陕北农民根据当地的实际生产经验，参考二十四节气的变化，创造了许多适合本土农业生产活动的谚语。

立了夏，牛打下洼。

麦黄糜黄，绣女出房。

荞过寒露不怨天。

立夏就地生火。

小寒随大寒，拾粪不偷闲。

小暑大暑，灌死老鼠。

春打六九头，耕牛遍地走。

立秋一十八，百草结疙瘩。

秋分糜不得熟，寒露谷等不得。

一日之计在于晨，一年之计在于春。

夏至十日麦尽黄，开过十日都上场。

芒种前乱种田，芒种后只种糜子不种豆。

小满前，乱种田；小满后，光种糜子不种豆。

冬至百六（106天）是清明，九九三天是惊蛰。

（三）指导农事活动的农谚

对于一年的农耕活动，陕北人总结了极其丰富和宝贵的经验，用凝练的语言表达出来，并通过口耳相传的方式表传承下去，以此来指导农人们从事农业活动。其中，有大量的农业谚语，包括整地与耕作、种子选择与播种、田间管理、收获与贮藏等，极为生动，内容丰富。

比如锄草培土，是属于田间管理的内容，就有许多需要掌握的技巧和可以借鉴的经验。

有经验的老农总结出："丰收没有窍，一苗二肥三锄草。""一苗"是说只有留下好苗才有希望最后有好收，所以锄地拔草时要注意留意好的庄稼苗子，就如农谚所说："见苗一半收。"肥又壮的好苗子是丰收的一半。"二肥"是指要追好肥料，不得延误时机，属于科学的田间管理。"三锄草"是指锄草时不可掉以轻心，要将杂草锄尽，不留后患。锄地可以保墒，农谚说"锄头底下三分水""头伏锄地一碗水，二伏锄地半碗水，三伏锄地碗底水"。此类田间管理的农谚就是强调早锄地早保墒的重要作用。另外还有注意苗子之间的株距，不同的农作物稀稠不同，农谚总结："谷要稀麦要稠，高粱地里卧下牛。""豆子地里卧下鸡，还嫌豆子稀。"

对于锄地次数，农谚有"谷锄三次，八米二康"。通常情况下，谷子碾成小米后，米占八成，糠占二成，陕北方言用"八米二糠"意指事物固有的、内在的特征，同时还强调凡事要遵从事物自身的规律。不过，这一规律还是有前提的：只有精耕细作的谷子最后才有所谓的"八米二糠"，随便撒把种子，任其自生自长，未必就有好的成色。

即使锄地时机，农谚也有讲究的，如"干锄糜谷湿锄豆，露水地里不锄薯"。谷子营务起来较为麻烦，民谚讲"糜锄两耳谷搜针"，意指谷子苗像针一样长的时候就要进行间苗，而后要进行至少三次锄草和培土，除此，还有株距的要求，"谷子地里卧下鸡，还嫌稀，秫地里卧下牛，还嫌稠"，培土要厚，便于扎根，稠稀有度，利于稳产。之所以有诸多生产经验，甚至将谷物的成色上升为人生哲理，究其原因，大概是黄河流域谷子种植的历史较为久远，或者可以说小米孕育了黄河文明。正所谓，"天上三光日月星，地上五谷万物生"。

只有青山干死竹，未见地里旱死粟。

阳坡种糜谷，阴坡种洋芋。

干种糜子湿种谷，高粱种的黄瓤土。

麦种深，谷种浅，糜子只盖半边脸。

留就的谷子，种就的糜子。

谷子锄八次，一斗能碾九升米。

重茬谷，守着哭。

种好一半谷，妻好一半福。

谷子迟收折头，糜子迟收风磨。

八成熟十成收，十成熟两成丢。

麦捆根谷捆梢，芝麻捆在半中腰。

天上鱼鳞斑，明日晒谷不用翻。

干锄糜子湿锄谷，露水地里锄黑豆。

这些农谚和俗语几乎把谷子从选种，播种到中耕、收割，直至到入库等所有事项都囊括进去了。这是由于几千年栽培历史所致，陕北居民对于种植土生土长的谷物，有着丰富的经验和技巧。谷子最适合干旱半干旱的高原环境，耐干旱、易种植，在十年九旱的陕北高原，哪怕其他庄稼全都歉收了，只要家中有了二斗谷，一家人就没那么着慌了。随着经济的快速发展，城镇化进程加快，农人们纷纷离开土地，也就不再口传农谚。陕北农谚这一宝贵遗产，濒临消失境地，因此，我们要重视、收集整理农谚，为后人的研究和农业生产做一些有价值的工作。

二、谚语中的社会活动习俗

衣食住行是人们日常生活的基本要求，有一些谚语表现了衣食住行方面的经验和习俗。

不怕慢，但怕站：做着总比不做强。

话说开，水拨转：比喻把事情原由说清楚了，彼此就会理解。

人暖腿，狗暖嘴。

小儿偷针针，大哩抽筋筋。

不听老人言，吃亏在眼前。

三岁带的老来相：从小就能看出一个人将来有没有发展。

十叫九不应：形容人耳聋。

早饭好，午饭饱，晚饭少。

一顿伤，十顿汤。

明枪容易躲，暗箭最难防。

黄金虽贵，分量赢人。

柱棍柱个长的，攀伴攀个强的。

穷相讥，饿相吵。

一个一个上串哩，一粒一粒上石（dan）哩。

“天上无云不下雨，地上无媒不成亲”说的是以前男女结婚全靠“父母之命，媒妁之言”，说亲事，找对象，第一件事就是先找个媒人从中牵线搭桥。酬谢媒人时，男方送一颗大猪头，女方送一副肥羊胛子（即一只羊的四分之一）。因此，群众中有“好了猪头羊胛子，不好了磨棍碾夹子”的说法，意思是，媒人当得好则用猪头羊胛子酬谢，当得不好则用磨棍、碾夹子对待。

三、谚语中的行业习俗

旧时的陕北乡间，毛驴是最常见的牲畜。在庄户人的眼中，毛驴不仅可以用于犁田耪地、牵碾拉磨、驮炭送粪、拉车运庄稼，还可供人骑乘。而毛驴，便因此在陕北人的生活、习俗和文化中，占据了一个独特而不可替代的位置，就像人们说的那样——毛驴是陕北人延伸不尽的胳膊腿，陕北毛驴是陕北人生生世世的守护神。毛驴是每一家必不可少的生产资料，所以，就存在着买卖驴的市场——驴市。有需要的人会去驴市上挑自己看中的最最结实的牲口。怎么看、怎么挑却是大有学问。流行于乡间的谚语便是经验之谈。夸骡马、驴的外貌状态的俗语有“粗蹄笨胯，出力的疙瘩”“短脖子长尾马，看见就买下”“身大蹄小不算大，蹄大身小不算小”。反之口贬大牲口的俗语，则有“腰长腿细，到老不成器”“十昧九瞎，一昧不瞎，能驮石八”“看牙口，知老小”。掰开驴的嘴巴，其牙齿一般为上下均八颗，知岁数是：一对牙，四岁岁。九扫中渠十扫边，十一十二枣儿圆，十五十六一点点，十七十八光片片。此“扫”为磨，九岁驴开始牙磨中间，十岁时开始磨上边道，十一二岁牙齿中间磨得剩下枣圈痕印，十七八岁的驴牙齿磨为光片，吃草时已难咬动干草。“十昧九瞎，一昧不瞎，能驮石八。”昧指昧嘴驴，黑灰色。九瞎，即眼睛不清亮。“买过瞎驴眼上揣”之说，说的是“吃一堑，长一智”既然在驴眼上没看清，上过当，应该吸取教训。

驴老了一卧下就站不起来，亦有“人老一年，马老一月，驴老不过街”之说。

还有一些反映经商方面的经验。如“买家没有卖家精”“做生意靠货物，种庄稼靠粪土”“好货不便宜，便宜没好货”“一文价钱一 文货”“人心换人心，八两换半斤”等。

长木匠，短铁匠：木匠备料要长，长则可锯，短则废掉；铁匠备料要短，短则可打长，长则截掉便浪费。形容做事要看清楚对象，考虑周全。

第五节 陕北俗语与民俗文化

一、本书“俗语”概念的界定

在做“熟语”这一部分内容的时候，笔者对于“俗语”和“熟语”到底使用哪一个概念矛盾了很久。在写作过程中，对于“谚语”和“俗语”这一对概念也很纠结。

查阅了大量资料。发现人们对这三个概念的理解并不一致。对“俗语”的定义大同小异，几乎一致的观点是：俗语是具有口语性和通俗性的语言单位，由广大劳动人民创造，简练而形象，反映人们生活经验和朴素的价值观，又称“常言”“俗话”，其内容包括了歇后语、谚语，这种观点被曹汝为先生称为“广义的俗语”。

不同的观点是：一种认为俗语是熟语的一种。谚语与俗语位置同等，都属于熟语的范畴。日常生活中人们更是不在乎这些词语的类别。大部分的观念是谚语属于俗语的一部分，把有用到谚语或者俗语的地方，用“俗话说”做提示语。

熟语的定义是指常用的固定短语，是语言中独立运用的词汇单位，内容十分丰富，包括惯用语、歇后语、民谚、格言等，是汉语中约定俗成的词组和短语，不随意改变成分。但是笔者发现，大部分并没有把俗语涵盖进去，这种做法等同于说“熟语”就是“俗语”，只是加大了范围，换了一种说法。即熟语一般具有两个特点：结构上的稳定性和意义上的整体性。几乎与俗语的概念相同。

谚语的概念比较趋于一致性，即是广泛流传于民间的言简意赅的固定短语，由人们集体口头创造并世代流传，沿袭使用，反映了劳动人民的生活实践经验。是民众丰富智慧和普遍经验的规律性总结。谚语的定义争议不大，但是很容易和俗语混淆，因为“经验总结”这个度很难把握。

由于笔者本书的研究内容主要是民俗语汇，所以最终经过多方对比和深入思考，决定采取谭汝为先生在《民俗文化语汇通论》中的分类方法。这本书中把熟语分为了六类，分别是三字格固定语、四字格固定语、歇后语、谚语、俗语、口头禅。笔者也在原有的定义上加以完善和细化。对熟语、谚语和俗语的概念和范围重新梳理，加以区分。最终把熟语作为一个大类，把熟语和谚语作为两个不同的分支加以讨论。分类依据是：1. 谚语首先是固定语句，结构紧密，内部不能轻易加字或者减字。2. 谚语强调经验和感受的总结，能反映深刻道理。也就是知识性是谚语区别于其他熟语的一个根本特征，不具备知识性就不能称为谚语。3. 本书研究的俗语属于“狭义的俗语”。着重其形象化、简练化、通俗性、生动性以及灵活性、戏谑性的特点。

但是，由于长时间受“广义俗语”的影响，及生活经验不足，在行文的过程中，谚语和俗语的概念还是有些模糊，有些语例拿不准到底属于谚语还是俗语，可能会出现误分的情况，在此说明一下，还请有兴趣的同行前辈们加以斧正。

二、陕北俗语的语言特点

口语性和通俗性是俗语的基本特性，此外，俗语还有生动性、戏谑性、灵活性等特点。

（一）通俗性

陕北俗语在漫长的发展过程中形成了语言平素自然，文字朴实无华，无任何人工雕刻痕迹的语言风格。例如：

没牛了，使驴哩：比喻在无奈的情况下退而求其次。

嘴是个粉粉的，留下是说人的：意为每个人生来就会批评别人的长短。

左手不如右手，娘有不如自有。

在外的金子，不如在手的铜。

懒地怕好汉，好地怕懒汉。

腿长打露水，嘴长惹是非。

冷言冷语听不得，冷茶冷饭吃不得。

好汉死在阵上，赖汉死在炕上。

鞋有鞋样，袜有袜样，世事没样。

精婆姨忙九月，憨婆姨忙腊月。

荞麦地里刺棘花，别人不夸自己夸。

一手拍不响。

王婆卖瓜，自卖自夸。

二斗麻子出得一灯油：比喻得不偿失。

三天不吃饭，装个卖米汉：犹言打肿脸充胖子。

男人嘴大吃四方，女人嘴大吞细粮。

（二）生动性

俗语作为以口头传播为主的民俗语言，之所以为劳动人民所喜闻乐见，生命力旺盛，另一个重要因素是它所具有的生动形象的特点。陕北俗语多用生活中典型生动的事例做比喻来说明道理，传授知识，语言形象而生动，叫人百听不厌。例如：

要么杨六郎，要么卖麻糖：比喻成败在此一举。

官断十条路，九条人不知：意为官方处理事情不合情理，往往让人感到意外。

蚂蚁扛（nao）个利刃刀：比喻小人物威胁大人物。

贼走了关门哩：讽刺没有及时采取防范措施。

狗咬狗，两嘴毛：比喻争斗的双方谁也得不到好处。

一碌碡支不出一个响屁：比喻性子慢，行动迟缓。

驴渴了奔井来呀：比喻他人必定会主动前来相求。

吃馍馍还圪卷：比喻以眼还眼以牙还牙。

天上云多月不明，地上坑多路不平。

家里人多心不公，地河里鱼多水不清。

穷人身上的汗，财主碗里的饭。

牛交三年角对角，人交三年刀对刀。

（三）戏谑性

陕北俗语中有相当一部分是诙谐、戏谑的市井俚语，用引人发笑的粗俗语言讲道理或讽刺批评不良现象，话粗理不粗。这类俗语中常出现“屎”“屁”“屁股”等避讳词，讽刺对象常常是驴、猪等。例如：

猪槽里没食直把狗急死：嘲笑人过于关心他人的事情。

鼻子比脸还大：意为次要事情的成本比主要事情都大了。

龙生一子定乾坤，猪生一窝拱墙根。

寻吃的跟上个要饭的：比喻彼此一样。

一个槽头拴不定两头叫驴：比喻彼此不能相容，在一起就会相斗。

一锥子扎不出黑血：比喻脸皮厚。

脱了裤子放屁——白费手续。

狼虎两相怕：比喻争斗的双方心里都害怕。

黑老鸦（wa）笑猪黑：比喻没有资格嘲笑他人。

老鼠撵到猫屁股上闻哩：比喻不自量力主动去招惹强悍的人物。

穷汉脖子没犟筋：形容没有骨气，逼迫无奈。

烂褫布不怕油瓮瓮：比喻穷人不怕富人。

（四）灵活性

俗语在长期的发展过程中形成了相对固定的结构和形式，便于大众传播和使用，是其定型性特点。但由于俗语的口耳相传，在传播过程中因使用者的行业和喜好不同，会不断地被修改和加工，而形成很多同义异形俗语，这就是俗语的灵活性特点。陕北俗语中有很多灵活性很强的俗语，里面的字可以互换使用，不影响要表达的主题。例如：

吃了馍馍还饼饼。

吃馍馍还圪卷。

公鸡尾巴长，婆姨比娘强。

公鸡尾巴长，媳妇比娘强。

三孔石窑一院墙，有吃有穿光景强。

两孔窑洞一院墙，有吃有穿光景强。

打到的婆姨和到的面，也说“打到的毛驴，揉到的面”。

清油调苦菜，各人取心爱

麻油拌苦菜，各取心头爱。

小早偷针不教，大时偷金戴镣。

小小儿偷针针，大哩抽筋筋。

三、陕北日常生活中的俗语

俗语是一个民俗语言宝库，大至政治、经济、军事，小至人的道德、言行、境遇和衣食住行，内容丰富，琳琅满目。陕北俗语包含了陕北人认识客观世界、总结事物发展规律的成果，蕴涵着深刻的暂理，对于今天的人们仍具有指导意义。

（一）生活常识类

生活起居、衣食住行是每个人每天最基本的实践活动。这方面的俗语从不同角度反映了生活的各种内容，或借生活现象说明另外的道理。通俗质朴的语言中蕴藏了深刻的生活哲理。“三十里饸饹，四十里糕，二十里杂面饿折腰”这里饸饹、糕、杂面都是陕北的特色饮食，饸饹是荞麦面做的不易消化而且耐饱，糕是油炸的糜子面做的，更加不易消化，而杂面因其容易消化不耐饱的特点被叫作“水杂面”。吃一顿糕可以走四十里路，但是吃一顿杂面却刚走 20 里就已经饿的直不起腰了。

顶花的黄瓜，谢花的蒜，新娶的姑娘，回门的汉。

人逢喜事精神爽，闷上心头瞌睡多。

夜里磨牙，肚里虫爬：指小孩的一种身体健康现象。

千补万补不如饭补。

晓得尿床不铺毡：比喻没有预测能力。

人有种种，地有垄垄。

心硬养小子：做事情要有决断力。

雪地里埋不定死人：犹纸里包不住火。

年轻人破柴胡抡哩，老汉破柴寻纹哩。

天旱雨涝不均匀，世上的事情说不成。

吃米不如吃面，投亲不如歇店。

酒肉朋友，米面夫妻。

酒坏君子水坏路，神仙也出不了酒的彀。

好出门不如歪在家。

烟锅对火镰，好女配好男。

有赔本的贩子，没有贴面的厨子。

黄蒿烟多，女娃声多。

好客不换店，吃的来回饭。

一百里扁食八十里糕，五里杂面饿折腰。

娶了媳妇是美事，养了孩子是喜事，要吃要喝是难事。

（二）社会经验类

人们在长期生活实践中积累了大量社会生活或人际交往的经验，这些宝贵的经验有些被总结成俗语，说明一些深刻的道理，被世代流传。例如：

小心没大岔。

没有金刚钻，不揽瓷器罐。

不听老人言，吃亏在眼前。

富人思来年，穷人思眼前。

三夹不如一棉，一棉不如一毡。

麻油拌苦菜，各取心头爱。

不聋不瞎，不配当家。

开水不响，响水不开。

河里淹死会水的，崖下跌死费事的。

前崩颅后马勺。

玩龙玩虎不如玩土。

七十二行庄稼为主。

人暖腿，狗暖嘴。

人挪活，树挪死。

玩龙玩虎不如玩土，七十二行庄稼为主。

先下手为强，后下手遭殃。

艺多不拿人：手艺多了不会成负担，同“艺多不压身”。

三岁带的老来相：谓从小就能看出一个人将来的前途。

（三）处世之道类

人生活在社会中，为人处世是必修课。能否营造良好的人际关系，关系到能否顺利发展进而实现个人的人生目标。处世之道类俗语是很值得借鉴的。例如“浇花浇根. 交人交心”，比喻真心实意，这样才能获得真正的友谊。“不经一事，不长一智”，强调了“实践出真知”。“苍蝇不叮没缝的鸡蛋”，比喻任何事物本身有了漏洞才会被人钻空子，是提醒人们出了问题要从自身找原因。“出门问路，入乡问俗”，是说离家远行要经常问路，以免走错路；到一个新的地方，要打听清楚当地的风俗习惯，以免闹笑话，出问题。“吃多味不美，话多不值钱”，是说干事要掌握好火候，恰到好处适可而止，才能收到事半功倍的效果。

陕北俗语中这类俗语最为常见。通过常见事物或日常行为来阐释处世哲理，告诉人们明辨是非，以及与人交往的方法和经验。

天旱不望圪垯云，人穷不上亲戚门。

瓜无滚圆，人无十全。

人穷不如鬼，酒淡不如水。

灯盏底下是黑的，人背后是都是鬼的。

妻贤夫祸少，子教父心宽。

在家千日好，出门一时难。

明枪容易躲，暗箭最难防。

小娃娃厮打，为骑个马马：意为不值得为小事伤和气。

人心换人心，八两换半斤。

出门小三辈。

久病床前无孝子。

说下钉子就是铁：比喻要说话算数。

不怕虎生三只眼，就怕人怀两样心。

人见语言知高低，水搭丈杆知深浅。

酒色财气四堵墙，十个撞上九个亡。

困难显忠臣，家贫出孝子。

拾银子不在起得早：意为好运气不是能够追求到的。

吃不穷穿不穷，打划不到一世穷：做事重在有好的计划。

人活眉脸树活皮，老麻子活个圪嘴嘴人：活得要有廉耻之心。

风不刮树不摇，虱虱不咬人不挠：比喻事出有因，与“苍蝇不叮无缝的蛋”异曲同工。

会待的待匠人，不会待的待丈人：有本事的人去侍奉有才能的人，没有本事的人至少可以去侍奉丈人，也能使全家高兴。

（四）处事哲理类

这类俗语一般含有劝勉的意思，包括对不良行为的讽刺和批评，奉劝世人提高个人道德修养，具有教育意义。

枕上教妻，人前教子。

铁匠炉旁少站，账摶场中少转。

黄金虽贵，分量赢人。

尺有所短，寸有所长。

会说的不如会听的。

赢来的钱财不养家。

说话想地说，不要抢地说。

跟好人出好人，跟上巫婆会跳神。

拄棍儿拄个长的，攀伴儿攀个强的。

强龙斗不过地头蛇。

长上千只手，按不住万人口。

话是个王的，理是个端的。

四、俗语与陕北民俗文化

俗语之“俗”，不仅含有通俗俚俗的意义，而且还有民俗的意思在内。俗语既可表现民俗，又是语言民俗的艺术形态。

例如“行吃的不嫌散面”比喻没实力挑剔。反映了两种习俗，陕北人把乞丐叫作行吃的，因为这类人常年从一家门走到另一家门上要饭，一路行一路吃。另一个是陕北曾有吃“散面”的习俗。“散面”是一种救济饮食，是在粮食匮乏的年代，为使饭不至于过于稀，但又不想费太多粮食，在稀饭中加入适量的细面或者粗粮面粉，使饭食呈稠糊状，称为“散面”。有的暗喻长江后浪推前浪，后生可畏的思想，如“宁欺三辈老，不欺三辈小”“欺老不欺小”“砍了黄蒿出圪针（比喻儿子的能耐远胜过无能老子）”。

待人处世的俗语也反映出浓厚的民族特点，例如“礼多人不怪”“客走主安稳”，反映了待人以礼的民俗。“打人不打脸，骂人不揭短”等，反映了重人情、讲面子的民俗。“舍命陪君子”“在家靠父母，出门靠弟兄”等，反映了交友重人情讲义气的民俗，从中也可以看出，旧时陕北女子一般很少出门交际，出门在外都是男人干的事情，所以才会靠朋友弟兄，而不是姐妹。“大水冲了龙王庙——一家人不认识一家人”，反映了旧时人们向龙王祈雨的民俗；“正月十五贴门神——晚了半月”，反映了旧时春节前家家户户贴门神的习俗。“桃三杏四梨五年，枣树当年就还钱”，道出了农民种植果树的经验。过去，农业社的饲养员将集体牛驴的黑豆料偷回家，给自家的猪吃，有人就编出顺口溜，“驴哭哩，猪笑哩，饲养员偷料哩”，这是某一特殊历史时期的民间生活记载。

有些词语的产生，蕴含着深邃久远的民族融合痕迹。如“一对鞑子喝烧酒”是陕北一句熟语，意思是两人意气相投或半斤八两。其中“鞑子”二字，是陕北对北方少数民族的泛称，也是对建立过征服政权的少数民族的一种蔑称。这个词有两点应引起人们的关注，一是“鞑子”这个词历时久远，唐时即有通古斯、别部。元朝时，蒙古人对东北黑龙江、乌苏里江流域及朝鲜半岛东北部“通古人”称“水达达”或“水鞑靼”。元亡后，东部蒙古人自称鞑靼，以与西部蒙古人瓦剌相别。二是“鞑子”这一称呼除了调侃使用外，还有贬称倾向，“鞑子”常用来形容四肢发达，头脑简单，也用来形容刁顽之徒。陕北相当长时期内为北方少数民族征服政权所统治，这就是常说的落后文明对先进文明的征服，被征服者虽自视清高，但必须面对元朝“十丐九儒”、清朝“剃发易服”的现实。如元朝时汉人只位列蒙古人、色目人、北人、南人四等人中的最低等级，心中的无奈与无助可想而知，称外族人“鞑子”，是心中不服却不敢声张，偷偷过过嘴瘾罢了。这些被陕北人统称为“鞑子”的统治者，最终融入到汉族人群中，成为了陕北人中的一分子。“一对鞑子喝烧酒”，反映了历史上汉人对中国北方各游牧民族的称谓，也说明陕北地区以前曾有少数民族杂居其中的现实。

社会生活是丰富多彩的，语言也是多属性的，也应该是多彩的。语言中最活跃的因素是语汇，而语汇中最能充分而典型地反映丰富的民俗内容的，就是熟语。陕北人不经意间挂在口上的方言，是完全靠民间口语、而非官方规范原汁原味传承下来的语言文化，为中华文明保留了一抹亮丽色彩。

结　语

方言是地方文化的载体，也是一种民俗事象。民俗既是风俗习惯又是文化现象，民俗的形成和巩固需要借助方言这个有机载体，方言词汇是了解民俗事象的活化石。方言与民俗休戚相关，二者互为因果。作为涵化了民俗要素的陕北方言，是陕北文化的语言符号和民俗符号，带有很强的地域性特征。作者尝试在文化语言学、民俗语言学理论及方法论的指导下，综合运用语言学、民俗学等理论对陕北方言民俗语汇中的民俗事象为研究底本，从语言与文化的关系、方言与民俗的关系等方面进行详细梳理和分析，以期能够为方言文化研究和民俗文化传承提供有价值的信息。

一、从方言看民俗

语言是人类的交流工具，方言是某一地区内人们使用的通用语言，所以方言是特定区域内的人使用的一种交流工具，是一种普遍存在的社会现象。方言也是人们在特定区域内的思想和情感的一种特殊表达。许多地方民俗直接反映在方言中，甚至某些名词本身就是民俗事象。“方言是当地民俗的载体，是民间文化赖以生存和传承的媒介，不仅是民间文化的体现，而且是其内容。”①

民间习俗的形成和巩固必须依靠某些语言形式。同一地区的不同方言表达不同形式的民俗习惯；同一民间现象在不同地区被不同的方言巩固；独特的方言词在民俗的形成和巩固中发挥着重要作用。民间方言词不仅是语言符号，而且是具有象征功能的民俗符号。方言词语对民俗现象有固化作用。有一些方言词语意义的延伸涵盖了原始的民俗，一些民俗现象随着时代的推移和社会的变迁而逐渐消失，但记录它们的方言词语并没有随之消失。从这个意义上来说，方言语汇是了解民俗现象的活化石。如陕北地处黄土高原，当地居民由于黄土

---

① 林伦伦．试论方言俗语与民俗研究之关系—潮汕方言俗语的文化阐释［J］．岭南文史，1998（3）．

绵厚的天然条件，大都选择临山靠崖掏窑洞作为居住方式，由于冬季寒冷漫长，一般会在窑洞里盘炕烧火取暖。下一代的农村人已经进了城，住进了高楼大厦，用上了城市的集中供暖，也早已没有了烧火的炕而是现代化的床，但是人们一见面拉话时还是会情不自禁地寒暄：快进窑里来，快到炕上坐。并且现在榆林和延安两个地方对于新家搬迁的仪式还说是“暖窑”。随着时代的变迁，窑洞穴居的民俗可能会消失，但是方言词记载的民俗却依然具有生命力。比如旧时陕北地区说新人的洞房为“帐房窑”，“帐房”做婚房源于北方匈奴婚礼时用的“青庐”，就是青布搭成的帐篷，北方民族举行婚礼时用。陕北的房子是窑洞，所以就在“帐房”后面加了一个“窑”字。现在“帐房窑”这个词语早已在生活中消失了，但是由此衍生出来的“冲帐”“坐帐”和“撒帐”等民俗词语依然活跃在人们口中。

二、从民俗看方言

民俗既是风俗习惯又是文化现象，是某一地区人们长期生活实践中相因承袭、约定俗成的结果。主要表现在生产劳动、交往交流、家族称谓、社会组织、红白喜事、岁时节令、民间游艺和饮食服饰等方面的习惯。

方言俗语本身就是民俗事象之一，是一种语言习俗。方言和民俗都具有很强的地域性。在人类社会的发展中，民俗是第一位的，方言是第二位的。在相应的方言词产生之前有一定的民俗；民俗是方言词语产生的基础，没有民俗，就没有方言。美国著名的语言学家、人类学家萨丕尔的《语言论》中有一章标题为“语言、种族和文化”，他在这一章说：“语言有一个底座……语言不脱离文化而存在，不脱离那种代代相传地决定着我们生活面貌的风俗信仰总体。语言又是文化整体中的一部分，但是它并不是一个工具的体系，而是一套发音的风俗及精神文化的一部分。”① 民俗现象的消失使记录它的方言成为历史。民俗和方言词汇通常是平衡、共存和相互作用的。方言词汇随着民俗的出现而产生，随着民俗的灭绝而消失。比如“冰公”这个词语曾经在陕北方言中指“说媒的人”，这是由于古代陕北人娶妻一般在冰还未融化的二月，二月份阴气消退阳气逐步上升，古人认为这个季节阴阳结合，是娶妻成婚的好时机。但是现在男女青年结婚不再刻意选冰雪将融时，而是根据自己喜好自主择日，这个词语也就在人们的生活渐渐淡出了。

---

① ［美］爱德华·萨丕尔. 语言论：言语研究导论［M］. 陆卓元，译. 北京：商务印书馆出版社，1985：186.

三、方言与民俗二者之间的关系

方言记录民俗，民俗反映方言，二者关系密不可分，方言学与民俗学在研究上可以互补。“在研究当地文化和习俗时，我们不仅应从其他方面入手，而且还应从最基本的方言入手。方言研究对当地民俗结构、对于了解民俗习惯和把握当地的人文独特性都非常有帮助。”① 方言和民俗有一个共同的基础，即地域和居民。从方言和民俗的产生的顺序来看，是先产生某种民俗，再有方言词汇来表达这种民俗。

民俗和方言的发展并不总是平行的，方言相对于民俗来说比较落后，因为民俗是它的源头。如“跑驴”是陕北人们熟悉的民间游艺活动，这个词就是先有了这个民俗后才固化下来的一个专业名词。二十世纪七十年代的陕北，扭秧歌盛行，有的人就会骑着毛驴来参加扭秧歌，又怕把驴丢了就坐在驴背上扭秧歌，靖边农民张有万受启发后，把陕北的民间游艺“骑竹马”换成了骑木头做成的毛驴。现在“靖边跑驴”已经被作为“国家级非物质文化遗产”立项，陕北人民一听“跑驴”这个词就自然而然想到了男扮女装充满喜感的演员倒骑毛驴边歌边舞的景象。“转九曲”是陕北民俗祭祀社火活动，“垒火塔”是驱鬼禳灾的仪式，“闹秧歌”是劳动人民的集体狂欢，这些词语一出现就会立刻催生它在人们脑海中固有的画面。

方言与民俗休戚相关，二者互为因果。也就是说，由于某种民俗，与该民俗有关的方言词应运而生。换句话说，由于不同地方有不同的民俗，因此需要反映到相应的语言形式，而这些不同的语言形式则需用不同的方言词来表达。另一方面，方言又会影响民俗。也就是说，不同方言在发音和词汇上的差异在不同地方造成了不同的民俗。尽管民间方言语汇比其记载的民间习俗具有更大的生命力和持久性，但随着民间习俗的消失，他们失去了对应的词汇。因此，我们今天收集和整理民间方言语汇特别重要，它为一些民间习俗的语言研究提供了活化石。方言和民俗的不同步发展为我们提供了宝贵的材料，也是通过“方言化石”探索民俗的难得突破。

方言具有自己独特的表达形式和文化价值，包括词语上的以及口音上的，方言反映出各个地方特有的历史文化以及人们认识世界的独特方式，依赖方言所形成的许多具有独特意味的字词、民谣、俗语、谚语和歇后语等，都是汉语以及民族文化不可或缺的部分 。本书以陕北地区方言中有关民俗文化的语汇部

① 王献忠. 中国民俗文化与现代文明［M］. 北京：中国书店出版社，1991：244.

分为研究对象，在梳理文献、搜集语料和实地调查的基础上，对陕北方言语汇中的民俗文化事象进行深描，着重探讨了陕北地区方言与民俗文化的问题。在深入考察陕北方言语汇的基础上，不仅向人们展示了当地丰富而灿烂的民俗文化、地域文化，更是透过大量鲜活的方言语汇，生动地印证了方言语汇与地方文化是共生的。美国记者斯诺在《红星照耀中国》中写道："走进陕北，才知道什么是真正的中华民族文化。"大量的陕北方言特征词，只流传于陕北人口语之中，而也正是这些词往往带有强烈的地方色彩，包含独特的地域文化，彰显出强大的生命力。发掘方言语汇悠久的历史渊源，对于文化的探寻与传承有极其深远的意义，同时整理分析这些民俗语汇也可以将其作为历史文化的定位，甚至可以弥补一些史料的不足，对我们研究历史上业已消失的少数民族语言，弥足珍贵。

习近平主席提出"四个自信"的重要论述，其中的"文化自信"，就是深刻认识中华文化的优秀特质，身体力行，自觉地发扬、传承、实践它。其中就包含了自觉地保护地方文化，在新文化的建构中，不断地吸收传统文化的精华。本研究正是在这一理念的感召下，在语言学理论的指导下，对陕北地区的民俗文化和传统文化进行的实践性探索。

陕北方言历史悠久、博大精深，本课题所举实例只不过是沧海一粟，要想认识陕北历史，理解陕北人民，了解陕北大地乃至黄土高原的整体文化，未来还有非常非常多的工作要做，笔者愿意再接再厉，继续投身这片热土、为陕北区域文化建设略尽绵薄之力！

参考文献

一、古籍类（按历史朝代排序）

［1］（春秋）老子．老子［M］．杭州：浙江古籍出版社，2004．

［2］（战国）墨子．墨子（全本全注全译）［M］．方勇，译．北京：中华书局，2020．

［3］（战国）屈原．楚辞［M］．北京：中华书局，2019．

［4］（汉）许慎．说文解字［M］．（宋）徐铉，校定．北京：中华书局影印，1963．

［5］（汉）许慎，汤可敬．说文解字今释［M］．长沙：岳麓书社，2012．

［6］（汉）刘熙．释名［M］．北京：中华书局，2016．

［7］（汉）郑玄，（唐）孔颖达．礼记注疏［M］．上海：上海古籍出版社，2016．

［8］（汉）扬雄．方言［M］．（晋）郭璞，注．北京：中华书局，1985．

［9］（汉）司马迁．史记［M］．北京：中华书局，1982．

［10］（汉）郑玄，（唐）贾公彦．仪礼注疏［M］．王辉，点校．上海：上海古籍出版社，2008．

［11］（汉）应劭．民俗通仪［M］．王利器，校注．北京：中华书局，2010．

［12］（东汉）崔寔．四民月令辑释［M］．缪启愉，辑释．北京：农业出版社，1981．

［13］（西汉）韩婴，韩诗外传集释［M］．许维遹，注释．北京：中华书局，2009．

［14］（晋）郭璞．尔雅［M］．北京：中国书店，1985．

［15］（晋）刘昫，等撰，旧唐书［M］．北京：中华书局，1975．

［16］（晋）张华．博物志［M］．郑晓峰，译．北京：中华书局，2019．

［17］（北齐）魏收．魏书［M］．北京：中华书局，1997．

[18]（南朝宋）范晔. 后汉书［M］. 北京：中华书局，2019.

[19]（南朝梁）徐陵. 玉台新咏笺注［M］. 长春：吉林人民出版社，1999.

[20]（南朝宋）范晔. 后汉书［M］.（唐）李贤，等注. 北京：中华书局，1965.

[21]（唐）令狐德棻. 周书［M］. 北京：中华书局，2010.

[22]（唐）白居易. 白居易诗集［M］. 北京：中国国际广播出版社，2011.

[23]（唐）韩愈. 韩愈全集［M］. 上海：上海古籍出版社，1997.

[24]（唐）房玄龄，等. 晋书［M］. 北京：中华书局，1974.

[25]（唐）杜甫. 杜甫诗集［M］. 北京：中国国际广播出版社，2011.

[26]（宋）乐史. 太平寰宇记（卷三十五）［M］. 北京：中华书局，2008.

[27]（宋）陈彭年. 广韵［M］. 北京：北京图书馆出版社，2005.

[28]（宋）陈彭年. 钜宋广韵［M］. 上海：上海古籍出版社，1983.

[29]（宋）普济. 五灯会元［M］. 苏渊雷，点校. 北京：中华书局，1984.

[30]（宋）欧阳修，宋祁. 新唐书［M］. 北京：中华书局，1975.

[31]（宋）欧阳修. 新五代史［M］. 北京：中华书局，1974.

[32]（宋）郑樵. 通志［M］. 北京：中华书局，1987.

[33]（宋）沈括. 梦溪笔谈［M］. 北京：中华书局，1957.

[34]（宋）胡继宗. 书言故事大全［M］.（明）陈玩直，注评. 凤凰出版社，2015.

[35]（宋）范仲淹. 范文正公文集［M］. 北京：中华书局，1985.

[36]（宋）孟元老. 东京梦华录注［M］. 北京：中华书局，1982.

[37]（元）黄公绍，熊忠. 古今韵会举要［M］. 北京：中华书局，2000.

[38]（明）吴承恩. 西游记［M］. 北京：中华书局，2005.

[39]（明）施耐庵，罗贯中原著. 水浒传（100 回本）容与堂本水浒传（上\下）［M］. 上海：上海古籍出版社，1988.

[40]（明）李时珍. 本草纲目［M］. 北京：人民卫生出版社，2005.

[41]（明）冯梦龙. 醒世恒言［M］. 北京：中华书局，2009.

[42]（明）罗贯中. 三国演义［M］. 北京：人民文学出版社，1953.

[43]（明）谢诏. 东汉演义［M］. 北京：中华书局，2006.

[44]（明）王世贞，汪云鹏. 列仙全传［M］. 扬州：广陵书社，2009.

[45]（明）刘侗，于奕正，孙小立. 帝京景物略［M］. 上海：上海古籍出版社，2001.

[46]（明）许仲琳. 封神演义［M］. 北京：中华书局，1979.

[47]（明）兰陵笑笑生. 金瓶梅词话（上\下册）[M]. 北京：人民文学出版社，2000.

[48]（明）冯梦龙编. 警世通言（上\下）[M]. 北京：人民文学出版社，1965.

[49]（明）郑汝璧，榆林市地方志办公室. 延绥镇志 [M]. 上海：上海古籍出版社，2011.

[50]（明）李宗仁，杨怀. 延安府志（明弘治十七年刻本）[M]. 西安：陕西图书馆西安古旧书店印，1962.

[51]（清）吴趼人. 二十年目睹之怪现状 [M]. 北京：人民文学出版社，1959.

[52]（清）曹雪芹. 红楼梦 [M]. 北京：人民文学出版社，2013.

[53]（清）吴任臣. 十国春秋 [M]. 北京：中华书局，1983.

[54]（清）吴长元. 宸垣识略 [M]. 北京：北京古籍出版社，1981.

[55]（清）曹寅. 千家诗 [M]. 北京：中华书局，2009.

[56]（清）潘荣陛，（清）富察敦崇. 帝京岁时纪胜 [M]. 北京：北京古籍出版社，1981.

[57]（清）董诰，阮元，徐松，等. 全唐文 [M]. 上海：上海古籍出版社，1990.

[58]（清）李熙龄，榆林市地方志办公室. 榆林府志 [M]. 上海：上海古籍出版社，2014.

[59]（清）吴忠浩，李继峤. 绥德州直隶州志榆林府志 [M]. 乾隆四十九年刻本影印. 常州：凤凰出版社，2007.

[60]（清）谢长修. 延川县志·风俗中国地方志集成 [M]. 道光十一年刻本影印. 常州：凤凰出版社，2007.

[61]（清）苏其炳，何炳勋. 邵培禄，雷建忠校注. 陕西怀远县志校注本 [M]. 陕西横山县史志办整理，2008.

[62]（清）谭吉璁. 延绥镇志 [M]. 刘汉腾，纪玉莲，校注. 西安：三秦出版社，2006.

[63]（清）吴敬梓. 儒林外史 [M]. 长沙：岳麓书社，1994.

[64]（清）孔繁扑，高维岳. 中国地方志丛书——陕西省绥德州志 [M]. 清光绪三十一年刻本，成文出版社有限公司印行.

[65] 严建章. 米脂县志·风俗篇中国地方志集成 [M]. 1943 年铅印本影印. 常州：凤凰出版社，2007.

［66］陈衍，曹中孚. 宋诗精华录［M］. 成都：巴蜀书社，1992.

［67］王国维. 观堂集林［M］. 北京：中华书局，1959.

二、地方志类

［1］陕西省地方志编纂委员会. 陕西省志［M］. 西安：三秦出版社，1992.

［2］刘育林. 陕西省志·方言志（陕北部分）［M］. 西安：陕西人民出版社，1990.

［3］榆林地区地方志指导小组. 榆林地区志［M］. 西安：西北大学出版社，1994.

［4］榆林市志编纂委员会. 榆林市志［M］. 西安：三秦出版社，1996.

［5］横山县志编纂委员会. 横山县志［M］. 西安：陕西人民出版社，1993.

［6］横山县黄土文化研究会. 横山宗教庙观横山县史志办，2008.

［7］靖边县地方志编纂委员会. 靖边县志［M］. 西安：陕西人民出版社，1993.

［8］定边县志编纂委员会. 定边县志［M］. 北京：方志出版社，2003.

［9］米脂县志编纂委员会. 米脂县志［M］. 西安：陕西人民出版社，1993.

［10］中共绥德县委史志编纂委员会. 绥德县志［M］. 西安：三秦出版社，2003.

［11］佳县地方志. 佳县志［M］. 西安：陕西旅游出版社，2008.

［12］子洲县志编纂委员会. 子洲县志［M］. 西安：陕西人民教育出版社，1993.

［13］神木县志编纂委员会. 神木县志［M］. 北京：经济日报出版社，1990.

［14］吴堡县志编纂委员会. 吴堡县志［M］. 西安：陕西人民出版社，1995.

［15］府谷县志编纂委员会. 府谷县志［M］. 西安：陕西人民出版社，1994.

［16］清涧县志编纂委员会. 清涧县志［M］. 西安：陕西人民出版社，2001.

［17］延安市志编纂委员会. 延安市志［M］. 西安：陕西人民出版社，1994.

［18］延安市地方志编纂委员会. 延安市志（1997—2010）［M］. 西安：陕西新华出版传媒集团，2018.

［19］延川县志编纂委员会. 延川县志［M］. 西安：陕西人民出版社，1999.

［20］安塞县地方志编纂委员会. 安塞县志［M］. 西安：陕西人民出版社，1993.

［21］甘泉县地方志编纂委员会. 甘泉县志［M］. 西安：陕西人民出版社，1993.

［22］志丹县地方志编纂委员会. 志丹县志［M］. 西安：陕西人民出版社，1996.

［23］延长县地方志编纂委员会. 延长县志［M］. 西安：陕西人民出版社，1991.

［24］子长县志编纂委员会. 子长县志［M］. 西安：陕西人民出版社，1993.

［25］吴起县地方志编纂委员会. 吴起县志［M］. 西安：三秦出版社，1991.

［26］洛川县志编纂委员会. 洛川县志［M］. 西安：陕西人民出版社，1988.

［27］陕西省地方志编纂委员会. 陕西省志·民俗志［M］. 西安：三秦出版社，2000.

三、国内著作类（按作者姓氏排序）

［1］曹世玉. 绥德文库［M］. 北京：中国文史出版社，2004.

［2］常彦. 民俗文化教程［M］. 西安：西北工业大学出版社，2010.

［3］陈章太，李行健. 普通话基础方言基本词汇集［M］. 北京：语文出版社，1996.

［4］程俊英，蒋见元. 诗经注析［M］. 北京：中华书局，2017.

［5］邓炎昌，刘润清. 语言与文化［M］. 北京：外语教学与研究出版社，1989.

［6］董绍克. 汉语方言词汇比较研究［M］. 北京：商务印书馆，2013.

［7］董绍克. 汉语方言词汇差异比较研究［M］. 北京：民族出版社，2002.

［8］段双印. 陕北古事钩沉［M］. 西安：三秦出版社，2008.

［9］方李莉. 遗产的实践与经验［M］. 昆明：云南教育出版社，2008.

［10］费孝通. 乡土中国［M］. 北京：北京大学出版社，2012.

［11］费孝通. 文化与文化自觉［M］. 北京：群言出版社，2016.

［12］高萍. 家族的记忆与认同——一个陕北村落的人类学考察［M］. 北京：社会科学文献出版社，2015.

［13］弓保安. 唐五代词三百首今译［M］. 西安：陕西人民出版社，1995.

［14］郭峰. 陕北方言词典［M］. 北京：方志出版社，2013.

［15］侯精一. 平遥方言民俗语汇［M］. 北京：语文出版社，1995.

［16］胡扑安. 俗语典［M］. 上海：上海书店出版社，1983.

［17］黄涛. 语言民俗与中国文化［M］. 北京：人民出版社，2010.

［18］黄征，张涌泉. 敦煌变文校注［M］. 北京：中华书局，1997.

［19］黄征，吴伟. 敦煌愿文集［M］. 长沙：岳麓书社，1995.

［20］黑维强. 绥德方言调查研究［M］. 北京：北京师范大学出版社，2016.

［21］霍向贵. 陕北民歌大全［M］. 西安：陕西人民出版社，2006.

［22］江佳慧. 方言语汇与民俗——以景阳镇为例［M］. 武汉：华中师范大学出版社，2015.

［23］蒋鹏翔. 阮刻礼记注疏［M］. 杭州：浙江大学出版社，2015.

［24］李宝杰. 区域民俗中的陕北音乐文化研究［M］. 北京：文化艺术出版社，2014.

［25］李建中. 中国文化概论［M］. 武汉：武汉大学出版社，2005.

［26］李天道. 西部地域文化生态与民族审美精神［M］. 北京：中国社会科学出版社，2010.

［27］李荣. 现代汉语方言大词典［M］. 南京：江苏教育出版社，2002.

［28］李如龙. 福建方言［M］. 福州：福建人民出版社，1997.

［29］李如龙. 汉语方言特征词研究［M］. 厦门：厦门大学出版社，2002.

［30］李如龙. 汉语方言的比较研究［M］. 北京：商务印书馆，2003.

［31］李阳，董丽娟. 民俗语言学史纲［M］. 北京：社科文献出版社，2011.

［32］李宝杰. 区域—民俗中的陕北音乐文化研究［M］. 北京：文化艺术出版社，2014.

［33］刘育林，安宇柱. 陕北方言词典［M］. 西安：陕西人民出版社，1991.

［34］林惠祥. 文化人类学［M］. 北京：商务印书馆，2011.

［35］刘其伟. 文化人类学［M］. 天津：百花文艺出版社，2012.

［36］吕青，等. 陕北民间艺术的文化生态［M］. 北京：中国社会科学出版社，2019.

［37］吕静. 陕北文化研究［M］. 上海：学林出版社，2005.

［38］路遥. 平凡的世界［M］. 北京：十月文艺出版社，2012.

［39］罗常培. 语言与文化［M］. 北京：北京大学出版社，2009.

［40］罗昕如. 湖南方言与地域文化研究［M］. 长沙：湖南师范大学出版社，2001.

［41］孟万春，刘育林．陕北方言与北方少数民族语言文化接触研究［M］．西安：陕西人民教育出版社，2015.

［42］宁希元．元刊古今杂剧三十种新校［M］．兰州：兰州大学出版社，1988.

［43］潘贵玉．中华生育文化导论（上册）［M］．北京：中国人口出版社，2001.

［44］彭兆荣．人类学仪式的理论与实践［M］．北京：民族出版社，2007.

［45］乔继堂．中国岁时礼俗［M］．天津：天津人民出版社，1991.

［46］徐新建，等．民族文化与多元传承：黄土文明的人类学考察［M］．北京：中国社会科学出版社，2016.

［47］乔建中．国乐今说：乔建中音乐文集［M］．上海：上海音乐学院出版社，2005.

［48］曲彦斌．语言民俗学概要［M］．郑州：大象出版社，2015.

［49］曲彦斌．民俗语言学（增订版）［M］．沈阳：辽宁教育出版社，2004.

［50］曲彦斌．中国民俗语言学［M］．上海：上海文艺出版社，1996.

［51］宋长宏．中国牛文化［M］．北京：民族出版社，1997.

［52］隋树森．元曲选外编［M］．北京：中华书局，1959.

［53］谭汝为，董淑慧．民俗文化语汇通论［M］．天津：天津古籍出版社，2004.

［54］唐耕耦，陆宏基．敦煌社会经济文献真迹释录［M］．北京：书目文献出版社，1986.

［55］王六．陕北方言成语 3000 条［M］．北京：故宫出版社，2013.

［56］王六．陕北回眸：陕北话中话［M］．北京：商务印书馆，2019.

［57］王克明．听见古代：陕北话里的文化遗产［M］．北京：中华书局出版社，2007.

［58］王兆仪．陕北区域方言选释［M］．西安：陕西出版传媒有限公司，三秦出版社，2014.

［59］王世雄，王峰存．陕北地名故事［M］．西安：陕西人民出版社，2002.

［60］王建新，刘昭瑞．地域社会与信仰习俗——立足田野的人类学研究［M］．广州：中山大学学出版社，2007.

［61］王重民，等．敦煌变文集［M］．北京：人民文学出版社，1957.

［62］乌丙安．中国民俗学［M］．沈阳：辽宁大学出版，1985.

［63］乌丙安. 中国民间信仰［M］.. 上海：上海人民出版社，1995.

［64］吴天墀. 西夏史稿［M］. 成都：四川人民出版社，1980.

［65］薛麦喜. 黄河文化丛书·民俗卷［M］. 西安：陕西人民出版社，2001.

［66］薛生民. 陕北人怎样学习普通话［M］. 西安：陕西人民出版社，1958.

［67］项楚. 敦煌变文选注［M］. 成都：巴蜀书社，1989.

［68］邢向东. 神木方言研究（增订版）［M］. 北京：中华书局，2020.

［69］徐通锵. 历史语言学［M］. 北京：商务印书馆，1991.

［70］杨明芳，杨进. 陕北语大词典［M］. 西安：陕西师范大学出版社，2011.

［71］杨伯峻. 春秋左传注［M］. 北京：中华书局，1981.

［72］易容. 繁衍生命-关于中国婚姻文化的思考［M］. 沈阳：沈阳出版社，1997.

［73］尤汝杰. 中国文化语言学引论［M］. 上海：上海辞书出版社，2003.

［74］张崇. 陕西方言古今谈［M］. 西安：陕西人民教育出版社，1993.

［75］张崇. 陕西方言词汇集［M］. 西安：西安交通大学出版社，2005.

［76］张俊谊. 西北风——陕北民间歌谣、谚语集萃［M］. 西安：陕西旅游出版社，2000.

［77］张俊谊. 榆林风情录［M］. 西安：陕西人民出版社，1993.

［78］张史杰. 陕北春秋［M］. 西安：陕西旅游出版社，1992.

［79］钟敬文. 民俗学概论［M］. 北京：高等教育出版社，2010.

［80］仲富兰. 中国民俗文化学导论［M］. 上海：上海辞书出版社，2007.

［81］周振鹤，游汝杰. 方言与中国文化［M］. 上海：上海人民出版社，1986.

［82］朱学渊. 中国北方诸族的源流［M］. 上海：华东师范大学出版社，2010.

［83］内蒙古自治区蒙古语言文学历史研究所历史研究室. 中国古代北方各族简史［M］. 呼和浩特：内蒙古人民出版社，1979.

［84］陕西省方言调查指导组. 陕西方音概况［M］. 陕西省教育厅内部铅印，1960.

四、国外著作类

［1］［英］马林诺夫斯基. 文化论［M］. 费孝通，译. 北京：华夏出版社，2002.

［2］［英］弗雷泽. 火起源的神话［M］. 夏希原，译. 北京：北京大学出版社，2013.

［3］［英］爱德华·B·泰勒. 人类学——人及其文化研究［M］. 连树声，译. 南宁：广西师范大学出版社，2004.

［4］［英］克利福德·格尔茨. 文化的解释［M］. 韩莉，译. 南京：译林出版社，2008.

［5］［英］罗杰·M. 基辛. 当代文化人类学概要［M］. 北晨，译. 杭州：浙江人民出版社，1986.

［6］［英］爱德华·萨丕尔. 语言论：言语研究导论［M］. 陆卓元，译. 北京：商务印书馆，1985.

［7］［英］弗兰茨·波亚士. 人类学与现代生活［M］. 杨成志，译. 商务印书馆，1958.

［8］［英］罗伯特·F·墨菲. 文化与社会人类学引论［M］. 王卓君，译. 北京：商务印书馆，2009.

［9］［英］索绪尔. 普通语言学教程中译本［M］. 北京：商务印书馆，1980.

五、硕博士论文类（按作者姓氏排序）

［1］蔡永贵. 汉字字族研究［D］. 福州：福建师范大学，2009.

［2］贺雪梅. 陕北晋语词汇研究［D］. 西安：陕西师范大学，2017.

［3］李建校. 陕北晋语语音研究［D］. 北京：北京语言大学，2006.

［4］毛志萍. 汉语方言名量词研究［D］. 上海：华中师范大学，2019.

［5］王海霞. 东北满族民歌演唱艺术研究［D］. 长春：东北师范大学，2019.

［6］杨振君. 民俗词语研究［D］. 济南：山东大学，2002.

［7］赵雪伶. 山西霍州方言眼部嘴部概念域用词研究［D］. 太原：山西大学，2013.

［8］张彦林. 明清时期长江流域岁时节令民俗文化词语研究［D］. 武汉：武汉大学，2016.

[9] 朱芸. 湖北建始方言词汇研究 [D]. 武汉：华中师范大学，2015.

[10] 白文仙. 太谷方言词汇与民俗文化研究 [D]. 武汉：中南民族大学，2015.

[11] 段格洋. 娄烦方言词语与民俗文化研究 [D]. 延安：延安大学，2020.

[12] 冯亚婷. 河北沧县方言词汇研究 [D]. 福州：福建师范大学，2018.

[13] 郭媛娜. 定边方言词语与民俗文化研究 [D]. 延安：延安大学，2019.

[14] 何春燕. 乡音与乡俗——晋江砌田村礼俗语言调查 [D]. 福州：福建师范大学，2007.

[15] 康志攀. 陕北方言与社会民俗文化研究 [D]. 延安：延安大学，2015.

[16] 刘天祺. 屯留方言词汇研究 [D]. 沈阳：辽宁师范大学，2020.

[17] 李建兵. 榆林方言与地域文化研究 [D]. 贵阳：贵州大学，2008.

[18] 李龙. 乡土文化中的民间信仰与民俗艺术研究——以横山县李家坬太龙山黑龙庙为个案 [D]. 西安：西安音乐学院，2017.

[19] 梁欢. 石门方言民俗文化词语研究 [D]. 南宁：广西师范大学，2010.

[20] 宋雨薇. 安徽肥东方言词汇研究 [D]. 广州：暨南大学，2017.

[21] 石婷婷. 陕北方言与物质民俗文化研究 [D]. 延安：延安大学，2015.

[22] 王亚融. 陕北地名的语言文化研究 [D]. 延安：延安大学，2016.

[23] 王燕. 邱县方言民俗词语研究 [D]. 济南：山东师范大学，2011.

[24] 邢璇. 鹤峰方言词汇与民俗文化研究 [D]. 武汉：中南民族大学，2010.

[25] 杨宇婷. 江川方言词汇的民俗内涵研究 [D]. 昆明：云南师范大学，2013.

[26] 张韡琦. 以地域文化为视角的大同方言特种词汇研究 [D]. 西安：西安外国语大学，2017.

[27] 张梦娜. 湖北新洲方言词汇和地域文化研究 [D]. 武汉：华中师范大学，2018.

[28] 赵瑞婷. 莘县方言民俗词语研究 [D]. 西安：西安外国语大学，2016.

[29] 郑君鹏. 莱州方言民俗词语与社会文化研究 [D]. 呼和浩特：内蒙古师范大学，2019.

六、期刊论文类（按作者姓氏排序）

[1] 白振有. 陕北方言与生活习俗 [J]. 咸阳师范学院学报，2011 (5).

[2] 白振有，石婷婷. 论陕北方言蕴含的婚姻文化 [J]. 咸阳师范学院学

报，2013（9）.

［3］蔡永贵. 敦煌文献“馎饦”考［J］. 一带一路核心区语言与文化研究［C］. 福建人民出版社，2018（2）.

［4］蔡永贵. 论形声字的形成过程［J］. 宁夏大学学报（人文社会科学报），2006（5）.

［5］蔡永贵. 试论汉字字族的时代特征［J］. 宁夏大学学报（人文社会科学报），2010（1）.

［6］陈建民. 从方言词看地域文化［J］. 语言教学与研究，1997（12）.

［7］杜林渊，张小兵，雷楠. 陕北地区少数民族姓氏孑遗研究［J］. 黑龙江民族丛刊，2010（1）.

［8］郝红艳. 汉语方言与地域文化考察［J］. 南阳师范学院学报，2009（10）.

［9］贺雪梅. 沉淀在方言中的文化竞争与融合［J］. 青海社会科学，2017（9）.

［10］贺雪梅. 陕北晋语贬义形容词“儿”的形成［J］. 汉语史研究集刊，2014（2）.

［11］黑维强. 陕北绥德话带“日”字头词语［J］. 方言，1996（2）.

［12］黑维强. 陕北方言表贬义“儿”的用法及来源［J］. 宝鸡文理学院学报，2003（3）.

［13］黑维强. 说“馎饦·勃饦儿·圪饦儿”［J］. 语言科学，2009（1）.

［14］胡利华. 皖北地区方言与民俗的互动关系研究［J］. 蚌埠学院学报，2014（6）.

［15］姬慧. 陕北方言“先后”“挑担”构词理据及文化内涵［J］. 咸阳师范学院学报，2002（5）.

［16］金失根. 中国民俗语言学研究概况［J］. 满语研究，1996（1）.

［17］景鹏. 从地理和文化角度看陕北方言中的地名词语［J］. 丝绸之路，2013（4）.

［18］贾晞儒. 语言是民俗的一面镜子［J］. 青海民族学院学报（社会科学版），1994（2）.

［19］李如龙. 方言与文化的宏观研究［J］. 暨南学报（哲学社会科学版），1994（4）.

［20］李志强. 民俗研究中的语言学方法［J］. 民族论坛. 2019（8）.

［21］李雄飞. 陕北地区拜火遗俗的宗教意义［J］. 西北民族学院学报，

1998 (3).

[22] 刘育林. 陕北方言本字考 [J]. 延安大学学报：社会科学版，1988 (2).

[23] 刘育林. 陕北方言略说 [J]. 方言，1988 (4).

[24] 刘育林. 陕北地名札记 [J]. 延安大学学报 (社会科学版)，1998 (1).

[25] 刘颖. 中国民俗语言学研究20年述评 [J]. 修辞学习 2007 (2).

[26] 刘菲. 地域方言与民俗文化旅游的发展刍议——以天津地区为例 [J]. 中国集体经济，2012 (13).

[27] 刘艳平. 晋语圪头词研究综述 [J]. 语言应用研究，2009 (10).

[28] 林英. 从方言词语看地域民俗文化 [J]. 新闻文化建设，2020 (6).

[29] 李慧敏. 试论方言与民俗的互动关系——以合肥方言与民俗为例 [J]. 江淮论坛，2013 (6).

[30] 林伦伦. 试论方言俗语与民俗研究之关系——潮汕方言俗语的文化阐释 [J]. 岭南论坛，1998 (11).

[31] 罗常培，语言与北地名札记 [J]. 延安大学学报，1998 (1).

[32] 龙云. 陕北榆林过大年——陕北转九曲 [J]. 榆林微事. 2017.

[33] 吕廷文. "转九曲" 与 "燎百病" 的文化内涵 [J]. 延安教育学院学报，1999 (1).

[34] 吕廷文. 浅议陕北地名与陕北古代文化 [J]. 延安教育学院学报，1995 (2).

[35] 吕青，周意岷. 陕北民间艺术的文化生态演进历程溯源 [J]. 西安工业大学学报，2019 (8).

[36] 孟万春. 陕北方言与民俗文化研究 [J]. 延安大学学报 (社会科学版)，2013 (6).

[37] 乔全生，孙玉卿. 试论方言研究与民俗研究的互动关系 [J]. 山西师范大学学报 (哲学社会版)，2001 (5).

[38] 彭清深，张祖煦. 西北地区汉语方言之纵横考察 [J]. 西北民族学院学报，2000 (4).

[39] 石磊，马鑫，高争. 陕北地名文化浅析 [J]. 中国地名，2015 (12).

[40] 盛春丽，韩梅. 东北方言与地域文化的关系 [J]. 长春师范学院学报，2006 (11).

[41] 孙宜志. 民俗学刍议 [J]. 民俗研究，2000 (3).

[42] 孙卫春. 陕北燎百病风俗的地域含义探析 [J]. 延安大学学报：社会科学版，2007 (1).

[43] 谭汝为. 天津方言与民俗文化 [J]. 文化学刊，2014 (1).

[44] 汪国胜，赵爱武. 从地域文化看武汉方言 [J]. 汉语学报，2016 (10).

[45] 王霄冰. 文字、仪式与文化记忆 [J]. 江西社会科学，2007 (2).

[46] 王祥，孙剑艺. 关于方言民俗词语调查研究定位的思考 [J]. 民俗研究，2021 (1).

[47] 向柏松. 牛神崇拜 [J]. 中南民族学院学报 (哲学社会科学版)，1998 (1).

[48] 邢向东. 晋语圪头词流变论 [J]. 内蒙古师范大学学报，1987 (2).

[49] 邢向东. 神木方言四字格的结构和语法修辞特点 [J]. 内蒙古师大学报，1992 (1).

[50] 邢向东. 神木县的汉语、蒙语地名及其特点 [J]. 汉字文化，1998 (3).

[51] 邢向东. 神木方言词汇的内外差异 [J]. 语言研究，2002 (1).

[52] 邢向东. 论神木方言的分音词和圪头词 [C] //纪念《中国语文》创刊50周年讨论会论文集，北京：商务印书馆，2004.

[53] 邢向东. 神木县的汉语、蒙语地名及其特点 [J]. 汉字文化，1998 (3).

[54] 杨树喆，朱常红. 略论民俗与方言的关系 [J]. 广西师院学报 (哲学社会科学版)，2002 (4).

[55] 杨秋泽. 黄河入海口方言词语及其沿海地域文化内涵 [J]. 青岛海洋大学学报 (社会科学版)，1997 (11).

[56] 杨奔. 玉林方言与玉林的地域文化 [J]. 玉林师专学报，1999 (6).

[57] 杨振兰. 民俗词语探析 [J]. 民俗研究，2004 (3).

[58] 杨琴. 论方言与民俗的相辅相成关系 [J]. 焦作大学学报，2016 (1).

[59] 袁建舟，杨雨佳. 陕北民俗文化及其特征 [J]. 陕西教育高教版，2014 (1).

[60] 赵学清，孙鸿亮. 社会语言学视角下的民俗语言研究方法——以陕北说书研究为例 [J]. 陕西师范大学学报 (哲学社会科学版)，2016 (2).

[61] 赵日新. 试论方言民俗词 [J]. 民俗研究，1994 (1).

[62] 詹伯慧. 略论汉语方言与地域文化 [J]. 学术研究，2015 (1).

［63］郑平，彭婷. 湖南汨罗方言与地域文化［J］. 文史博览（理论），2009（3）.

［64］乔全生，张美宏. 山西方言中“连襟”的称谓［N］. 太原日报，2009-05-18.

［65］杨蕤. 何以陕北：漫说“陕北”地域概念的形成［N］. 榆林日报，2018-09-08.

七、电子资料类

［1］http：//www. 0912jy. com/榆林记忆网站

［2］http：//www. guoxuedashi. net/国学大师网站

［3］https：//www. com300. com 中国行政区划网站

［4］http：//hanchi. ihp. sinica. edu. tw/ihp/hanji. htm 汉籍电子文献资料库

［5］http：//www. hanjilibrary. cn 汉籍数字图书馆

［6］http：//www. guoxuedashi. net 国学大师网站

［7］https：//www. cilin. org 词林网站

［8］http：//www. hydcd. com/zidian/pinyin 汉辞网

八、辞书字典类

［1］温端政. 中国惯用语大辞典（辞海版）［M］. 上海：上海辞书出版社，2011.

［2］袁世全，李修松，萧钧，等. 中国百科大辞典［M］. 北京：华夏出版社，2005.

［3］温端政，王树山，沈慧云，等. 中国俗语大辞典［M］. 上海：上海辞书出版社，2011.

［4］中国社会科学语言研究所. 现代汉语词典（第 7 版）［M］. 北京：商务印书馆，2016.

［5］许宝华，（日）宫田一郎，汉语方言大词典［M］. 北京：中华书局，2020.

［6］熊贞，熊西平，曹文莉. 陕西方言大词典［M］. 西安：陕西人民出版社，2015.

［7］罗竹风. 汉语大词典［M］. 上海：汉语大词典出版社，1993.

［8］汉语大字典编辑委员会. 汉语大字典［M］. 成都：四川辞书出版社，1995.

附　录

陕北方言分类词表

说明：

1. 本表参照中国社会科学院语言研究所2017年版《汉语方言词语调查条目表》的体例和条目进行列举，并根据实际调查情况做了增删。部分有特色却不便归类的民俗文化词语、称谓词、地名等不放入词表，只在章节文中介绍和阐释。

2. 词条的说法以陕北地区通行的为主。

3. 尽量使用本字记音。不知道本字的用同音字代替。

4. 不含与普通话相同或过度相近的词条。

陕北方言分类词表目录

一	天文	九	称谓	十七	讼事	二十五	形容词
二	地理	十	亲属	十八	交际	二十六	副词、介词
三	时令、时间	十一	身体	十九	商业、交通	二十七	量词
四	农业	十二	疾病、医疗	二十	文化教育	二十八	附加成分
五	植物	十三	衣服、穿戴	二十一	文体活动		
六	动物	十四	饮食	二十二	动作		
七	房舍	十五	红白大事	二十三	位置		
八	器具、用品	十六	日常生活	二十四	代词等		

一、天文

（一）日、月、星

日头：太阳

太阳地：太阳照到的地方
背阴地：太阳照不到的地方
月儿爷爷：月亮
金蛤蟆儿吃月：月食
星宿：星星
扫帚星：彗星；比喻给人带来不幸或者灾难的人
天河：银河
月儿：月亮
风圐圙：日晕
雨圐圙：月晕

（二）风、云、雷、雨

云彩：云
闪：闪电
水贯：虹
早烧：朝霞
晚烧：晚霞
起风：开始刮风
黑云：乌云
儿风：怪风
黄风：沙尘暴
儿马风：猛烈的大风
儿马黄风：沙尘暴
儿马老西风：冬天刮的大西风
戗脸风：顶风
猴风：小风
炸雷：声音特别响亮的雷
龙抓了：雷击了
雷劈：雷击
打闪：闪电
下（ha）雨：下雨

（三）冰、雪、霜、露

冻凌：冰

冰滩：河湖封冻的冰面

冰车儿：坐跪上面可以滑冰的自制滑冰用具

冰消了：冰化了

冷子：冰雹

下（ha）雪：下雪

消雪：雪融化

路消开了：路上的冰融化了

露水珠珠：露水

下露水：露水

白霜、霜皮子：霜的状态

落霜：下霜

霜杀了：霜冻

起雾：下雾

烟雾：雾

（四）天气

天：天气

好天：晴天或让人满意的天气

儿天：令人不满意的天气

天道：气候、天气

天年：年头

天干：天干旱

天造：因天气旱涝等灾害引起庄稼欠收

天红：天气干燥

天晒：太阳毒辣

天烧：天气热

天焐：天气闷

天凉：天有凉意

天冻：天气寒冷

天硬：天气寒冷

天开：天气由雨转晴或者由阴转晴

天好：天气好

天顺：风调雨顺

天阴着了：阴天
伏里：伏天
三伏：末伏
三九：末九

二、地理

（一）地

川地：河川平地
山地：与“川地”而对，山田
旱地：不能用水浇灌的地
水地：水浇地
园子地：菜地
没毛滩：不长草的荒滩
沙土地：沙化较高的可以耕种的土地
圪崂地：山坳里三面被围的小片土地
阴圪崂：太阳照不到的地方
背圪崂：太阳照不到的地方
荒滩：荒地

（二）山

山梁：山的最高处
山沟旮旯：两山之间较小的沟；偏僻的村庄
洼（và）：山洼，坡地
崖（nai）：陡峭的悬崖
红石崖：很高的悬崖
石畔：较高的山崖
岔：沟壑会合的地势
墕：两山头相连的凹下的鞍马形地势
塄：比较缓的坡地
峁：顶部浑圆，斜坡较陡、周围斜下的土丘
梁：山体之间凸起的高地，也指斜坡的山地

（三）江、河、湖、海、水

老爷河：黄河

海子：泛指湖
河（huo）：河
河滩：河床
黑水：浑水
冷水：凉水
温笃子水：温水
死蔫水：半开不开的水
滚水：开水
山水：洪水
发山水：发大水
淹了：水涝了
水壕：水渠
壕塄：水渠的两堤
水圪泊：水塘
水泊泊：水坑
河沿：河边，河岸
泛水泉泉：泉水

（四）石沙、土块、矿物

老石头：大石块
石块子：小石块
石头圪垯：泛指石块
半起砖：半截砖
烂砖：碎砖
土：干的泥土
土圪堆：土堆
土圪垯：土块
炭：煤
石油：煤油
洋灰；水泥
石灰：白灰
黄尘：灰尘
臭蛋儿：卫生球

木炭：大块的煤
蓝炭：煤核
吸铁：磁铁

（五）城乡处所

乡里：乡村，相对“城市”而言
山沟旮旯：偏僻的村庄
巷巷：巷子，胡同
城里：城内
转街：逛街
遇集：逢集

三、时令、时间

（一）季节

春上：春天，泛指整个春季
开春：立春左右
打春：立春
夏上：夏天，泛指整个夏季
夏月天：夏天
秋间：秋天
冬里：冬季
五黄六月：泛指农利五六月天气炎热的时候
热天：夏天
伏里天：进入三伏之后的一段时间
正月儿：农历一月
秋里：秋天，秋季
秋底：秋末
黄历：历书
古历：农历

（二）节日

月尽儿：除夕
熬年：守岁
初一儿：正月初一

人七儿：正月初七

串亲戚：拜亲访友

小年：正月初六

十月一：给故去的人烧寒衣

寒食：清明节前一天

燕燕：寒食节蒸的燕子等图形的花馍；纪念介子推

鬼节：中元节

八月十五：中秋节

熬冬：冬至日晚上熬东西吃

（三）年

年时：去年

来年：明年

先前年：大前年

可前年：大前年之前

往每年：往年

外后年：大后年

老外后年：后年的第二年

前半年：上半年

后半年：下半年

满年：整年

（四）月

大尽儿：阴历大月

小尽儿：阴历小月

正月：农历一月

腊月：农历十二月

初几价：上旬

十几价：中旬

二十几价：下旬

五黄六月：指夏季最热的时间

十冬腊月：指冬季最冷的时候

（五）日、时

一日：一天

几日：几天

几时：什么时候

今儿：今天

前时：前段时间

夜儿：昨天

明儿：明天

后儿：后天

外后天：后天过后的第二天

老外后天：第四天之后

前儿：前天

前晌：半天时间，一般指上午

后晌：下午

半后晌：后晌的一半时光

半老天：大半天

黑地：夜晚

天每儿：天天

先前天：前天的上一天

前两天：前几天

过两天：过几天

早起：早晨

临明价儿：凌晨

亮红晌午：夏季的正中午时

晌午：中午

临黑：黄昏时

通夜：整夜

一黑地：整夜

天每儿黑地：每天晚上

（六）其他时间概念

日月：每日生活、生计

日子：日期

多会儿：什么时候，什么时间。

先头儿：过去，之前

以先：原先，开始，最初。
而个：现在
刚（jiāng）：刚刚
才刚（jiang）：刚才
完些儿：过一会儿
一向儿：一段时间
过后：后来
横竖：总是、一直

四、农业

（一）农事

埯种：春耕
掏地：用镢头翻地，松土
煞地：用畜力翻没有庄稼的地
翻地：犁地
下种：播种
点籽儿：下种
剜草：用手除去杂草
刨（洋芋、红薯）：根茎类作物的收割方式
扬场：谷类去尘去杂
簸：用簸箕给谷类去杂
秋收：秋季里收获农作物的行为
打场：用碾子等把谷物的种子剥落下来
药碱：化肥
茅粪：大粪
拾粪：拾肥
攒粪：积肥
奶粪：在地里浇粪
上粪：施肥，埋在地里
吊水：从井里取水
担水：从井里或河里取水
浇地：浇水

放水：给田地饮水灌溉

（二）农具

拉拉车：架子车

车子：自行车

车阋阆：车厢

车轱辘：车轮

绥绳：车上用来捆绑东西的绳索

耩子：犁

席囤儿：存放粮食的器具

碌碡：用石头制成的圆柱形农具，又名碌轴，一般类似于粗圆柱体的农具，中间稍大，端部稍小，适用于绕中心旋转，用于碾米、平整场地等。

碾轱辘：石磙

磨盘：石磨

磨不脐儿：磨扇中心的轴

锻磨：使磨齿锋利

筛筛：筛子

箩：筛粉末状细物用的器具

筛箩：罗底粗疏的箩

铡刀：铡草刀

锹：铁锹，锹铣

锛锛：比小镢头更小的镢头

木脑子：刀刃不锋利

老筐：特别大的筐子

篮篮：篮子

三轮子：三轮车

连枷：一种脱粒用的手动农具，由一个长柄连接一组稍短竹条或木条或铁链组成。

绞轴儿：辘轳，从水井汲水的工具

担子：较窄带钩的扁担

板担：较宽而没有担钩的扁担

担担子：挑担子

五、植物

（一）农作物

麦植子：麦糠

荞面：荞麦；荞麦面粉

米：小米

糜子：黍属谷类作物

软糜子：有黏性的糜子

硬糜子：没有黏性的糜子

酒谷：有黏性的可用于酿酒的谷子

黄米：，没有黏性的黍米

麻：苎麻

老麻子：蓖麻

葱儿：葱

稻黍：高粱植株

棒棒：割了穗子砍到的高粱秆

金稻黍：玉米

金稻黍卜浪：玉米棒

苞谷：玉米

蛮蛮：土豆

山药：土豆

红稻黍：高粱

软米：有黏性的米

向阳花：葵花

（二）豆类、蔬菜

黑豆：黑豆与黄豆的总称

白黑豆：黄豆

黑黑豆：黑豆

大豆：蚕豆

红小豆：赤小豆

豇豆：一种比红小豆大的土黄灰白斑驳的豆子，多用来熬米汤时加入。

豆角（jie）角：豆角

葫芦儿：西葫芦
葱儿：葱的总称
红葱：根部外皮呈红色的大葱
小蒜：山上的野蒜
洋柿子：西红柿
洋蒜：洋葱
辣子：辣椒
大辣子：菜辣椒
白菜股股：最外边的白菜帮
莲花菜：包头菜
且莲：苤蓝
蔓菁：大头菜

（三）树木

树卜浪：树干
树林林：树林
树杆杆：树干
树梢梢：树梢
柳梢儿：柳条
柳毛毛：柳絮
倒吊柳：垂柳
沙柳：柽柳
长椽柳：指用作生长椽子的柳树

（四）瓜果

桃儿：桃子
果子：苹果
梨儿：梨
枣儿：红枣
老桃儿：当地产的一种个头小颜色青绿的桃子
利核（hu）子杏（hèng）：果肉与核分离的不黏的杏。
黏核子杏：果肉和核相黏的杏
枣儿：红枣
枣条子：枣树苗

醉枣：用酒泡过的枣

生葫芦儿：没有熟的西瓜；鲁莽的人

小瓜儿：甜瓜

（五）花草

花儿圪堵：花蕾

花儿心心：花蕊

种花儿：栽花

务奝花儿：养花

向阳花：葵花

喇叭花：牵牛花

大红花：芍药

艾蒿：艾草

山丹丹：山百合

沙蒿：蒿类植物，籽实可用来作为和豌豆面的添加剂，增加面的延展性。

六、动物

（一）牲畜

牲灵：牲口

牛不老儿：牛犊

牛哞：小牛犊

草驴：母驴

驴骡：马父驴母

马骡：驴父马母

儿骡子：公骡子

叫驴：公驴

圪羝：公羊

骚圪羝：配种公山羊，也叫“老骚胡”

骚胡：没阉割过的山公羊

羯子：去了势的山羊

山羊羯羯：去了势的山羊

栈羊：圈养的羊

羊羔儿：小羊

羊羔子：小羊
老母猪：母猪
儿马：公马
儿猫：男猫，雄性的猫
骒（kuō）马：母马
狗儿子：小狗娃
牙狗：公狗
牙猪：公猪
劁猪：去势的猪
猫儿：猫
儿猫：公猫
女猫：母猫
米猫：母猫
草鸡：母鸡
菢：孵
菢窝鸡：正在孵蛋的母鸡
蹄蹄：蹄子

（二）鸟、兽

毛猴儿：猴子
狐子：狐狸
狼：山神爷（忌讳语）
黑老鸦（wā）：乌鸦
毛格列；松鼠
雀（qiao）儿：麻雀之类的小鸟
雀雀：鸟的总称
雀儿子：未成年的小鸟
燕儿：燕子
雁咕噜儿：大雁
水鸪鸪：布谷鸟
鹁鸪赤：戴胜鸟
鸽树锛锛：啄木鸟
山鸡：雉鸡、锦鸡

膀膀：翅膀

邸（cí）怪子：猫头鹰

夜蝙蝠：蝙蝠

黄鼠狼：黄鼬

膀膀：翅膀

（三）虫类

油汉：蚜虫

牛牛：统称小虫子

沙牛牛：沙漠里爬行的一种黑色甲虫

毛爹爹：蜈蚣

壮地虫：地蚕虫

油旱：蚜虫

蠓子：蚊子

蛐蛐：蟋蟀

蜂儿：蜜蜂

黄蜂儿：蜂的总称

粪扒牛：蜣螂

蛛蛛：蜘蛛

蚂蚁儿：蚂蚁

蝇子：苍蝇

圪蚤：跳蚤

蜗蜗牛：蜗牛壳

蝙踪：蚂蚱

蝎虎儿：壁虎

沙和尚：沙漠里的一种壁虎

七、房舍

（一）房子

宬（sheng）处：住宅

窑：窑洞、房子

地工：修窑洞、盖房的地基

接口窑：土窑的开口处用石头或砖砌成

外起：院子

院起：院子里

硷畔：大门外或院子的边畔

脚地：窑洞的地面，与炕、灶台相对的部分

窑掌：窑洞里边与门窗相对的墙壁

窑券：修砌窑洞的拱形模具

窗子：窗户

土窑：靠山建造的土窑洞

砖窑：用砖砌成的窑洞

石窑：用石块砌成的窑洞

箍窑：建造房子

一孔窑：一间房子

（二）房屋结构

门限：门槛

脑畔：窑洞的外部顶上

仰尘：天花板

门插子：门闩

圪台：台阶

锁子：锁

旮旯缝子：门窗缝隙

灶房：厨房

八、器具、用具

（一）一般家具

桌桌：桌子

柜柜：衣柜

椅凳儿：椅子

凳凳：椅子类统称

（二）卧室用具

炕：由土坯或砖制成的矩形平台下面有一个孔，与烟囱相通，可以用火加热。

铺板：床板

毯：毡

绵毡：绵羊毛擀的毡

沙毡：山羊毛擀的毡

铺盖：被子和褥子

被圪筒儿：被窝

梳头匣儿：放梳头用具的小匣子

镜儿：镜子

褡裢：中间开口的方口袋，多用牲畜驮

顺顺：褡裢，人肩扛的

麻包：麻袋

衣撑子：衣架

(三) 炊事用具

暖壶：暖水瓶

家什：炊事餐具的总称

洋火：火柴

铁丝儿：锅铲

猴碗：小碗

老碗：大碗

海碗：大碗

钵钵：类似碗的容器

盆盆儿：盆子

盘盘：盘子

调羹儿：吃饭用的小勺子

酒杯杯：酒杯

烧酒盅盅：喝白酒用的小酒杯

水瓢：舀水用的瓢

马勺：挂在水缸壁上舀水的大勺子

刮刮：给土豆等削皮的工具

镜片：蒸事物用的箅子

抿节儿床：将糊状面团抿成圆柱状的炊具

切菜墩子：砧板

案儿：案板

搌布：抹布

揩刷布子：抹布

笊篱儿：一种做饭用的工具像勺子有眼儿

铲铲：锅铲

笼：蒸笼

（四）工匠用具

绳绳：绳子

死疙瘩：死结

折扇儿：合页

推剪：理发的推子

熨铁：熨斗

烙铁：熨斗

（五）其他生活用品

洋碱：肥皂

胰子：肥皂

洋碱：肥皂

洋胰子：肥皂

手巾：擦脸毛巾

手纸：厕所使用的纸

夜壶：尿壶

提包儿：手提包

挎包：所有包类的泛称

顶针儿：金属质地（铜、铁）的小环形箍，做针线活时戴在右手无名指上帮助给针使力

灯篓儿：灯笼

老针：纳鞋底针

铺层：用来做鞋底的旧布料

九、称谓

（一）一般称谓

月地娃娃：婴儿

后生：青年男子

小小：少年男子

小子：男孩儿

女子：女孩儿

男娃娃：男孩子

老汉儿：老年男人、老头儿

老汉：丈夫

老婆儿：老年女性

某人老汉：某人丈夫

婆姨：已婚妇女

女子：未婚女青年

男的：男人

男人家：男人们

婆姨女子：女人

女娃娃：女孩子

女子：女儿

女女：青年女性

猴娃娃：统称小孩子

猴小小：排行最后的男孩儿

猴女女：排行最后的女孩，小女孩

猴大：排行最小的叔父

猴儿：小儿子

猴脑：小脑袋

猴脑脑：小孩儿

本家：本家族同姓的

一家子：同宗同姓的人

老女子：老姑娘

烧脑子：好色之徒

外乡的；外地来的

外路人：外地人

二杆子：说话做事没有分寸、不计后果的人

劳改犯：囚犯

啬皮鬼：吝啬的人

黑痞：地痞；无赖

老啬皮：吝啬
行吃的：叫花子，要饭的
二流子：游手好闲、不务正业的人

（二）职业称谓

请人：雇工
揽工的：雇工
做工的：多指临时受雇于人
脚户：赶牲灵贩运东西的人
受苦人：农民
庄户人家：普通条件家庭
下苦人：农民、体力劳动者
拜识：朋友
匠人：手艺人
牙行：在牲口交易市场买卖的中间人。
毡匠：擀毡的匠人
粉匠：加工粉条的匠人
大工：建筑工匠
小工：工地现场的杂工
吹手：吹唢呐等的人
踏衣裳的：裁缝
打帮的：生意中介人
教书的：教师
抬轿的：轿夫
掌柜的：老板
开车的：司机
杀猪的：屠夫
扳船的：艄公
管事的：官家
喂牲灵的：饲养员
看娃娃的：保姆
合伙儿的：合作的人
掏炭的：煤矿工人

（三）其他称谓

死抠抠：办事不灵活的人

活眼眼：灵活，会见机行事的人

犟板筋：性格偏执的人

二杆子：做事莽撞的人

半吊子：脑子不够数的人

神谝谝：能说会道的人

时兴人：思想眼界比较新潮的人

怂囊包：窝囊废

挨打毛儿：挨打受气的人；欠揍的人

糊脑子：不明事理的人

丧门神：经常来纠缠打扰的人

搅茅棍：挑拨是非的人

黑子：眼瞎看不见的人

憨憨：傻子

响马：土匪

道人：道士

黑痞：流氓，蛮横不讲理的人

逛鬼：不着家的人

半吊子：不精明的人

爬熊：不争气的人

憨娃娃：不更事的小娃娃

瓷脑：一个人头脑木讷、不灵活

二流子：不务正业到处闲逛的人

二打流：不务正业的人

牛脑：顽固不化的人为

十、亲属

（一）长辈

老爷爷：曾祖父

老娘娘（nia nia）：曾祖母

老外爷：曾外祖父

老外婆：曾外祖母

爷爷：祖父

娘娘（nia nia）：祖母

外爷：外祖父，姥爷

婆婆：外婆、姥姥

大：父亲

老子：父亲的他称

娘老子：父母

大大：父亲的长兄

大妈：伯母

大娘：伯母

娘儿：姑姑

二大（二爸）：排行老二的父亲的兄弟

二妈：二大或者二爸的妻子

妈：母亲

老丈人：岳父

丈母娘：岳母

公公：丈夫的父亲

婆婆：丈夫的母亲

老姑：父辈的姑妈

老姨：父辈的姨妈

老人：对公婆的背称

后老子：继父

后大：继父

后娘：继母

舅舅：母亲的兄弟

妗子：舅舅的妻子

姑父：姑姑的丈夫

（二）平辈

婆姨汉两个：两口子、夫妻俩

婆姨汉：夫妻

老汉：对丈夫的背称

婆姨：对妻子的背称

弟兄：兄弟

兄弟：哥哥和弟弟

伯叔兄弟：堂兄弟

姑舅：舅家的孩子和姑家的孩子互为表亲

两姨：互为姨表亲

妻哥：妻子的哥哥

妻姐：妻子的姐姐

小舅子：内弟

小姨子：妻妹的背称

（三）晚辈

儿女：子女

碎脑娃娃：小孩子

碎脑子：小孩

儿：儿子

小子：儿子

女子：女儿

媳妇：儿媳妇

孙子：孙子和孙女的统称

外孙子：外孙子和外孙女的统称

侄儿子：侄子

侄女子：侄女

猴小子：小儿子

老生生：小儿子

（四）其他称谓

挑担：连襟

两挑：连襟

先后：妯娌

阴阳：风水先生

亲家：子女有联姻关系，互称亲家

亲亲：亲戚

拜识：朋友

半老汉：中年男子

十一、身体

（一）五官

脑：头
眉眼：脸部
秃脑：光头
脑门心：头顶
后脑把（子）：后脑勺
脑皮：头皮屑
奔颅：前额
索索：刘海儿
辫辫：辫子
笑靥圪坨儿：酒窝
毛眼眼：眼睫毛长
眼窝：眼睛
花眼：双眼皮
光眼：单眼皮
眼窝：眼睛
花眼窝：双眼皮
眼眉：眉毛
鼻子：鼻子；鼻涕
鼻窟窿儿：鼻孔
口：嘴巴
哈刺子：涎水
淴水：口水
辫子：马尾发型
鼻子：鼻涕
耳塞：耳屎
下巴子：下巴

（二）手、脚、背、胸

手手：特指小孩或者女人的手

绵手手：柔软的手

正手：右手

腿把子：腿

屁股壕子：屁股沟

脚板：脚

脚把子：脚后跟

脚片子：脚掌

脚踪：脚印

赤脚片子：赤脚

胛子：肩胛骨

肩膊：肩膀

胳扭儿：胳膊肘

胳捞钵钵：胳肢窝

老拇指头：大拇指

二拇指头：食指

猴指头：小指

圪堵：拳头

尿：臀部

腔子：胸腔

腔闶阆：胸腔

小肚子：小腹

奶：乳房

奶：乳汁

（三）其他

骨殖：骨头

指头纹纹：指纹

肝花：肝子

心锤锤：心

肺子：肺

脾胃：脾和胃；也指性格

肚子（dǔ zi）：胃

肠肠：肠子

腰子：肾

点子：痣

尿泡：膀胱

十二、疾病、医疗

（一）一般用语

难活：难受、生病、不舒服（生小病）

难活得厉害：重病

病强些了：病情减轻了

病松活点儿了：病好些了

脑疼：头疼

拉肚子：拉稀

浪稀：拉稀

害病：生病（大病）

瞧病：看病

煎药：熬中药

抓药：买药

贴药：涂抹药膏

扎针：针灸

气局：指胸部憋闷，喘气困难

过：后接疾病时指传染

脑晕：头晕

倒千刺：倒刺

蚕痧：黑斑

当柴：出水痘

黑青：有淤血

热颗子：痱子

差喉咙：嗓子发音不清

有臭：有狐臭

鼻子灵：嗅觉灵敏

水泡子眼：鼓眼睛

近觑子眼：近视眼

对眼子：斗鸡眼
急嗑嗑：口吃的人
秃舌舌：舌头短，说话不清楚的人
蜇不得光：怕光
瘊子：痣
六齿齿：六指
花六指：六个指头
六指子：六指

十三、衣服、穿戴

（一）服装

收拾：打扮
穿戴：穿着
半裤：短裤
开裆裤：裤裆留有口的裤子，只有婴儿才穿
长裆裤：满裆裤，相对“开裆裤”而言
衣裳：对衣服的总称
褂褂：背心，马甲，没有袖子的棉袄，贴身穿的上衣
袄子：棉上衣
罩衫：外衣
坎肩儿：外穿的棉背心
汗衫儿：针织圆领短袖
两条筋：夏季男士背心
架架儿：汗背心
线衣：秋衣
线裤：秋裤
夹袄：两层的衣服
里子：衣服的里面一层
面子：衣服的外面一层
手套儿：手套
纽子：纽扣

（二）鞋帽

鞋（hai）

暖鞋：靴子，棉鞋

翻毛儿皮鞋：鞋面没有抛光的皮鞋

实遍纳鞋：鞋底用绳子密密纳过的鞋

毛底鞋：鞋底用袼褙层垫后用针纳底的鞋

稳跟鞋：订婚时女子送男子的鞋

鞋溜子：鞋拔子

（三）装饰品

金箍子：金戒指

脑箍：发箍，发卡

百家锁儿：长命锁（小儿佩戴）

白粉：化妆品里的粉

（四）其他用品

牌牌：幼儿吃饭用的口水肩

毯毯：小被子

屁帘儿：系在小孩屁股后面防冷的布

手巾儿：手绢

围巾儿：围脖

十四、饮食

早起饭：早饭

晌午饭：午饭

黑地饭：晚饭

焖饭：腊八粥

米汤：小米粥

和菜饭：米菜混合放调料熬的稠粥

肉丁丁饭：软小米与羊肉丁做成的稠粥饭

燍气了：饭馊了

圪坨儿：类似关中的麻食、猫耳朵的面食，比指甲盖稍大，多用荞面制成

饸饹：huóluǒ，是将豌豆面、莜麦面、荞麦面或其他杂豆面和软，用饸饹床子，把面通过圆眼压出来，形成小圆条。

油糕：晋陕甘宁一带最具代表性的地方风味小吃之一，由黍科糜子精制后油炸

抿节儿：由豌豆和小麦磨合而成的杂面，将和好的面团放在密布筛孔的特制抿节床上，用手掌抿压而下，成一寸来长的小节，呈扭曲状。

抿夹儿：同抿节儿

碎菜：腌菜

清油：植物油

肝子：猪肝

调和（huo）：调料，作料

和（huo）菜饭：把肉丁、蔬菜和小米和在一起煮成的稠粥

牖了饭：一种用小米和羊肉丁等为原料的粥类小吃

米汤：对稀粥的统称

拌疙瘩：疙瘩汤

白面：小麦面

杂面：豌豆磨成的面粉

面：面条

扁食：饺子

臊臊面：臊子面，用来淋浇在面上的菜汤叫臊臊

窝窝：以玉米粉、黄豆粉为主要原料的一种食品，形似馒头，外圆内空

馍馍：馒头

黄馍馍：有枣泥豆沙馅的黄米面馒头

跌鸡蛋：荷包蛋

油圐圙：又叫油馍馍、油忽阑，陕北的一种风味小吃，饼状，中间有小孔，较小，由白面、糜子面、糖等杂粮和在一起炸制而成的陕北小吃

摊黄：把糜子面用水和成糊状，倒入特指的鏊子热烤成形的陕北小吃

下水：指动物内脏

杂碎：一般牛或羊的内脏

猪坐子：猪臀部的肉

粉：粉条的统称

大油：猪油

勾芡：在食物接近成熟时，将调好的芡汁倒入锅内

纸烟：对香烟的统称

酵子：酵母

烧酒：白酒

白糖：砂糖

馅馅：馅

干炉：有油和面，在炉子上烙制的干酥食品

十五、红白大事

（一）婚姻、生育

亲事：婚事

冰公：媒人

冰工：媒人

媒人：替人介绍婚姻的人

验人：相亲

做媒：介绍男女双方认识并成婚的行为

保媒：介绍男女双方，最终使其成婚

看家：女方派媒人到男方家里考察家庭情况

定亲：订婚

作亲：建立婚姻关系

择日子：请算命的选黄道吉日

喜日子；喜期

红事：喜事

新人：结婚的男女

新女婿：新郎

彩礼：订婚时或这结婚前，男送女方父母的钱或其他礼物，以示感谢养育未婚妻之恩。

样样儿：相貌

酬客：办酒席

嫁女子：嫁女儿

引媳妇：娶媳妇

青头：没结过婚的女子

后宫：再嫁的女子

回门：婚后第三天，出嫁女儿回娘家办酒席

有哩身子了：怀孕

害娃娃：怀孕反应

掉了：流产

养娃娃：生孩子

头首首：头胎

二首首：第二胎

三一个：第三胎

满月：小孩生下后 30 天

月地：坐月子期间

赶事情：参加结婚满月等宴请

行礼：参加结婚满月等宴请，须送红包

闹（做）满月：孩子满月当日待客庆贺

双生儿：双胞胎

（二）寿辰、丧葬

生儿：生日

过晬儿：小孩过生日，指 1-12 岁的生日

百晬儿：婴儿生下后满 100 天的庆祝

过生儿：过生日

知生儿：结婚后女方在男方家里过的第一个生日，娘家人到婆家给过

过寿：老年人过生日

祝寿：老人过生

白事：丧事

老殟：老人去世

殁了：死了

寻无常：自杀、寻死

寻短见：自杀、寻死

上山：去世

扶上山：去世

材：棺材

寿材：棺材

寿木：棺材

大材：棺材

木头：棺材

灵棚：灵堂

出丧：出殡

纸火：用纸扎的人、马、房子等
戴孝：穿孝服、戴孝帽
纸扎：纸钱
坟圪堆：坟墓
墓窑：墓室

（三）迷信

神神：对所有神灵的泛称
牛王菩萨：道教牛王神
老天爷：天上的主神
天老爷：天上的主神
关老爷：公关
老爷庙：供奉关公的寺庙
娘娘庙：负责人类生育的神，一般均为女性
灶马爷：对灶神的尊称
算卦：算命
阴阳：风水先生
神婆儿：巫婆
许口愿：祈求神灵帮助的承诺
还口愿：兑现灵神帮助的仪式
看麻衣相的：看相的
蜡座子：蜡台
掐算：算命方法
打卦：算卦
合八字：请算命先生合一下，男女双方的八字，看是否相合

十六、日常生活

（一）衣

缝衣裳：制作衣服
摆衣裳：用清水浣洗衣物
缀扣子：缝扣子
铰：裁，剪
铰衣裳：剪裁衣服

少色：衣服、布料等褪色

（二）食

起面：发面

笼火：烧煤生火

扳豆角：把四季豆手掰成 2 厘米左右的小截

添饭：加饭

舀饭：盛稀饭一类

拣菜：择菜

饭便（biàn）宜了：饭做好了

杀割饭：尽力吃完剩余的饭菜

蜂糖：蜂蜜

舀汤：用勺子盛汤

吃烟：抽烟

（三）住

宬：住

宬给阵儿：待一会

歇给阵儿：休息一下

皮给阵儿：小睡一下

仰下：躺下，睡下

歇晌午：睡午觉

侧楞转睡：侧面睡

漱口：刷牙

缯头：扎头发

铰指甲：缯头发

巴屎，巴：大便

仰：卧倒或依靠某物休息

打鼾水：睡觉打呼噜

（四）行

下地：去地里干农活

串亲戚：走亲戚

往转走：往回走

要：玩要

喝烧酒：喝酒
晒阳阳：晒太阳
串亲亲：走亲戚
完转：转身
转街：逛街
串串：散步

十七、讼事

状子：诉讼书
质对：对质
断：宣判
咬：供出
放了：释放
抓起了：逮捕
罚钱儿：罚款
吃官司：被人起诉
坐禁闭：坐牢
关禁闭：进监狱
章子：公章
文儿：文件

十八、交际

侍应：应酬
打交儿：有交际往来
行礼：上礼钱
行门户：参加红白事
慢待了：招待不周
坐席：摆酒席，宴请待客
能：炫耀
承应：答应
作假：客气
背兴：丢人
请人：请客

厮让：互相谦让
不对（头）：人际关系之间不和
朋伙伙：合伙儿
打平伙：平均分摊费用的一种集体聚餐形式
上菜：把菜端上桌
出菜：把菜端上桌
吃亲事：和别人结婚的喜酒，参加喜宴
赶事情：参加结婚、满月等喜宴
耍排场：摆阔气
拿班圪势：装模作样
品着：绷着、摆架子
溜舔：拍马屁、巴结讨好
溜勾子：巴结
断出去：赶出去
断：催促、赶
看不上：瞧不上
起绞：打交道

十九、商业、交通

（一）经商行业

馆子：饭馆
开门市：在街边开商店做生意
营生：生意
百货铺：百货门市
杂货铺：杂货门市
问窑：借房子，不掏房租
赁窑：租房子

（二）经营、交易

赊：买卖货品时延期收款或付款
贱：便宜，价格低
被涮：被宰、被骗
朋伙：入股，合伙

倒塌：倒闭
盘出去：倒卖出去
断堆儿：按堆论价而卖
买卖好：生意好
生意红火：生意好
盘缠：路费
要价：开价
赁：租
短：少，欠，差
短钱：欠别人钱
短多少钱：差多少钱
本儿：本金
赔钱：亏本儿
开利：结算完
跌帐：欠钱

二十、文化教育

（一）学校

散学：放学
念书：上学
念上书了：开始上小学
头一名：第一名
二家：第二名
三家：第三名
拉罢罢：最后一名
逃课：逃学

（二）教室、文具

擦擦：黑板擦
皮擦擦：橡皮
教棍儿：教鞭
粉锭子：粉笔
油笔：圆珠笔

水笔：钢笔

毛笔脑脑：毛笔尖

转笔刀：削铅笔的工具，旋转使用

（三）读书、识字

念书人：读书人

本本：本子

睁眼瞎：不识字的文盲

睁眼瞎子：文盲

判卷子：批改卷子

判作业：批改作业

考起：考取了

没考起：没考上

没念完：肄业

二十一、文体活动

（一）游戏、玩具

捉老猫儿：捉迷藏

弹蛋蛋：弹球儿

掏交交：翻绳

捏油油：幼儿将手一握一张的动作

捏瓦瓦：抓阄

猜每每：猜谜语

扳不倒儿：不倒翁

梦胡：流行在陕北一带的一种四人牌类玩法，一共120张。使用的是长条形的纸牌

耍麻将：打麻将

放炮：放鞭炮

二脚踢：双响炮

花：烟花

放花：放花炮

（二）武术、舞蹈

耍狮子：舞狮

扳水船：坐水船，耍水船，跑旱船。一种民俗文化。表演者中由一名“艄公”划桨，在前头带路，乘船者一般为女性，站在船中表演，往往是快速走碎步模仿船游水中的场景犹。

跑旱船：同“扳水船”

蛮婆：秧歌中的女丑角

蛮汉：秧歌中的男丑角

二十二、动作

（一）一般动作

立：站

跌：摔倒

嫌：嫌弃

怨：抱怨

急：着急

嚎：大声哭

圪蹴：蹲

宬：待

仰：向后靠、依靠

拨拉：拨动

下蛋：鸟生蛋

卜拦：绊倒

挽：打结，绑，系

抬：藏

相互：帮忙

日撅：骂

照：飞快地看

瞭：远远地望

漾手：摆手

灌倒：跌倒

筛：发抖

拾掇：打扫

遮拎：收拾，整理

得溜：提

圪搅：搅拌

撂：扔

挨头子：挨批评，受训斥

扫一眼：飞快看一眼

揩：擦，用毛巾或纸巾擦拭

张：理睬

照：看

喜：高兴

照娃娃：看孩子

踏：踩

叼：抢

打红牙：打呵欠

挣命：拼命、努力

赶事情：去参加因红白大事举行的宴请

立不定：支持不住

拉话：互相说话、聊天

谝闲传：聊天

圪挤眼：闭眼

泥窑：粉刷要定

伺等：等待

洗眉眼：洗脸

（二）心理活动

晓得：知道

起火：生气

看不起：瞧不起

盘算：猜测

翻罢：后悔

眼黑：讨厌

日眼：讨厌

翻把：后悔

劝打：劝说

解下（hài ha）：明白，懂了

解（hài）不下：不明白，不懂

盼：希望

亲：疼爱

爱：羡慕

眼红：嫉妒

怨：抱怨

手脚大：花钱大手

迟：晚

欢：快

幸：娇惯，宠爱

臊：害羞

晓得：知道

不晓得：不知道

认不得：不认识

想：思念

约摸：估计

操心：留神

记起：想起

眼红：嫉妒

盘算：计划，打算

约摸：估计

眼黑：讨厌

见不得：讨厌

害气：生气、恼怒

日撅：骂

挨日撅：挨骂

（三）语言动作

挨头子：挨骂，受批评

圪嚷：唠叨

墩：颠簸

谖谎：撒谎

虚说：没有说实话
厮嚷：吵架
斗阵：吵嘴；打架
茹架：挑拨、怂恿
日噘：破口大骂
厮日噘：双方互骂
言诠：说
拉话：聊天
拉个阵话：说一会话
哄：欺骗
打问：打听
看起：看上、中意
耍：开玩笑
耍笑：开玩笑
不差甚：差不多
天大大：感叹词，相当于老天啊
挨头子：挨批评；挨骂
吼喊：训斥
说嘴：说空话

（四）其他动作

拾翻：搜寻，乱翻
抹虑：筹办，安排
拾闹：准备做饭
着不得：容不下
奓倒：躺倒
蹪：摔跤
进上：打得过
进不上：打不过
做过了：坏事了
捎打：捎带
起绞：参与
董乱子：闯祸

割肉：买肉
务裔：抚养；抱养；侍弄
招呼：照看，照应
带输赢：打赌
冒猜：没有根据地猜测
刁空儿：抽空
刁打：抽空
强嘗：强制、强迫
箍窑：修建窑洞
揞住：用手遮挡
圪挤眼：闭眼

二十三、位置
脑畔：窑洞的顶部
浮起：上头
背面儿：北边
东面儿：东边
西面儿：西边
南面儿：南边
北面儿：北边
跟前：面前，身边
脚地：地上
道上：路上
心上：心里头

二十四、代词
个人：自己
婆姨汉：夫妻
弟兄两个：兄弟或者朋友二人
姐妹两个：姐妹俩
先后两个：妯娌二人
娘母两个：母亲和儿子或女儿
娘母儿两个：母亲和儿子或女儿

咱：咱们

那：他

咱俩个：咱们两个

父子两个：父亲和儿子二人

甚：什么，啥

这阵儿：这会儿

这垯儿：这

那垯儿：那儿

哪垯儿：哪儿

那些：他们

多会儿：早晚

那阵儿：那会儿

二十五、形容词

儿：不好，坏

儿话：又叫“二话”，消极庸俗或无理无据的话。

儿货：詈语。品行不好的人

儿事：坏事，见不得人的事

儿气：无理逞强。

儿人：脾气不好、品质恶劣的人。

麻缠：麻烦

夹缠：麻烦

难看：丑

栓正：漂亮

牢：结实

耐：结实

灰：傻

怪：奇怪

赖：脏、邋遢

啬：吝啬，小气

精：机溜

甜：淡，不咸，无添加

残：凶残；厉害

机灵：机溜
利洒：利索
日脏：讨厌
失羞：害羞
难活：难受
鬼：狡猾
称心：满意
可心：满意
恓惶：可怜
不当：可怜
烧：烫
温：不滚
巧：灵巧
老：不嫩
黑肉：瘦肉
俊：漂亮
糊脑子：糊涂
糊脑松：脑子不精明的人
心瞎（ha）着哩：缺德
栓正：讲究、干净整洁
活套：灵活
老：不年轻
天冻：天冷
端：直
真：清楚
快：锋利
立：陡峭
熬：累
款款儿：快点
亲：漂亮
红火：热闹
五马六道：形容乱七八糟、一塌糊涂
烂包：事情到了无法维持的地步

细发：节约

二十六、副词、介词

喜得：高兴得

在哪垯生：在哪住

谦谦儿：不多不少刚好

差乎儿：差一点

当当对面：当面

一搭里：一起

一满：根本

平四十：已经四十岁

给咱：给我

眼看：马上

敢：也许

空跑一趟：白跑一趟

叫：让

眼限：眼下

可：特别

瞎（he）说：胡说

可可儿的：大小正好合适

一满：全部

拢共：总共

满共：总共

多会儿：迟早

胡：瞎

敢了：可能了

把他的：表达意外、无奈、不满、敬佩等情感。

二十七、量词

一帖药

一孔窑

一院儿地方

一捻捻

一眼井
圪卷儿
圪堵
卜滩
卜浪
卜蕻
圪撮
圪埮
圪截儿

二十八、附加成分

（一）后加成分

不行：能得不行
死人：怕得不行
要命：热得不行
头：苦头、甜头、吃头、称头
阵儿：坐给阵儿；生给阵儿
美了：吃美了；要美了

（二）前加成分

“圪”头词：圪撮，圪崂，圪蛋
“卜”头词：卜浪，卜蕻，卜滩
“日”头词：日能，日噘，日鬼

（二）虚字

哩 叻 着 德 个 来

后 记

文中列举的方言语汇只是语言泱泱大国的沧海之一粟。勤劳本分、朴实厚道的黄土高原的人们，世代生活在这片并不肥沃的土地，却依旧开朗、乐观、豁达、满足，他们用响彻云天的信天游抒发着对生活的热爱，用热烈奔放的老腰鼓舞动出生命的力量，转九曲就像游走在虚幻而又真实的上帝之网，而扭秧歌则是冬日寂静黄土高原上的集体狂欢……他们说着世代不变的语言，做着先人们遗留下的该做的事情。他们从不去分辨这个民俗是来自佛教还是道教，也不去理会脱口而出的词语是方言还是俗语，日出而作，日落而息，豪爽豁达，纯真质朴地游走在这沉默了千年的一道道山一道道川上，种下绿盈盈的春，收获金灿灿的秋。男人在黄土地上刨挖，女人则在土窑洞里操持家务、生儿育女。陕北的风景抛弃了娇柔细腻，这里是粗犷苍凉的旷世原野。一望无际的裸露的黄土地像是巨人嶙峋的脊背，而走在乡间的人们，却有着陶渊明般的闲适。

写作过程是枯燥乏味的，中间的艰辛和困难只有亲历过的人才能懂得。至今仍记得和爱人开车去乡下调研，恰逢大雪，高速路封闭，夜里十二点多还在漫无边际黑灯瞎火的乡间小路上颠簸。但是，当热情好客、善良淳朴的老乡，把你像贵客一样迎进燃烧着炉火的温暖的窑洞时，你就会觉得路上的所有艰辛都是值得的。他们从刚开始的害羞与矜持，到最后的知无不言、言无不尽，甚至放声高歌，你在感动之余，脑海会不由涌现艾青的诗句——为什么我的眼里常含泪水，因为我对这片土地爱得深沉！

在今后的人生道路上，唯有努力工作、孜孜不辍，才能报答父母之恩、亲人之爱、朋友之情。由于作者的学识水平有限，本书中肯定存在许多的不足甚至错误，内容结构也有很多不完善的地方，衷心希望各界专家学者不吝赐教、批评斧正！